A GERAÇÃO DEPRIMIDA

PHILIP WILLIAM GOLD

A GERAÇÃO DEPRIMIDA

Mitos, verdades e os novos caminhos para o futuro da saúde mental

Tradução

ANA MARIA FIORINI

PAIDÓS

Título original: *Breaking Through Depression: A Guide to the Next Generation of Promising Research and Revolutionary New Terms*

Preparação: Wélida Muniz
Revisão: Queni Winters e Ana Laura Valerio
Projeto gráfico e diagramação: Matheus Nagao
Capa: Eduardo Foresti | Foresti Design

Dados Internacionais de Catalogação na Publicação (CIP)
Angélica Ilacqua CRB-8/7057

Gold, Philip William
A geração deprimida / Philip William Gold ; tradução de Ana Maria Fiorini. – São Paulo : Planeta do Brasil, 2025.
320 p.

Bibliografia
ISBN 978-85-422-3657-6
Título original: Breaking Through Depression: A Guide to the Next Generation of Promising Research and Revolutionary New Terms

1. Saúde mental 2. Depressão I. Título II. Fiorini, Ana Maria

25-1780 CDD 616.8527

Índices para catálogo sistemático:
1. Saúde mental

MISTO
Papel | Apoiando o manejo florestal responsável
FSC® C019498
FSC www.fsc.org

Ao escolher este livro, você está apoiando o manejo responsável das florestas do mundo

2025

Editora Planeta do Brasil Ltda.
Rua Bela Cintra 986, 4º andar – Consolação
São Paulo – SP – 01415-002
www.planetadelivros.com.br
faleconosco@editoraplaneta.com.br

Para proteger a privacidade dos pacientes, os nomes utilizados nesta obra foram alterados.

Dedico este livro a minha querida esposa, Carol,
e aos meus maravilhosos filhos, Jonathan, Leah
e Sarah. Também dedico *A geração deprimida*
à memória de meu irmão, Herman Gold,
um grande cientista, médico e professor.

Sumário

Prefácio

No decorrer dos anos, as pessoas muitas vezes me perguntaram como tenho forças para estudar a depressão. Como é que consigo digerir tanta tristeza sem ser tomado por ela? A explicação é simples, e também complicada: quando eu era jovem, experienciei minha própria depressão e, graças a uma família solidária, muitos amigos, colegas próximos, psicoterapia eficaz e um tratamento antidepressivo eficiente, fui capaz de desenvolver resiliência, o que me ajudou a suportar a enorme angústia dos meus pacientes e a viver sem desespero.

Meu pai nasceu em Tiberíades, no norte da Palestina. Meu avô era rabino ortodoxo, e meu pai foi criado para honrar estritamente pai e mãe. Quando ele tinha 13 anos, a mãe morreu no parto. Dois anos depois, o pai se casou novamente, com uma mulher que não gostava dos filhos dele. Quando meu pai tinha 16 anos, a madrasta o expulsou de casa. Então, meu pai pediu a bênção de meu avô para partir para os Estados Unidos. Ele inicialmente se recusou a dá-la, mas concordou em discutir o assunto com o rabino Kook, o Rabino-Chefe de Jerusalém. O rabino Kook decidiria se meu pai deveria ou não ter o direito de começar uma nova vida nos Estados Unidos. Após passar dois dias com meu pai e meu avô, o rabino decidiu que meu pai deveria partir para os Estados Unidos. O pai acatou a decisão.

Pouco depois, meu pai e um amigo foram atacados na rua. Meu pai viu a garganta do amigo ser cortada bem diante dos seus olhos. Foi atormentado por pesadelos pelo resto da vida. Ficou ainda mais traumatizado por não conseguir um visto para os Estados Unidos, o que colocou sua vida em compasso de espera. Por fim, após estadias em Alexandria, Marselha e Calais, ele entrou clandestinamente em um navio e desembarcou em Providence, em Rhode Island. Dois anos depois, casou-se com uma mulher que em seguida teve um caso com o chefe dele. Meu pai ficou devastado, e os dois se divorciaram pouco depois. Por causa das suas experiências durante a adolescência e no casamento, meu pai, que era um homem forte em muitos aspectos, tinha um pavor palpável do abandono, que perdurou por toda a vida.

Minha mãe nasceu no que era então Slonim, na Lituânia, hoje parte de Belarus. Ela me contou que morou em vários países diferentes sem nunca ter se mudado. Em 1913, o pai emigrou para os Estados Unidos, com o plano de levar o resto da família o mais rapidamente possível. Mas a Primeira Guerra Mundial eclodiu, e minha mãe e avó só puderam embarcar para os Estados Unidos em 1919, quando minha mãe tinha 14 anos. Minha mãe lembra que, durante os anos de guerra, ela e a irmã corriam por plantações de batata à noite, desviando das balas dos soldados russos invasores. Além disso, a família teve que resistir aos *pogroms*, que frequentemente ameaçavam vidas e destruíam propriedades.

Quando a guerra acabou, minha mãe, a irmã e a mãe conseguiram visto para vir para os Estados Unidos. Minha avó enxergava tão mal que ela temeu que a família inteira fosse mandada de volta de Ellis Island para o Leste Europeu. Minha mãe se lembra com orgulho de ter ficado atrás da minha avó, sussurrando para ela as respostas corretas do teste de visão. Entretanto, quando minha avó finalmente chegou aos Estados Unidos, não tardou a descobrir que o marido havia se casado com outra mulher e começado uma nova família. Minha avó não teve escolha a não ser construir uma vida para a família sem contar com um marido. Ela se instalou com as filhas em um cortiço na Hester Street, no Lower East Side.

Meus pais se conheceram em uma convenção de professores de hebraico em Nova York, e se mudaram para Newport News, na Virgínia, onde abriram uma escola de hebraico. Meu irmão nasceu lá, e eu cheguei três anos depois. Nasci no período entre o Ano-Novo Judaico e o Yom Kippur, o Dia da Expiação. Minha mãe me disse que isso colocava sobre meus ombros a responsabilidade de uma vida inteira de boas obras. Meus pais organizaram a vida em torno da minha criação e a de meu irmão, na esperança de que correspondêssemos a todo nosso potencial.

Quando eu tinha 6 anos, a vida de nossa família se alterou para sempre. Meu irmão, Chip, subitamente perdeu a capacidade de falar e engolir. Nunca vou me esquecer daquele fim de tarde de sexta-feira, quando o otorrinolaringologista contou aos meus pais que meu irmão estava seriamente doente, com uma infecção chamada pólio bulbar, que podia ser fatal.

A pólio bulbar invade o tronco cerebral em vez da medula espinhal, e acaba interferindo na respiração e nas funções cardíacas que são controladas pelo tronco cerebral. A pólio bulbar tinha uma taxa de mortalidade de 80%. O médico do meu irmão o levou de ambulância a um hospital especial que ficava do outro lado do rio James, a quarenta quilômetros de onde morávamos. Qualquer lugar que ficasse além dos onze quilômetros de extensão do rio James parecia, para mim, estar a um mundo de distância, e só podia imaginar o que meu irmão estava passando. Eu não fazia ideia de como ele voltaria a comer ou a se comunicar. Previ o pior.

Meus pais estavam arrasados. Minha mãe se lembra de ter ficado tão aflita que às vezes se esquecia de me alimentar, mesmo os meus pais sendo muito amorosos e comprometidos com meu bem-estar. Jurei para mim mesmo que não lhes causaria qualquer problema. Sentia culpa pelo meu irmão estar doente, e não eu, e por meus pais ficarem desesperados com tanta frequência. Eu me sentia inútil por não poder aliviar seu fardo. Eu os amava demais, e era excruciante para mim vê-los tão aflitos.

Como que por milagre, meu irmão se recuperou quase completamente em oito meses. De acordo com a tradição judaica, quando uma criança se recupera de uma doença que pode ser fatal, seu nome do meio é mudado para Chaim, a palavra hebraica para vida. Com frequência, meus pais o chamavam amorosamente por esse nome. De modo geral, ele ficou com uma leve dificuldade de engolir e com um espirro agudo e incomum. Como a área afetada ficava perto do centro do tronco cerebral que controla o sono, meu irmão passou a dormir apenas cinco horas por noite pelo resto da vida. Entretanto, a vida dos meus pais mudou para sempre. Depois disso, eles sempre esperavam pelo pior, e passaram a superproteger meu irmão e eu; já nós, tomávamos muito cuidado para não causar preocupação a eles. De muitas maneiras, nos sentíamos responsáveis pelas emoções dos dois, como se crianças pudessem controlar algo assim.

Um ano depois de se recuperar, meu irmão contraiu um caso grave de escarlatina e, mais uma vez, parecia estar à beira da morte. Nosso primo, um pediatra residente do hospital Johns Hopkins, logo apareceu com uma dose bem pequena de penicilina, que ainda não estava amplamente disponível. Ele administrou pequenas doses todos os dias e extraía o que meu irmão excretava pela urina para administrar no dia seguinte. Meu irmão sobreviveu. As enfermeiras que cuidavam dele pensaram ter sido um milagre. Até aquele momento, o segundo de sua vida.

Aos 18 anos, meu irmão decidiu ir para a William and Mary College em Williamsburg e depois para a Faculdade de Medicina da Universidade Duke, onde ele por fim se formou como o melhor aluno da turma. Quando ele estava no terceiro ano, chegou minha vez de ir para a faculdade. Eu era um bom aluno no Ensino Médio, e fui aceito na Williams College, mas meus pais me convenceram a ir para a Duke, para ficar com meu irmão, além de perto de casa. Meu irmão e eu nos víamos com frequência e desenvolvemos uma relação muito próxima. Nunca me arrependi de ter ido para a Duke.

Conheci Helen na faculdade. Ela era amiga de Jennifer, uma amiga de meu irmão Chip, que estava no último ano na Duke. Jennifer era filha de um ministro episcopal, e Chip sabia que não podia se casar com uma garota não judia; então, em vez de namorar, eles permaneceram bons amigos.

Helen era linda. Tinha um ótimo senso de humor e um adorável sotaque sulista. A fala dela parecia música. Helen e eu estávamos sempre juntos durante meu terceiro ano na Duke. Não era incomum jantarmos com meu irmão e Jennifer. Meu irmão gostava bastante de Helen, e eles ficaram próximos. Eu tinha certeza naquela época, e tenho certeza hoje, que termos nos conhecido no contexto da amizade de meu irmão com Jennifer e o fato de que compartilhávamos essas relações tiveram um grande papel em minha capacidade de, com Helen, baixar minha guarda normalmente tão firme. Nós nos apaixonamos. Nas noites em que nos víamos, eu voltava para meu alojamento e pensava em como era maravilhoso estar vivo.

No final do período letivo, Helen convidou meu irmão, Jennifer e eu para passar alguns dias na casa dela, no interior da Georgia. Logo depois de chegarmos, os pais da Helen conversaram comigo e foram muito claros ao dizer que não queriam que a filha se casasse com um judeu. Helen e eu, por mais estranho que pareça, nunca conversamos sobre meu encontro com os pais dela. Em retrospecto, éramos apenas crianças.

A partir de então, ao longo do verão, Helen pareceu se afastar de mim. No início, ela ficou menos calorosa ao telefone. Algum tempo depois, começou a me contar sobre rapazes que havia conhecido e pelos quais se sentia atraída. Hoje, acho extraordinário que eu não tenha dito a ela que, se ela saísse com outros rapazes, nós teríamos que terminar, que eu não estava disposto a me relacionar com ela naquelas circunstâncias. No entanto, eu ainda não havia refletido se deveria me comprometer com ela apesar da questão religiosa. Portanto, eu sentia que não tinha direito a ela.

Comecei a ponderar a situação e tentei entender o que estava acontecendo e por que Helen estava tão indecisa quanto a mim. Eu me convenci de que o problema era minha aparência. Eu não era sarado nem particularmente bonito. Ainda nas minhas ponderações, cheguei à conclusão de que os únicos obstáculos ao meu relacionamento com Helen eram fatores superficiais, mas decisivos. Eu achava que tinha aparência ruim, e, assim, me sentia fraco e incapaz. Fui me convencendo aos poucos de que eu ficaria sozinho pelo resto da vida por causa dessa dificuldade intransponível.

Não me abri com ninguém. Esses sentimentos cresceram com o tempo, e, depois de um ou dois meses, fiquei cada vez mais deprimido. Eu acordava todas as noites às duas da madrugada e não conseguia voltar a dormir. Meu apetite diminuiu. Perdi peso. Minha autoestima foi gravemente ferida.

Nas férias de Natal, no meu último ano da graduação, recebi uma carta da Duke dizendo que a Faculdade de Medicina gostaria de me oferecer admissão antecipada e me daria uma bolsa de estudos integral para os quatro anos. Naquela noite, meu pai foi internado com fortes dores no peito. Uma enfermeira me disse que uma das professoras de inglês que me dava aula no Ensino Médio tinha conhecido Helen e sabia que estávamos saindo. Ela achava que Helen estava se divertindo com muitos garotos e contou ao meu pai. Ele não chegou a comentar nada comigo. Em retrospecto, ele provavelmente sentiu que eu estava indo pelo mesmo caminho que ele em seu primeiro casamento. Seu medo por mim se manifestou fisicamente. Mais uma vez, me senti responsável por suas emoções. A culpa que senti foi enorme.

Eu passei o verão e o semestre seguinte me arrastando. Minha depressão continuou a se intensificar. Meu senso de mim mesmo continuou piorando. No feriado de Ação de Graças, me veio a ideia de que meus pais tinham vergonha de serem vistos comigo por eu ser tão pouco atraente. Continuei a acordar cedo. Era difícil manter meu peso. Eu não conseguia me divertir com nada. A depressão estava piorando. Eu sabia, mas mesmo assim me sentia incapaz de sair dela.

Em janeiro, pouco depois do início do segundo semestre, um amigo me puxou de lado e me contou que Helen havia começado a sair com outra pessoa e que os dois estavam bem próximos. Pela primeira vez desde o início desse tormento, consegui acessar minha raiva. Caminhei até o alojamento de Helen, fui ao seu quarto, peguei o anel que tinha dado a ela e o atirei sobre o telhado. Na semana seguinte, minha depressão chegou ao fim.

Antes disso acontecer, eu vinha experienciando a perda total diariamente, e todo dia parecia ser o primeiro dia de um evento desolador. Minha preocupação com a minha aparência e fraqueza desapareceram. Pude me lançar aos estudos com a mente clara e tive um semestre muito exitoso. Mais tarde, não consegui descobrir se a recuperação refletiu minha capacidade de enfrentar a realidade, ou se eu estava biologicamente saindo da depressão, o que me deu a capacidade de efetivamente agir em causa própria em relação a Helen. E embora muitas vezes os transtornos depressivos sejam recorrentes e tendam a aumentar em frequência e intensidade ao longo do tempo, isso nem sempre acontece. Eu nunca mais tive depressão, o que, acredito, indica que o ciclo pode ser finalizado, e os danos não só reparados, mas usados para crescimento. Mas agora também tomo um antidepressivo, o que, acredito, me blinda contra minha suscetibilidade natural.

Em retrospecto, está claro para mim que eu ainda não tinha lidado com nenhuma das questões que eu precisava encarar para levar uma vida satisfatória e me sentir forte. Não havia me separado dos meus pais e ainda me sentia responsável pelo bem-estar deles. Não tinha a liberdade de estar em contato com minhas próprias necessidades e dar opiniões. Ainda não havia aprendido a reclamar quando era maltratado, ou a ficar bravo quando provocado, tampouco conseguia lamentar uma grande perda ou me afastar de uma situação insustentável. Também não havia desenvolvido a capacidade de ser abertamente assertivo para me defender. Essas habilidades se desenvolveram aos poucos ao longo de muitos anos de uma excelente psicoterapia, pela qual sou muito grato. Também me protegeram de viver mais uma crise de depressão.

Ainda assim, por mais dura que tenha sido minha depressão, sou grato por ter passado por ela. Aprendi como essa doença é cruel, e como características que ajudam a definir nossa identidade e sobre as quais nossa autoestima está assentada são profundamente afetadas por ela. Aprendi a ter humildade diante do poder da depressão e a jamais subestimar sua força, independentemente das circunstâncias. Mais do que isso, me senti responsável por combatê-la e por garantir que aqueles que sofrem com ela nunca tenham que passar pelo estigma, a alienação e a vergonha que um dia eu senti.

Essa tem sido a luta de uma vida inteira.

Introdução

Quando entrei pela primeira vez nos Institutos Nacionais de Saúde (National Institutes of Health - NIH) em Bethesda, Maryland, eu tinha 30 anos. Eu era um médico recém-formado, cheio de empolgação e energia, ávido por descobrir mais sobre como a biologia e as experiências vividas se intersectavam no cérebro para criar a doença que chamamos depressão e o que podemos fazer para aliviá-la. Eu era fascinado por esse assunto. Quase cinquenta anos depois, ainda estou aqui nos NIH, e ainda me sinto atraído pelos mesmos tópicos; e, felizmente, nossa compreensão da depressão e dos melhores tratamentos para ela está prestes a fazer grandes avanços, para minha satisfação e gratidão.

Voltando um pouco mais no tempo: quando era estudante de graduação no final dos anos 1960, me formei em inglês. Quando decidi ir para a faculdade de medicina, tinha a intenção de cursar psiquiatria. Meu desejo pelo curso era um reflexo da crença de que ele representava uma forma de literatura aplicada, na qual aquilo que eu compreendesse sobre o mundo poderia se exprimir terapeuticamente. De que serviria o conhecimento, eu me perguntava, se não conseguíssemos ajudar alguém que havia perdido a vontade de viver, de encontrar um caminho de volta ao mundo? Mesmo que eu nunca entendesse o sentido da vida, sabia que a dor era relevante, que todos nós sentimos dor, e que uma meta digna e útil é tentar aliviá-la. Por essas razões, escolhi a formação em psiquiatria para o tratamento de doenças psiquiátricas, especialmente da depressão.

Fiz residência no Centro de Saúde Mental de Massachusetts (Massachusetts Mental Health Center), que tem uma forte ligação com a Faculdade de Medicina de Harvard. Durante a residência, meus colegas e eu passamos por três anos de formação intensiva no uso da psicoterapia. Ao longo daqueles anos, me reuni com vários pacientes e mentores durante muitas horas a cada semana. Na minha busca por ajudar meus pacientes a combater a doença depressiva, ficou cada vez mais claro para mim que, apesar de a depressão estar claramente relacionada a memórias dolorosas, estresses da vida e experiências traumáticas, existem fatores biológicos que também precisamos levar em consideração. Os dados que surgiam naquela época indicavam que existiam componentes genéticos na depressão. Também sabíamos que distúrbios hormonais podiam desencadear episódios depressivos e que padrões cíclicos de episódios depressivos pareciam envolver alterações nos ritmos biológicos. Percebi que, para entender de verdade o que era a depressão, eu precisaria entender mais sobre essas mudanças biológicas subjacentes.

Aos 30 anos, ganhei uma bolsa de estudos no Centro Clínico dos Institutos Nacionais de Saúde para estudar a neurobiologia da depressão. Estou nos NIH desde então. O Centro Clínico, localizado no campus de 125 hectares dos NIH em Bethesda, é o maior hospital de pesquisa clínica do mundo. Tem mais de trezentos leitos totalmente dedicados à pesquisa clínica (nenhuma outra instituição conta com mais de quarenta leitos). Em vez de se concentrarem apenas em tratar e dar alta aos pacientes, os hospitais de pesquisa olham mais profundamente para as causas fundamentais da doença e buscam novas maneiras de tratá-la. Essa abordagem fazia sentido para mim.

Os NIH estão repletos de laboratórios onde pesquisadores planejam estudos experimentais que muitas vezes são feitos paralelamente e servem de base para estudos clínicos a respeito de algumas das doenças mais difíceis do mundo. Diversos ganhadores do Prêmio Nobel passaram toda a carreira no campus dos NIH. Mais de quarenta receberam o Prêmio Lasker, o principal prêmio americano para aqueles que fizeram descobertas excepcionais, que mudaram a prática médica.

O Centro Clínico dos NIH permite aos médicos-cientistas uma liberdade sem precedentes, pois não temos de escrever projetos tradicionais para obter financiamento. Assim, somos incentivados a assumir projetos que os cientistas "de fora" talvez evitem por necessitarem de resultados rápidos para garantir patrocínio. Somos incentivados a explorar nossa imaginação e a perseguir ideias de alto risco que podem levar a grandes descobertas clínicas - ou a lugar nenhum. Em muitos aspectos, trabalhar nos NIH é a meta suprema de muitos cientistas interessados em grandes ideias.

Quando a bolsa de estudos terminou, me tornei pesquisador. Concentrei minhas energias na neuroendocrinologia da depressão e, por fim, fiquei à frente de um dos principais laboratórios de pesquisa clínica e ciência básica do país, além de atuar como chefe de Pesquisa Neuroendócrina e chefe da seção de Neuroendocrinologia. Faz quarenta e sete anos que entrei pela primeira vez nos escritórios do NIH, e ainda não estou pronto para partir.

Minha transição da formação psiquiátrica em Boston para me tornar neurocientista exigiu uma curva de aprendizado inicial bastante íngreme, que, de certa forma, persiste até hoje. Existem inúmeras semelhanças entre a pesquisa biológica e a psiquiatria psicanalítica, e eu as descobri ao longo do caminho. Ambas estão em busca de uma verdade que não é aparente com o objetivo de amenizar a dor. De fato, ambas entendem que a fonte subjacente da dor pode ser, muitas vezes, o oposto do que se supunha que fosse - e que esforços de autoproteção, tanto psicológica como biológica, costumam ser contraproducentes, e geram mais problemas do que soluções. Ambas exigem a capacidade de tolerar frustração, perda e fracasso sem se deixar abater pela vergonha ou pelo desânimo. Ambas exigem também rigor, disciplina e capacidade de assumir tarefas formidáveis, embora as chances de fracasso cresçam quando o número de incógnitas aumenta. Por fim, tanto a pesquisa biológica como a psiquiatria psicanalítica nos mostram que, em última análise, circunstâncias desafiadoras nos ajudam a nos realizarmos mais plenamente.

Nos últimos anos, muitas publicações criticaram a lentidão das pesquisas sobre depressão biológica e os limites dos tratamentos antidepressivos. Não é difícil desanimar perante a verdadeira crise de saúde que a depressão representa: hoje sabemos que 20% da população sofrerá de depressão em algum ponto da jornada neste mundo, e que a depressão pode reduzir em até dez anos a expectativa de vida. Mas, em face desses dados desanimadores, é preciso notar que uma explosão de novos conhecimentos sobre a doença depressiva e o surgimento de mais de trinta antidepressivos eficazes e de rápida ação contradizem esses maus presságios.

Estamos entrando em um momento verdadeiramente notável em termos de avanços na compreensão da biologia da depressão. Por exemplo, agora sabemos que se trata de uma doença neurodegenerativa associada a perdas de tecido em locais importantes do sistema de estresse do cérebro – a parte que nos ajuda a administrar e a mitigar todo tipo de ameaça à nossa segurança. As partes do cérebro impactadas por essa neurodegeneração são exatamente as que nos ajudam a estimar a probabilidade de castigo ou recompensa, que ajudam a regular os níveis de ansiedade, que interferem em nossa autoavaliação e autoestima, e que exercem forte influência na nossa capacidade de prever e experienciar prazer.

Agora que sabemos disso, começamos a aprender como essa perda de tecido pode ser interrompida, e, no momento, estamos trabalhando para ver se ela pode ser revertida.

Também sabemos que a depressão perturba conexões importantes entre células nervosas e inibe o nascimento de novos neurônios, e que a produção de novos neurônios não cessa no início da vida adulta, como por muito tempo se acreditou. Podemos criar novos neurônios e vias neurais a vida inteira, se o cérebro for adequadamente estimulado. Esses achados, entre outros, levaram ao desenvolvimento de novas e poderosas famílias de antidepressivos de primeira linha, que estão revolucionando nossa forma de tratar a doença.

Descobrimos recentemente que, sem sombra de dúvida, a depressão é uma doença do corpo inteiro. Está associada com doença arterial coronariana prematura, diabetes prematura, acidente vascular cerebral (AVC) prematuro e osteoporose prematura. De modo geral, pacientes depressivos podem perder aproximadamente dez anos de vida, independentemente de suicídio, hipertensão, obesidade ou tabagismo. As mesmas mudanças no cérebro que provocam mudanças no humor e na cognição na depressão produzem essas manifestações sistêmicas, em parte, ao influenciar amplamente a regulação hormonal e autonômica em todo o corpo. Temos muita informação de como esses sistemas funcionam, e muitas ferramentas capazes de interromper o avanço dessas doenças ou tratá-las. Entretanto, as complicações médicas da depressão representam uma emergência de saúde pública, dada a incidência de 20% da doença em todo o mundo. Tendo isso em vista, e considerando os efeitos devastadores da depressão sobre o humor, os inter-relacionamentos e o trabalho, a Organização Mundial da Saúde declarou a depressão a segunda maior causa de incapacidade em todo o mundo, e a principal causa de incapacidade em indivíduos de menos de 45 anos de idade.

Um dos objetivos deste livro é mitigar equívocos comuns e subestimações da pesquisa sobre depressão e comunicar aos leitores a esperança realista que está tomando forma junto com novos e empolgantes avanços na compreensão da depressão e no desenvolvimento de antidepressivos baseados nessas descobertas.

Em uma série publicada em duas partes no *New England Journal of Medicine*, escrevi que a depressão representa uma reação de estresse que deu errado. Essa premissa foi confirmada por múltiplos estudos. O sistema de estresse, um grupo de módulos intimamente interconectados ligados no cérebro, codifica uma resposta adaptativa que é necessária para a sobrevivência. Quando o sistema de estresse sai de controle, a doença depressiva se desenvolve. Doenças autoimunes também são exemplos de doenças causadas por um sistema de resposta adaptativa que não está funcionando corretamente. Na doença autoimune, a resposta imune que deveria nos proteger começa a atacar tecidos e órgãos, causando muitas vezes doenças graves ou morte. De modo semelhante, quando o sistema de estresse fica desregulado, nós ficamos deprimidos.

Experiências estressantes podem ficar marcadas no cérebro e mudar a estrutura e o funcionamento do sistema de estresse. Esses eventos estressantes estão codificados na memória emocional e frequentemente reemergem durante crises ou quando há perigo. Essas memórias emocionais servem de combustível para desencadear e dar continuidade a episódios depressivos. Sua precipitação da depressão ocorre quando somos confrontados com estressores ou traumas semelhantes àqueles que vivemos no passado. A única maneira de modificar essas memórias emocionais é pela psicoterapia. Cientistas estão trabalhando para encontrar meios farmacológicos capazes de ajudar a extinguir essas memórias emocionais ou torná-las mais acessíveis, para que possam ser tratadas. Por ora, no entanto, a psicoterapia é um componente indispensável no tratamento da depressão, e é provável que continue sendo.

Em última análise, a frequência e a intensidade de eventos estressantes ou traumáticos por que passamos, articulados a vulnerabilidades genéticas, definem a predisposição de alguém para a doença depressiva. Pense na suscetibilidade à depressão como análoga à suscetibilidade à doença arterial coronariana. Assim como ocorre na doença arterial coronariana, tanto a vulnerabilidade genética quanto um ambiente predisponente conferem a suscetibilidade à depressão. Fatores como tabagismo, obesidade, sedentarismo e má alimentação aumentam a probabilidade de ataque cardíaco. Para a depressão, os fatores ambientais predisponentes são perda ou trauma precoce, pais ausentes ou excessivamente críticos e estressores recorrentes e, muitas vezes, inescapáveis ao longo da vida. Este livro detalha as descobertas que considero empolgantes sobre as características principais da depressão que mostram o quanto a psicoterapia é essencial para um tratamento adequado. Também apresento aos leitores os avanços farmacológicos que alcançamos graças a uma nova compreensão das origens e manifestações biológicas da depressão.

A depressão distorce percepções e expectativas. Para muitos, ela é um "câncer do eu" que corrói a dignidade e o respeito próprio ao mesmo tempo que corrói o corpo. Este livro ajuda a tornar clara essa realidade terrível. Ao mesmo tempo, existem motivos para a esperança. Estamos próximos de entender aspectos centrais da doença depressiva e desenvolvendo novas famílias de agentes antidepressivos de ação rápida que controlam até mesmo as depressões mais severas. Espero que este livro se some à percepção crescente de que a depressão não é um sinal de fraqueza ou inadequação, mas, sim, uma doença que está além do nosso controle, e que sobreviver a ela exige coragem, determinação e a capacidade de suportar uma enorme dor.

Passei décadas me debatendo com como nossa biologia pode influenciar as próprias características que ajudam a definir nossa humanidade, e só agora, no fim de minha carreira, estou começando a entender como a interação entre biologia e experiência contribui para a suscetibilidade à depressão. Ao longo de quase cinquenta anos estudando a depressão, aprendi bastante sobre ciência e a natureza humana, e esse tem sido um aprendizado inspirado e alimentado por muitas pessoas extraordinárias: meus pacientes, companheiros pesquisadores, colegas e estagiários. Este livro é um esforço para retribuir essas muitas gentilezas.

1. A angústia de William

Em julho de 1969, o dr. William Cummings começou a acordar às três horas da manhã, cheio de preocupações. Pouco tempo depois, sua ansiedade se tornou praticamente contínua, acompanhada de um temor equivalente que englobava quase tudo de importante em sua vida. William ficou convencido de que a família não se sentia mais próxima dele e que logo a esposa e os filhos o abandonariam. Ele acreditava que tinha deixado de ser um bom pesquisador e que era questão de tempo até que sua carreira ilustre chegasse ao fim.

William era um médico bem-sucedido da Faculdade de Medicina da Universidade Creighton, em Omaha, onde pesquisava os mecanismos biológicos por trás da leucemia, com vias a desenvolver medicações melhores para o tratamento da doença. Mas por maiores que fossem seus feitos, eles não foram capazes de blindá-lo contra o que estava por vir. Não demorou para que a angústia causada por esses pensamentos implacáveis evoluísse para uma depressão que durou cinco anos e o fim da vida tal como ele a conhecia.

A ansiedade passou a abranger muitos aspectos de seu respeito próprio. Ele não sentia mais orgulho das próprias conquistas, via-se como alguém totalmente imprestável. Começou a questionar até que ponto os amigos ou colegas de trabalho gostavam dele ou o respeitavam. A generosidade de sempre deu lugar à cautela e ao comportamento reservado; atipicamente, ele sentia que, dado seu esgotamento e temor constantes, não poderia se dar o luxo de ser generoso, pois tal recurso estava limitado mesmo para ele.

Além do desespero quanto a si mesmo, William não conseguia sentir prazer com o trabalho ou as atividades de lazer. Não desejava mais que eventos agradáveis chegassem logo. Perdeu a capacidade de apreciar os dias de sol e céu límpido. No passado, interessava-se profundamente por arte e pintura. Agora, a depressão havia submergido quaisquer interesses.

William notou uma dificuldade cada vez maior de pensar com clareza, de se concentrar, de lembrar. Embora a memória de curto prazo tivesse piorado, a recordação de memórias dolorosas e desagradáveis cresceu. Com frequência, ele se sentia atacado por memórias como a morte do avô ou a depressão da mãe. Quando era assolado por pensamentos tristes, não conseguia se desvincular deles. Ele sabia que havia se sentido energizado e feliz no passado, mas não conseguia mais evocar o tom emocional desses tempos mais alegres.

Além do pavor que sentia pelo futuro, as memórias de William não lhe ofereciam conforto. Ele descreveu um bombardeamento incessante de memórias dolorosas e emotivas de perda e fracasso. Não se orgulhava de um prestigioso prêmio de pesquisa que havia ganhado. Aliás, sua depressão começara pouco após receber o prêmio.

Ele se recordava vividamente do término de sua primeira relação romântica no Ensino Médio, que, muito provavelmente, desencadeou um episódio inicial de depressão. Surgiram inúmeras outras memórias cheias de carga negativa, que pintavam uma imagem irrealista e sombria de sua vida. Ele parecia ter preferência por acessar memórias emocionais com carga negativa: tinha facilidade para evocar situações de dor ou tristeza, mas não de alegria ou satisfação. Em essência, a depressão cristalizou erroneamente uma visão de sua vida como um longo e traumático episódio para o qual ele não conseguia encontrar alívio.

Quando William chegou ao meu consultório, eu já estava empenhado em conhecer o teor de sua dor, para que ele não precisasse ficar sozinho com ela. "Dr. Gold", disse William, quando pedi a ele que me ajudasse a entender o que estava lhe acontecendo, "sei que o senhor me despreza por eu não ter tido forças para construir uma vida de sucesso. O senhor nem imagina a vergonha que sinto por não ter tido forças para sair dessa depressão". Desviando o olhar, ele disse: "Tenho certeza de que quanto mais o senhor me conhecer, menos vai me respeitar. É questão de tempo até o senhor perder interesse no que tenho a dizer e perder as esperanças de que eu vá melhorar. Eu costumava ter medo da morte. Agora é a vida que me assusta".

Sentado em meu consultório, William parecia atrofiar sob o paletó de lã e a calça cáqui, que ele provavelmente usava no trabalho como médico acadêmico no centro médico da universidade. Ele devia ser muito bonito, supus, quando não estava tão carregado. Nós nos encontramos em meu consultório no terceiro andar do centro clínico dos NIH, de cujas janelas se viam as pessoas desfrutando do sol lá embaixo. O centro clínico tem bastante energia e movimento; seus corredores, muitas vezes, ficam quase tão congestionados quanto a Penn Station. É comum que em determinados dias haja entre trinta e quarenta palestras, cuja audiência é formada por médicos, cientistas, enfermeiros, bolsistas e estudantes.

Apesar da agitação e da movimentação ao seu redor, William era diligente ao evitar contato visual, e quando eu conseguia que ele me olhasse, seus olhos tinham a opacidade que eu associava às pessoas que haviam sido maltratadas ou que sofreram abuso. De outra perspectiva, ele me lembrava um pouco um adolescente zeloso e tímido de doer, o mais inteligente da sala, que morria de vergonha por ter sido mandado para a sala do diretor por questões de disciplina. Tínhamos acabado de nos conhecer, mas, de alguma maneira, eu sentia que eu e meus colegas poderíamos ajudá-lo. Comecei uma psicoterapia intensiva com ele e, aos poucos, passei a entender intimamente sua dor.

Além da angústia, William foi acometido pela insônia, que o fazia despertar nas primeiras horas da madrugada. Ele costumava acordar à uma ou às duas da manhã e raramente conseguia voltar a dormir. O apetite teve uma diminuição drástica, e ele perdeu nove quilos. Sua depressão era mais severa de manhã, quando a resposta ao estresse estava no ápice, e diminuía um pouco à noite, quando a resposta ao estresse ficava um tanto dormente.

William me procurou na esperança de que um novo antidepressivo, a imipramina, para o qual estávamos então realizando estudos clínicos, pudesse fazer diferença em seu estado mental. A descoberta da imipramina foi o apogeu de séculos de trabalho que tentava entender e tratar a doença depressiva. Por um feliz acaso, descobriu-se que o medicamento amenizava sintomas de distúrbio do sono, perda de apetite e anedonia (a incapacidade de experienciar prazer) em pacientes deprimidos. Queríamos verificar se esses efeitos significavam que a imipramina tratava da depressão subjacente ou apenas amenizava os sintomas, e se os resultados seriam amplamente replicáveis e seriam sustentados.

Existem dois subtipos principais de depressão clínica: melancólica e depressão atípica. William sofria de depressão melancólica. Ela frequentemente contradiz a palavra *depressão* no sentido de que muitas vezes é um estado de hiperativação e ansiedade, em vez de ser marcado pela supressão de pensamentos e sentimentos. A depressão melancólica inclui a sensação de falta de valor e a incapacidade de esperar ou experimentar prazer. Pacientes com melancolia possuem um padrão bem definido de despertar nas primeiras horas da madrugada, e com frequência têm dificuldade para voltar a dormir. Têm quedas significativas no sono restaurador de ondas lentas e um aumento nos episódios de sono com movimento rápido dos olhos, o REM.

Pacientes com depressão melancólica também têm reduções significativas no apetite e é comum perderem peso. Em pacientes frágeis, mais velhos e com depressão severa, isso pode ser fatal.

A libido é reduzida, e mulheres deprimidas costumam parar de menstruar. Homens deprimidos frequentemente têm redução nos níveis de testosterona. A maioria dos pacientes melancólicos perde o interesse em sexo ou não consegue desfrutar dele.

Pacientes com depressão melancólica também têm anomalias em diversas funções hormonais, metabólicas e fisiológicas que afetam muitas regiões cerebrais e praticamente todos os tecidos e órgãos do corpo. As secreções de hormônio liberador de corticotrofina (CRH, do inglês *corticotropin-releasing hormone*) e noradrenalina apresentam aumento considerável na depressão melancólica. A depressão melancólica é, mais do que a maioria das doenças, uma doença de corpo inteiro.

De modo geral, a ansiedade, o aumento da ativação, os distúrbios do sono, os aumentos substanciais na taxa dos hormônios do estresse e múltiplas anomalias fisiológicas normalmente associadas ao estresse indicam que a depressão melancólica representa um sistema de estresse que ficou travado na posição "ligado".

Um segundo subtipo de depressão é a depressão atípica, que parece ser a antítese da depressão melancólica. A depressão atípica está associada a um aumento de apetite, aumento no sono, notável fadiga, a sensação de estar isolado de si mesmo e dos outros, e sentimentos de vazio. Em comparação com a depressão melancólica, a depressão atípica começa em uma idade mais precoce e é mais propensa a ser crônica.

Uma breve história da depressão

É longa a história da tentativa humana de entender a depressão e o melhor modo de tratá-la. Mais de dois mil anos atrás, Hipócrates escreveu que as mais catastróficas das doenças ocorriam no contexto de um aumento na "bile negra", um dos quatro "humores" que dominavam o pensamento médico da época. A bile negra, o mais nefasto dos humores, vem das palavras gregas *melan chole*, a raiz da nossa palavra *melancolia*, denotando um grande pesar. Apropriadamente, a bile negra era associada aos dois flagelos mais temidos pela humanidade: o câncer e a depressão. Penso nela como nada menos que um câncer do eu: devora, mas nem sempre mata.

Durante a Idade Média, a depressão era chamada de *acedia*, que era um pecado mortal; um afastar-se de Deus, punível com a danação. A acedia estava associada à incapacidade de se relacionar com os outros, com o mundo e, talvez mais gravemente, com Deus. Isso significava que as pessoas assoladas pela depressão eram tratadas da mesma maneira que aquelas que haviam tentado provocar a própria morte. Admitir estar deprimido equivalia a admitir que se iria para o Inferno. Assim, a depressão se tornou uma doença associada a uma imensa vergonha.

Nos séculos que se seguiram, crenças de que a depressão seria uma falha moral persistiram. Famílias confinavam parentes deprimidos em porões ou sótãos e muitas vezes os acorrentavam para impedi-los de conviver com as pessoas da cidade e revelar a todos a depravação de sua condição. Os Mr. Rochesters do mundo não eram tão raros quanto Charlotte Brontë pode nos ter feito acreditar quando criou seu personagem séculos depois.*

---

* No romance *Jane Eyre*, Jane, esposa do personagem Rochester, era retratada como insana e violenta, passando dez anos trancada no terceiro andar de sua casa, a mando do marido. (N.T.)

Na Idade Média e início do Renascimento, a relação entre moralidade e depressão se tornou ainda mais extrema. A depressão passou a ser associada não só com o pecado, mas com a possessão demoníaca, que, através do indivíduo deprimido, encenava o ódio pela vida. O resultado dessa crença foi que um número considerável de indivíduos deprimidos foi queimado em fogueiras para ser liberto da possessão demoníaca.

Nos séculos 18 e 19, pacientes com doenças mentais eram mantidos em hospícios que se assemelhavam a depósitos, o que pode ter parecido um avanço. Mas embora as pessoas com depressão não fossem acorrentadas e queimadas, o tratamento ainda revogava seu acesso a uma vida plena. Eles eram deixados para vagar sem rumo em meio a uma população inteira de indivíduos com todo tipo de doenças mentais e demências, o que em muitos casos exacerbava seus sentimentos de falta de valor e pesar.

Durante esse período, psiquiatras começaram a flertar com a ideia de que a depressão não era uma falha moral, mas, sim, um transtorno biológico. Eles suspeitavam de que todas as doenças mentais eram um reflexo de neurodegeneração. O trabalho deles se concentrou em tentar identificar mudanças ocorridas no cérebro de qualquer paciente que tivesse tido uma doença mental durante a vida. Como seria de se esperar, esse esforço se revelou um fracasso abismal. Amontoar pacientes com depressão, esquizofrenia e as mais variadas formas de demência em um único grupo diluiu os achados que poderiam ter sido obtidos se os pacientes com depressão tivessem sido estudados em um grupo à parte.

No final do século 19, Emil Kraepelin, um psiquiatra alemão, mudou esse cenário. Ele desenvolveu um sistema de diagnóstico que distinguia pacientes com depressão daqueles com transtornos de ansiedade, esquizofrenia e demência. O sistema de Kraepelin representou um importante ponto de inflexão na psiquiatria biológica, e mais tarde, no século 20, seria aprimorado por George Winokur, Samuel Guze e seus colegas da Universidade Washington em St. Louis. Pela primeira vez, a depressão tinha condições de ser estudada à parte de outras doenças que apresentavam anomalias biológicas diferentes e, portanto, ser mais bem compreendida.

Esse sistema de diagnóstico ajudou a entender os subtipos da depressão, e ampliou consideravelmente nossa compreensão das diferenças significativas entre pacientes deprimidos e pessoas sem nenhuma depressão.

Graças ao trabalho de Kraepelin, agora entendemos a depressão como unipolar ou bipolar. A depressão unipolar, ou depressão maior ou clássica, é marcada por episódios recorrentes só de depressão, pontuados por períodos de remissão.

A segunda classificação, doença bipolar, representava uma doença associada com episódios tanto de depressão como de mania, também pontuados por períodos de aparente remissão. A depressão melancólica e a depressão atípica podiam ocorrer em pacientes com depressão unipolar ou bipolar. Kraepelin considerou a esquizofrenia e as demências como entidades separadas, não relacionadas à doença depressiva.

A formação de subgrupos distintos de pacientes com a doença depressiva, e a descoberta fortuita da imipramina cinquenta anos mais tarde, desencadeou a mudança no modo como o público via as pessoas deprimidas. Em vez de fracassados que precisavam de estamina moral, agora elas eram vistas como indivíduos assolados por uma doença séria e que precisavam de tratamento intensivo.

O que é a depressão, e o que ela não é

A depressão clássica está associada com sentimentos persistentes de impotência e, como observado, sentimentos de falta de valor, perda de interesse em atividades antes apreciadas, distúrbios do sono e do apetite e amplas mudanças na fisiologia.

O *Manual diagnóstico e estatístico de transtornos mentais* (*DSM-5*) delineia os critérios a seguir para que se faça um diagnóstico de depressão. O indivíduo deve apresentar cinco ou mais sintomas durante o mesmo período de duas semanas, incluindo:

1. Desânimo durante a maior parte do dia, quase todos os dias.
2. Interesse ou prazer acentuadamente diminuídos em todas, ou quase todas, as atividades durante a maior parte do dia, quase todos os dias.
3. Perda significativa de peso sem estar fazendo dieta, ou ganho de peso, ou diminuição ou aumento do apetite quase todos os dias.
4. Lentidão de pensamento e redução dos movimentos físicos (observáveis por outras pessoas, não meramente sentimentos subjetivos de agitação ou de ter ficado mais lento).
5. Fadiga ou perda de energia quase todos os dias.
6. Sentimentos de falta de valor ou culpa excessiva ou inapropriada quase todos os dias.
7. Capacidade reduzida de pensar ou se concentrar, ou indecisão, quase todos os dias.
8. Pensamentos recorrentes sobre a morte, pensamentos recorrentes sobre suicídio sem um plano específico, ou tentativa de suicídio ou um plano específico para cometer suicídio.

Para o diagnóstico de depressão, esses sintomas precisam causar no indivíduo angústia clinicamente significativa ou incapacidade social, ocupacional ou de outras áreas operacionais importantes. Os sintomas também não podem resultar do abuso de substâncias ou de outra condição médica, o que é um desafio, já que muitas vezes a depressão está entrelaçada com outras doenças.

Também é importante notar que nenhum dos critérios para o diagnóstico inclui componentes bioquímicos ou genéticos, embora haja amplas evidências para ambos. Ainda não existe um marcador biológico comprovado que ocorra apenas em pacientes não medicados quando eles não estão deprimidos. Além disso, a depressão é uma doença associada a anomalias em diversos genes, e nenhuma anomalia genética clara se destaca. Embora os cientistas esperem que isso seja logo descoberto, até que esse dia chegue, as características da depressão descritas pelo DSM serão puramente comportamentais.

Tristeza versus depressão

As manifestações principais da depressão são sentimentos de falta de valor próprio, desesperança e, portanto, pavor do futuro. Muitos pacientes deprimidos se sentem sozinhos e abandonados. Consideram que esse estado é culpa deles. Estão convencidos de que tais sentimentos serão traços permanentes em sua vida. Pacientes deprimidos têm dificuldade em se sentir verdadeiramente tristes porque sua gama de sentimentos é restringida e focada na própria angústia e a insignificância da própria vida. A tristeza verdadeira frequentemente está associada a memórias estimadas e amorosas de uma pessoa amada que foi perdida, por exemplo, combinadas com o lamento pela perda e, às vezes, um sentimento agridoce que abarca tanto as dádivas da vida quanto a dura realidade de que todos os relacionamentos um dia terminam. No entanto, é frequente que pacientes severamente deprimidos não consigam sentir esse tipo de tristeza ou mesmo chorar. A raiva também muitas vezes é inacessível para eles.

Para indivíduos deprimidos não são só os sentimentos de felicidade ou contentamento que estão faltando, mas também os componentes complexos da tristeza, que muitas vezes estão fora de seu alcance. Nesse aspecto, a depressão severa é uma das doenças mais cruéis de todas, porque pode restringir o foco a uma ladainha mortífera de autoflagelo e desesperança. Indivíduos deprimidos muitas vezes experienciam uma profunda alienação que os indivíduos tristes não experienciam. De uma perspectiva biológica, antidepressivos como a imipramina não curam a depressão. Mas eles podem ajudar a amainá-la. Tínhamos esperanças de que a imipramina fosse capaz de ajudar William.

2. Quando a psiquiatria encontrou a biologia

Em diversos momentos da história, oscilamos entre pensar que a depressão surge no corpo físico ou que ela está só na cabeça da pessoa. A descoberta de um medicamento, a imipramina, revolucionou o que pensávamos sobre a biologia e o tratamento da depressão, e tudo isso ocorreu inteiramente por acaso.

Para compreender os avanços que estamos agora obtendo em relação à biologia da depressão e como tratá-la com efetividade, devemos revisitar os anos 1960, quando se descobriu que um novo anti-histamínico sedativo chamado clorpromazina (Thorazine), desenvolvido pela gigante farmacêutica Geigy, tornava doses mais baixas de anestesia mais eficazes e seguras. O que isso tem a ver com a depressão? Acontece que a clorpromazina não tinha só efeitos que tornavam as cirurgias mais seguras, ela também tinha efeitos calmantes significativos. Isso levou os psiquiatras a tentar usá-la no tratamento de pacientes esquizofrênicos, que com frequência ficam agitados, terrivelmente temerosos, paranoicos e psicóticos. A efetividade da clorpromazina em amenizar a esquizofrenia foi notável e, por muitos anos, ela foi o principal agente farmacológico utilizado neste tratamento. Infelizmente, a clorpromazina não se mostrou útil para o tratamento da doença depressiva.

Roland Kuhn, um psiquiatra suíço do hospital psiquiátrico de Münsterlingen, procurou a Geigy na esperança de conduzir alguns ensaios clínicos com a clorpromazina. Muitos medicamentos farmacêuticos eram e ainda são bastante caros, e o custo desse medicamento era proibitivo para Kuhn. Mas a Geigy enviou a ele um composto mais barato e pronto para uso para ele testar, um composto que diferia da clorpromazina em somente dois átomos. Ele se chamava Geigy 22355, ou imipramina.

Quando Kuhn administrou a imipramina a seus pacientes esquizofrênicos, ele descobriu que, em vez de acalmá-los, ela os deixava maníacos; na verdade, eles pareciam mais doentes do que nunca. Isso levou Kuhn a considerar uma ideia intrigante: e se, em vez de ter um efeito calmante, a imipramina fosse um euforizante? Se havia um grupo de pacientes precisando de euforia, ele pensou, esse grupo era o dos afetados pela depressão.

Kuhn administrou a imipramina a seus pacientes deprimidos e fez uma incrível descoberta: 60% deles alcançaram a remissão dos seus sintomas depressivos, mas só depois de tomar o medicamento por um período que poderia variar de duas a quatro semanas. Kuhn observou que os pacientes que melhor respondiam ao tratamento tinham distúrbios do sono, acordavam muito cedo e sofriam de perda de apetite. Hoje reconhecemos esses sintomas como os principais sintomas da melancolia, que responde muito bem à imipramina.

Muita gente achou inacreditável que, depois de dois mil anos em que o tratamento da depressão correspondia a acorrentar, queimar, isolar e mandar os pacientes para galpões, pudesse haver um tratamento oral eficaz que simplesmente era produzido em laboratório. Da perspectiva clínica, é impossível negar a importância do que isso significava: pela primeira vez, parecia que a depressão tinha mesmo um componente fisiológico. Kuhn achou que estava abrindo uma porta, mas na verdade estava liberando uma comporta que mudaria para sempre nossa forma de pensar a depressão. Estávamos chegando mais perto de compreender como a doença funcionava e, por extensão, como poderíamos ajudar a amenizá-la. A imipramina era só o começo do tratamento psicofarmacológico da depressão, mas era um começo promissor.

A resposta de William à imipramina

Meu paciente William tinha passado vinte e um dias internado para avaliação. Agora poderia começar um ensaio terapêutico com a imipramina. Ele receberia três semanas de placebo e três semanas da medicação, em ordem aleatória. Era um ensaio duplo-cego, controlado por placebo. Isso significava que nem William, nem eu, nem as enfermeiras que classificavam a severidade da depressão de William três vezes por dia saberiam se ele estava recebendo a imipramina ou o placebo a qualquer dado momento do ensaio. Isso significava que nossa objetividade não seria influenciada por sabermos se ele estava tomando o placebo ou o medicamento ativo. Tínhamos aprendido, além disso, que raramente os pacientes respondiam à imipramina em menos de duas semanas após começarem a tomá-la. Talvez tivéssemos que aguardar um tempo considerável até vermos quaisquer resultados - que também não eram garantidos.

William se sentiu pior durante as duas primeiras semanas após o início do ensaio. Não sabíamos se era um reflexo de um efeito colateral da medicação ou sua decepção por não ter mostrado resposta. Ele permaneceu deprimido por outras três semanas. No primeiro mês de ensaio, geralmente acordava por volta das duas da manhã. Entretanto, quando chegou o dia 35, seu sono havia se alongado até às três e meia da manhã. Ele não demonstrava mudanças no tom de seus sentimentos, apetite, energia ou capacidade de experienciar prazer.

No dia 40, William relatou uma leve melhora de humor. No dia 45, acordou se sentindo descansado pela primeira vez em quase seis anos. Mais notável ainda: os sentimentos de falta de valor e autodepreciação tinham praticamente cessado.

Isso significa que, ao longo de 45 dias, sem uma real reorientação em sua maneira de ver o mundo, um medicamento tinha tirado William da sua depressão? Eu teria bastante tempo para refletir sobre essa questão nos dias e anos que se seguiriam, mas naquele momento minha reação inicial foi de imensa alegria. William era meu primeiro paciente nos NIH. Eu nunca tinha visto alguém responder a um antidepressivo antes. De certo modo, eu não conseguia acreditar naquilo.

William relatou que seus sentimentos de bem-estar não vinham de fora nem eram um "barato" induzido pelo medicamento. Na verdade, ele os sentia como um estado emocional que conhecera antes da depressão. Isso indicava para mim, e também para ele, uma restauração do bem-estar anterior em vez de um mascaramento do mal-estar.

William continuou sua psicoterapia comigo, e o teor de nossas sessões mudou drasticamente depois de ele ter respondido à imipramina. Pudemos começar para valer a desvendar os fatores psicológicos que contribuíram para sua depressão.

Talvez fosse possível argumentar que foi a experiência de William no hospital, e não a imipramina, que contribuiu significativamente para sua remissão. William, entretanto, estava deprimido havia mais de cinco anos consecutivos. É bastante improvável que ele possa ter experienciado uma remissão espontânea após duas ou três semanas tomando a imipramina.

Como a imipramina funcionava? O primeiro modelo hipotético da depressão

Compreender o mecanismo dos efeitos antidepressivos da imipramina era crucial para nos ajudar a começar a desvendar a neurobiologia da depressão. O dr. Julius Axelrod, meu colega no Instituto Nacional de Saúde Mental, ganhou o Prêmio Nobel de Medicina e Fisiologia, em parte, por seu trabalho relacionado aos mecanismos básicos da síntese e metabolismo da noradrenalina e seu modo de ação e papel na depressão.

Axelrod descobriu que a imipramina aumentava os níveis de noradrenalina após um dia de administração e produzia resposta antidepressiva, enquanto a reserpina, um anti-hipertensivo que baixava a noradrenalina, induzia a depressão. Desse modo, os cientistas concluíram que a depressão estava associada a uma redução da noradrenalina no cérebro, e que medicamentos que aumentassem a noradrenalina no cérebro a tratavam com eficácia. Essa hipótese da noradrenalina para a depressão não se mostrou estritamente verdadeira após a realização de mais estudos, mas representou o primeiro modelo biológico para o papel dos mediadores neurais no que causa a depressão, abrindo caminho para a era moderna da psiquiatria biológica.

Julius Axelrod (ou Julie, como o chamávamos) nasceu em 1912 no Lower East Side da cidade de Nova York. Uma vez ele contou que queria cursar a graduação na NYU, mas que quando, durante a entrevista, pronunciou Houston Street como "Howston" – que era como os garotos da vizinhança a chamavam – e o diretor de admissões corrigiu sua pronúncia, Julie soube que não seria aceito. Assim, ele se tornou um dos muitos ganhadores do Prêmio Nobel a terem se formado no City College de Nova York nas décadas de 1950 e 1960.

Após terminar o mestrado na Universidade George Washington, Julie conseguiu emprego nos NIH, começando então uma jornada que teria efeitos profundos no futuro da psiquiatria e da medicina. O trabalho de Julie nos NIH era amplamente conhecido entre os pesquisadores de todo o mundo. Quando ele se aposentou, seu espaço no laboratório foi oferecido a muita gente, mas todos recusaram - conta a história que eles não achavam que um raio cairia duas vezes no mesmo laboratório, e eles estavam atrás de um Prêmio Nobel. Eu fiquei feliz em aceitar o espaço, já que não sou supersticioso, ou pelo menos não muito supersticioso, e não conduzia minhas pesquisas de olho nos prêmios que poderia ganhar.

Nos últimos anos de sua carreira, o laboratório de Julie (que eu assumi) ficava no corredor D2 do centro clínico. Mas boa parte do seu trabalho era feito no prédio 3, uma estrutura do tamanho de uma pequena escola de Ensino Fundamental, que também abrigava os laboratórios de outros cinco cientistas que, nos quarenta anos seguintes, viriam a ganhar o Prêmio Nobel: Arthur Kornberg, 1959, por elucidar o mecanismo da síntese do DNA e do RNA; Marshall Nirenberg, 1968, por desvendar o código genético; Chris Anfinsen, 1972, por explorar as características básicas da estrutura proteica; Michael Brown, 1985, por desvendar as minúcias do metabolismo de colesterol; e Stan Prusiner, 1997, por descobrir os príons.

O trabalho de Julie sobre a imipramina foi realizado em 1964. Antes disso, no entanto, Julie já tinha feito várias descobertas importantes. Em cada uma delas, mostrou sua capacidade de fazer a pergunta certa e traçar estratégias simples para conseguir uma resposta. Ele se interessava por como os medicamentos sintéticos eram processados em compostos mais simples no corpo apesar de serem substâncias externas. Ele descobriu um grupo de enzimas no fígado encarregadas de decompor mais de 75% dos medicamentos sintéticos de então. Hoje, com milhares de novos medicamentos no mercado, essas enzimas ainda cumprem esse papel.

Julie descobriu o suposto mecanismo da ação da imipramina por meio de uma série de experimentos simples, porém sofisticados. Como já dissemos, ele descobriu que a imipramina aumentava rapidamente a neurotransmissão de noradrenalina e que a reserpina, um medicamento anti-hipertensivo que costumava levar à depressão, esgotava a noradrenalina no sistema nervoso central. A hipótese da noradrenalina foi publicada pela primeira vez por Joseph Schildkraut e William Bunney no final dos anos 1960. A noradrenalina está envolvida em muitos componentes da síndrome depressiva, dentre os quais ansiedade, nível de ativação, memória emocional, secreção do hormônio do estresse, apetite e sono, então ela parecia naturalmente suspeita de contribuir para o complexo de sintomas da depressão. Como a imipramina também aumenta a neurotransmissão de serotonina, uma deficiência de serotonina foi acrescentada como outra causa possível para a doença depressiva.

Praticamente todos os antidepressivos desenvolvidos ao longo dos quarenta anos seguintes foram projetados para afetar os níveis de noradrenalina e serotonina. William Bunney, um dos colegas de Julie, liderou muitos estudos clínicos que levaram à hipótese da noradrenalina para a depressão e foi um personagem-chave na história da psiquiatria biológica. Conhecido por quase todo mundo como Biff, ele teve uma notável carreira de vinte anos no centro clínico dos NIH. Fez muitas contribuições para nossa compreensão das características clínicas da depressão e para a elucidação dos primeiros conceitos dos mecanismos biológicos básicos subjacentes à doença depressiva, especialmente aqueles que envolvem a noradrenalina. Como detalharei mais à frente, ele também foi fundamental para a avaliação da dopamina e da serotonina na depressão. Biff foi uma das primeiras pessoas que conheci nos NIH, e passei a gostar muito dele.

Biff ajudou a desenvolver uma série de estratégias para examinar a secreção de noradrenalina na depressão. Com Fred Goodwin, meu primeiro mentor, ele também estudou os efeitos de começar e parar um tratamento com lítio. Biff e Fred, repetidas vezes, constataram que pacientes que respondiam positivamente ao lítio recaíam quando o medicamento era retirado e voltavam a responder quando o medicamento era reiniciado. Essa foi a primeira validação convincente de que o lítio funcionava.

Após a graduação no Oberlin College, Biff cursou medicina na Penn e foi aceito em Yale para a residência, mas hesitou. Ele pensou em ir para o Colorado trabalhar em um pronto-socorro, esquiar nos fins de semana e terminar de escrever seu romance. O chefe da Psiquiatria em Yale escreveu que havia recusado 131 pessoas para a posição que agora oferecia a Biff, e que Biff precisava se decidir em 24 horas. Biff pensou no assunto e sentiu que talvez pudesse conseguir um bom material para um romance durante uma residência psiquiátrica, então aceitou a vaga.

Embora Biff nunca tenha terminado o romance, ele se apaixonou pela residência e pôde trabalhar com luminares como Tom Detre e Danny Freedman, dois ícones da psiquiatria americana. Quando, mais tarde, Biff foi trabalhar nos NIH, ele chefiou a Unidade de Pesquisa Clínica sobre Depressão, onde recebia os casos mais graves da doença. Muitos eram altamente suicidas. Ele se lembrava de um indivíduo que era físico. Após algumas semanas, o paciente foi liberado para um dia livre. Seguiu zelosamente as instruções da equipe para coletar urina em garrafas de amostragem para registrar a secreção de cortisol. Então se dirigiu a uma ponte de 45 metros de altura sobre o rio Potomac e pulou. Deixou um bilhete: "Favor devolver esta garrafa ao dr. Bunney nos NIH". Felizmente, um homem em um barco a remo o viu pular e salvou sua vida.

Biff finalmente deixou os NIH em 1982 para ir para a Universidade da Califórnia em Irvine, que tinha um dos melhores departamentos de neurobiologia do país. Foi presidente do Departamento de Psiquiatria e chefe de um programa de pesquisa. Teve uma carreira muito bem-sucedida lá, estudando biologia e neurobiologia molecular e aspectos moleculares dos distúrbios do ritmo biológico na depressão.

Avaliando a biologia da depressão de William

Avaliamos a função da noradrenalina em William por meio de infusões da própria noradrenalina e medições da noradrenalina em seu líquido cefalorraquidiano (LCR). Os dados revelaram que a função da noradrenalina estava nos limites superiores do considerado normal. Como observado, a noradrenalina está envolvida em muitos componentes da doença depressiva, como ansiedade, o nível de ativação, memória emocional, apetite e sono. Os níveis de dopamina em seu LCR também estavam baixos. Como a dopamina é crucial para a promoção da capacidade de prever e experienciar prazer, níveis baixos contribuem para a anedonia da depressão. Os níveis de serotonina de William também estavam baixos, em conformidade com evidências de estudos que mostravam níveis baixos de serotonina em pacientes deprimidos. A serotonina é um neurotransmissor-chave que restringe a amígdala e ativa o centro de prazer e recompensa, mas uma deficiência de serotonina não está diretamente correlacionada à depressão, e a premissa da deficiência de serotonina na depressão não está plenamente estabelecida.

Como indivíduos melancólicos pareciam frequentemente estressados e ansiosos, medimos os níveis de hormônios do estresse no sangue de William e de outros durante todo o dia. Eles ficavam elevados continuamente, mesmo durante o sono. Esse achado sugeria que as anomalias biológicas de William provavelmente não se deviam ao estresse consciente em relação ao transtorno.

É típico que pacientes melancólicos tenham insônia, caracterizada por acordar nas primeiras horas da madrugada e por dificuldade de voltar a adormecer. Conduzimos diversos eletroencefalogramas durante o sono em William. Eles mostravam consistente diminuição do sono profundo e insônia generalizada. Também mostravam altos níveis de sono REM (com movimento rápido dos olhos), o tipo de sono associado aos sonhos. O sono REM ocorre normalmente no final do ciclo do sono, sinalizando que a pessoa está perto do estado de vigília. Todos nós precisamos de uma certa quantidade de sono REM, o qual está estreitamente articulado à atividade do sistema de estresse. Quando uma proporção grande demais do nosso tempo adormecido é gasta no estado REM, isso significa que o sistema de estresse está ativado.

Abrindo um parênteses: conduzir esses estudos demanda muito tempo, e participei deles em primeira mão. Realizei as infusões, as punções lombares, tirei sangue ao longo do dia e preparei as pessoas para os eletroencefalogramas durante o sono. Meus próprios ritmos do sono certamente sofreram nessa época da minha vida!

Estudamos William e muitos outros como ele enquanto tomavam placebo, durante o tratamento com antidepressivos e depois da remissão da depressão induzida pelo antidepressivo. Constatamos uma associação na remissão com a normalização dos níveis de compostos como noradrenalina, dopamina e serotonina. Além disso, as taxas de secreção dos hormônios do estresse e os padrões do eletroencefalograma voltaram ao normal em quase todos os pacientes após a remissão da depressão induzida pelo antidepressivo.

William foi um dos felizardos que tiveram uma resposta positiva à imipramina. Infelizmente, no entanto, os antidepressivos não são uma cura instantânea. A imipramina e todos os outros antidepressivos padrão daquela época conseguiam induzir a remissão da depressão e resolver anomalias biológicas total ou parcialmente, mas isso só era possível em menos de 60% das vezes. Além do mais, os pacientes precisavam continuar tomando imipramina ou outros antidepressivos indefinidamente para melhorar suas chances de permanecer em remissão, e mesmo muitos que continuavam a tomar o medicamento indefinidamente acabavam tendo recaídas. Um importante artigo recente relatou que a taxa de recaída era maior se a imipramina ou outros antidepressivos fossem interrompidos aos doze meses em vez de serem continuados indefinidamente. Esses medicamentos também não trazem alívio imediato, e, em vez disso, levam de duas a três semanas para funcionar. A imipramina não é uma pílula mágica, mas realmente trouxe alívio para milhões de indivíduos.

Questionando a hipótese da noradrenalina para a depressão

Posteriormente, contestei essa hipótese, em parte mostrando que pacientes com depressão melancólica tinham níveis elevados de noradrenalina no sangue e no líquido cefalorraquidiano coletado de hora em hora durante todo o dia. Também constatei que a administração crônica de imipramina em experimentos com animais provocava redução importante nos níveis de noradrenalina. Esses achados não eram inesperados, já que a noradrenalina produz ansiedade e ativação, duas das manifestações cardinais da depressão melancólica. Também sabemos que a imipramina não melhora a depressão assim que eleva os níveis de noradrenalina, mas que exige três ou quatro semanas para funcionar. Então o que estava realmente acontecendo? Qual era a verdadeira ligação entre a noradrenalina e a depressão?

Mais de quarenta anos após a descoberta da imipramina, os cientistas começaram a notar que pacientes deprimidos rotineiramente tinham anomalias na estrutura e no funcionamento de muitos componentes do sistema de estresse no cérebro. Algumas áreas mostravam claros sinais de neurodegeneração e eram significativamente menores que as mesmas áreas em pacientes não deprimidos. Eles também descobriram problemas em conexões entre células nervosas, na estrutura e no funcionamento das sinapses e no nascimento de novos neurônios em um componente especializado dos sistemas de estresse dos acometidos. A maioria dos antidepressivos melhorava boa parte dessas anomalias (se é que não todas) em duas a quatro semanas, mas não por meio da noradrenalina. Em vez disso, outros fatores contribuíam para os déficits nas estruturas e funções mencionadas, e também para a resolução desses déficits por meio de tratamentos com antidepressivos.

Nos últimos anos, pesquisas revelaram que o fator neurotrófico derivado do cérebro (BDNF, do inglês *brain-derived neurotrophic factor*), um fator de crescimento que alimenta os neurônios, é uma molécula-chave envolvida no mecanismo de ação dos tricíclicos (a imipramina e outros medicamentos) e dos inibidores seletivos de recaptação de serotonina (ISRS, ou SSRI na sigla em inglês). Ambas as classes de medicamentos estimulam ações do BDNF após as três semanas necessárias para seu funcionamento. O BDNF aborda e corrige diversos fatores da doença depressiva, incluindo problemas de perda de tecidos, integridade sináptica, interconexões entre os neurônios e nascimento de novos neurônios (isto é, a neurogênese), e reduz a morte prematura de neurônios e das células que os sustentam. De fato, a inativação do sistema BDNF aboliu a eficácia antidepressiva da imipramina e dos ISRS. Essa descoberta significou que precisávamos construir um novo modelo conceitual que explicasse o que eram esses processos e como sua desregulação codificava a síndrome depressiva - uma enorme parte da minha pesquisa e do que pretendo fazer neste livro.

No final do século 20, sabíamos que os antidepressivos padrão ajudavam alguns pacientes, mas não se podia confiar totalmente na sua eficácia, e que os pacientes muitas vezes tinham recaídas com eles, independentemente do tempo que os tomavam. Os planos para o século 21 envolviam desenvolver novas famílias de antidepressivos que agissem mais rapidamente, fossem eficazes em bem mais que 60% dos pacientes, tivessem menos efeitos colaterais, tivessem efeitos de longo prazo e que pudessem ser tomados com segurança por indivíduos deprimidos de todas as idades. Esses medicamentos, hoje, são uma realidade e serão discutidos em detalhes mais à frente.

3. Estressado e deprimido

Estresse é uma palavra e uma sensação com as quais todos nós temos familiaridade; é uma parte natural e inevitável da vida. No entanto, o volume de estresse que hoje experienciamos na nossa existência moderna e cotidiana é bastante diferente daquele que nossos ancestrais enfrentavam - e, no entanto, nossa fisiologia básica permanece a mesma. Esse desencontro afeta a todos nós, mas abala alguns mais que outros. Para muitos desses indivíduos, a exposição ao trauma e a estressores significativos cedo na vida ou ao longo da vida adulta pode levar à depressão, na qual todas as respostas do sistema de estresse normal passam a ser expressas de forma patológica e desordenada.

Uma das principais afirmações deste livro é que a depressão representa uma resposta ao estresse que não funciona mais de modo adequado e passa a causar danos. A resposta ao estresse envolve diversos locais do cérebro, respostas de estresse impactam todos os tecidos e, de fato, todas as células do corpo. Isso ajuda a explicar por que, em maior medida do que quase todas as outras doenças, a depressão é uma doença do corpo inteiro.

Hipócrates escreveu que somos todos assolados por forças perturbadoras que prejudicam nosso equilíbrio. Hoje, chamamos essas forças perturbadoras de estressores; as forças curativas, de resposta adaptativa; e o equilíbrio, de homeostase. Os estressores são desafios iminentes ou percebidos ao equilíbrio ou homeostase. O estresse é quase sempre acompanhado de vigilância e ansiedade aumentadas, e a resposta é mais forte quando o estímulo é visto como altamente desagradável e incontrolável. Assim como outras respostas adaptativas, por exemplo, a resposta imune, a resposta ao estresse é essencial para a sobrevivência.

A depressão representa uma das principais maneiras pelas quais o sistema de resposta ao estresse pode funcionar mal. Por exemplo, o sistema de estresse pode não agir conforme o esperado quando a resposta ao estresse não retorna a um estado basal prévio após o estímulo de estresse passar, mas, em vez disso, faz uma transição para uma depressão melancólica, uma versão exagerada, altamente distorcida, da resposta saudável ao estresse.

Consideremos, primeiro, uma resposta normal ao estresse. Imagine que um pequeno grupo de indivíduos está fazendo uma trilha na floresta quando a noite se aproxima. Um incêndio está se espalhando rapidamente em uma mata próxima. Os indivíduos estão ansiosos, altamente vigilantes e focados na ameaça. O humor coletivo fixa-se no modo estressado e temeroso. Eles sentem que a vida corre perigo. Para que mantenham o foco, a resposta ao estresse reduz sua propensão à distração. Em particular, eles não são atraídos por estímulos prazerosos. Durante uma situação ameaçadora, eles não param para se alimentar, para dormir, para fazer amor, para apreciar uma bela vista. Esse componente inerente da resposta ao estresse significa que temos tremenda dificuldade de experienciar prazer se a resposta ao estresse não ceder devidamente (por exemplo, no contexto da depressão).

O cérebro dos indivíduos fazendo a trilha aperta o botão de pausa no pensamento complexo sobre qualquer coisa que não seja encontrar o caminho de casa. Respostas físicas acompanham as comportamentais. O coração dispara e a pressão arterial sobe. Os níveis de CRH, o principal hormônio do estresse no cérebro, sobem. Então, o CRH estimula a secreção de cortisol e de noradrenalina, ativa a inflamação e põe em ação diversos comportamentos como ansiedade e evitação cautelosa. Durante o estresse, a inflamação aumenta substancialmente para proteger de um possível ferimento previsto. Da mesma maneira, os sistemas de coagulação sanguínea são ativados e ficam em alerta elevado em preparação para uma possível hemorragia. A glicose no sangue aumenta para oferecer combustível extra para o cérebro estressado. É notável que essas manifestações comportamentais e fisiológicas ocorram também na presença de estressores psicológicos, como falar em público.

De manhã, quando os indivíduos da trilha chegam a um território familiar, eles se sentem muito melhor e conseguem pensar com mais clareza. Podem então desfrutar de uma bela paisagem, e sua respiração, ritmo cardíaco, sistema imune, coagulação e níveis de glicose no sangue voltam ao normal. Se esses fenômenos não cederem, uma depressão emergirá.

Como a resposta ao estresse pode se transformar em um estado nocivo de angústia e desespero

A depressão e a resposta normal ao estresse se espelham em diversos aspectos. As características comportamentais que definem cada um deles consistem em medo, ansiedade e alarme.

Durante o estresse, um nível suficiente de ansiedade promove esforços substanciais para evitar ferimentos sem interferir no funcionamento efetivo. Na depressão melancólica, medo, ansiedade e alarme são profundamente maiores do que durante o estresse, produzem angústia e desesperança e interferem na capacidade do indivíduo de se defender da depressão.

Durante o estresse, a autoestima dos indivíduos da trilha fica modestamente diminuída, dado o contexto de enfrentamento de algo muito mais poderoso que eles. Na depressão melancólica, a autoestima despenca, e indivíduos deprimidos frequentemente sentem que não têm valor nenhum.

Durante o estresse, a cognição muda do raciocínio complexo para ações instintivas automáticas, ou ações que já funcionaram em situações de perigo. Na depressão melancólica, a cognição fica limitada à preocupação obsessiva e ruminativa com as deficiências do eu e a probabilidade de um futuro sombrio para alguém tão comprometido. Indivíduos deprimidos são bombardeados com frequência por memórias emocionais negativamente carregadas de traumas passados, que produzem desesperança e angústia.

Durante o estresse, há uma leve redução na propensão a experienciar prazer, a fim de evitar distrações indesejadas que poderiam interferir no enfrentamento efetivo da ameaça presente. Essa capacidade diminuída de experienciar prazer não leva a um desânimo capaz de interferir em estratégias efetivas de enfrentamento. Na depressão melancólica, a redução da capacidade de experienciar prazer é abrangente e profunda, associada à incapacidade de desfrutar do que quer que seja, além de desesperança e angústia.

Durante o estresse, há a tendência de diminuição do apetite e da inclinação a dormir, a fim de manter o foco e reduzir a possibilidade de distração. Na depressão melancólica, o apetite pode ficar tão notavelmente diminuído a ponto de causar perda de peso, ao passo que o sono sofre uma redução significativa, com o despertar nas primeiras horas da madrugada e a incapacidade de voltar a adormecer.

Durante o estresse, o corpo se prepara para sofrer ferimentos, recorrendo a uma inflamação antecipatória em preparação para uma possível hemorragia. Os níveis de glicose no sangue aumentam levemente para fornecer mais combustível ao cérebro estressado. Na depressão melancólica, a inflamação é pronunciada no corpo e no cérebro, contribuindo para condições como doença arterial coronariana, diabetes, acidente vascular cerebral (AVC) e osteoporose prematuras. A glicose no sangue sobe para níveis passíveis de causar danos teciduais, apesar de permanecerem na faixa normal. A coagulação é aumentada para proteger contra uma possível hemorragia, mas também contribui potencialmente para a propensão a ataques cardíacos e AVC.

De modo geral, embora uma resposta normal ao estresse seja altamente adaptativa, a depressão representa uma versão distorcida, prolongada e nociva da resposta ao estresse.

Onde o sistema de estresse está abrigado no cérebro e como seus componentes funcionam durante o estado não estressado e durante a resposta ao estresse em si?

Vamos dar um passo para trás por um momento para considerar as partes do cérebro onde o sistema de estresse está abrigado. O sistema de estresse consiste em três módulos principais: o córtex pré-frontal, o sistema límbico e o sistema de alarme. O córtex pré-frontal está localizado na parte da frente do cérebro, bem atrás da nossa testa. O sistema límbico está nas profundezas do cérebro. Três das principais estruturas do sistema límbico são a amígdala; o hipocampo, que vou chamar de centro de memória emocional; e o núcleo accumbens, que vou chamar de centro de prazer e recompensa. O sistema de alarme está localizado no tronco cerebral.

Durante o processo evolutivo, o córtex pré-frontal cresceu nos humanos muito mais do que outras porções do cérebro, e é o mais altamente desenvolvido entre todos os seres vivos. De fato, ele codifica a maioria das características que definem nossa humanidade, incluindo o pensamento abstrato, traços de personalidade, nossas avaliações sobre o passado e as previsões para o futuro. Ele também tem um papel importante na autoestima. Não é aleatório que a depressão se infiltre em muitas das características que contribuem para definir nossa identidade.

Quando não estamos estressados, o córtex pré-frontal coordena a atividade cerebral para regular o comportamento, o pensamento e a emoção. Uma das funções mais críticas do córtex pré-frontal é regular uma série de funções executivas, entre as quais estão o pensamento flexível, o planejamento, a tomada efetiva de decisão e a organização.

Uma área específica do córtex pré-frontal, o córtex pré-frontal subgenual, modula tantos componentes da resposta do sistema de estresse que eu o chamo de controle central. O controle central tem um papel gigantesco na depressão e interage com muitas estruturas do sistema límbico. Ele ainda contribui para estimarmos a probabilidade de sermos castigados ou recompensados. Também ajuda na avaliação que fazemos de nós mesmos e, portanto, é importante para nosso nível de autoestima. Ele restringe a amígdala para evitar a presença de uma ansiedade perturbadora, orienta o centro de recompensa e prazer para ajudar a aumentar a capacidade de prever e experienciar prazer, e restringe o sistema de alarme quando este sinaliza um perigo iminente.

É o controle central que limita a secreção excessiva do hormônio do estresse cerebral CRH, assim como dos hormônios do estresse na corrente sanguínea – cortisol, noradrenalina e adrenalina –, mantendo-os numa estreita faixa normal. O CRH também funciona limitando o apetite e o sono durante uma resposta ao estresse, já que ambos seriam inadequados durante situações de perigo. Como já dissemos, ele também contribui para a regulação da ansiedade e da inflamação.

Respostas comportamentais, fisiológicas e celulares que ocorrem durante uma resposta normal ao estresse

Quando estamos estressados, a regulação do sistema límbico pelo córtex pré-frontal diminui à medida que o cérebro faz a transição para um modo de resposta mais rápido. Como mencionei, três estruturas-chave do sistema límbico são a amígdala, o hipocampo, que chamo de centro da memória, e o núcleo accumbens, também conhecido como centro de prazer e recompensa. A amígdala é necessária para a experiência consciente da ansiedade e do medo, que podem ser intensos quando a amígdala está altamente ativada. O centro de memória emocional armazena e libera memórias emocionais positivas e negativas com base nas circunstâncias. Experiências estressantes podem ficar marcadas no centro de memória emocional e mudar sua estrutura e funcionamento. O centro de prazer e recompensa é essencial para a previsão e experiência de prazer, e em nosso estado não estressado ajuda a manter um senso de bem-estar.

O sistema límbico e suas conexões íntimas com outros locais do cérebro desempenham um papel vital em emoções como prazer, medo e raiva, e também na resposta de luta ou fuga. O sistema de alarme rapidamente sinaliza que há uma emergência.

Costumávamos pensar que o cérebro era incapaz de fabricar novas células nervosas, mas agora sabemos que o cérebro humano adulto tem neurônios capazes de se dividir para produzir novas células, um processo denominado neurogênese. Um processo ligado a esse, a neuroplasticidade, é a capacidade das células nervosas de aumentar as conexões umas com as outras quando enfrentamos um ambiente complexo e em mutação. Tanto a neurogênese como a neuroplasticidade são essenciais para a manutenção de um estado saudável e não estressado, e também na resposta efetiva à demanda crescente dos estressores, ao passo que ficam acentuadamente reduzidas na depressão.

Também sabemos agora que os neurônios produzem substâncias, chamadas neurotrofinas, que são como tônicos para as células cerebrais, mantendo-as saudáveis e resistentes a danos ou morte. Um membro-chave dessa família é o fator neurotrófico derivado do cérebro (BDNF). A fonte principal de BDNF no sistema nervoso central é o centro de memória emocional, seguido pela amígdala. Ele é essencial para a manutenção de neurônios saudáveis e para protegê-los de danos ou morte, assim como para a neurogênese e a neuroplasticidade bem-sucedidas, e, portanto, para uma resposta normal ao estresse. O BDNF também apoia as células cerebrais durante o estresse e ainda combate a ansiedade.

Que mudanças ocorrem na organização do sistema de estresse para que aconteça uma resposta normal ao estresse?

Pensando nos indivíduos da trilha, vemos que vários componentes do sistema de estresse reagem para produzir uma resposta de estresse completa à situação de perigo. A atuação do controle central é modestamente reduzida durante o episódio de perigo. Como o controle central restringe a amígdala, a perda de parte dessa restrição está associada a um aumento na atividade dela, produzindo mais preocupação e medo, que são essenciais para a sobrevivência. Uma leve redução na atuação do controle central também diminui a capacidade de prever e experienciar prazer, porque, como já dissemos, o controle central orienta o centro de prazer e recompensa a responder positivamente. Essa restrição do sistema de prazer e recompensa é essencial para evitar distrações indesejadas durante situações ameaçadoras. A resposta restringida a estímulos prazerosos é acentuada na depressão, que está frequentemente associada à anedonia, ou incapacidade de experienciar prazer. Uma coisa é manter um foco único quando há um incêndio fora de controle na mata ao lado, mas na vida normal a incapacidade de apreciar qualquer estímulo prazeroso é um grande fardo. Essa incapacidade de experienciar qualquer prazer ou sentimento de bem-estar ou eficácia interfere na capacidade dos indivíduos deprimidos de combater suas depressões.

Os indivíduos da trilha vão experienciar também uma intensificação das memórias emocionais armazenadas durante outras situações de perigo que têm o potencial de ajudá-los a sobreviver à situação atual. Além disso, o controle central restringe o centro de alarme, de modo que, quando a atividade do controle central fica diminuída, o sistema de alarme desses indivíduos toca mais alto. O sistema de alarme deles, localizado no tronco cerebral, é um local-chave para a síntese e armazenamento de noradrenalina. Quando o sistema de alarme dispara, ele evita ações como comer ou dormir. Com o fogo se aproximando, comer e dormir não são a prioridade número um; fugir dali é o foco principal. A ativação do sistema de alarme relacionada ao estresse leva a um senso palpável de estar em meio a uma emergência. Como o controle central restringe o CRH e os sistemas nervosos simpáticos, quando sua atividade é modestamente reduzida, há um aumento na secreção de CRH e noradrenalina.

O aumento no CRH em resposta ao estresse leva a níveis aumentados de cortisol plasmático em cada um dos indivíduos da trilha.

O cortisol é essencial para sua resposta ao estresse: ele aumenta os níveis de glicose no sangue durante o estresse, melhora a responsividade do músculo cardíaco e ativa o sistema de coagulação. No cérebro, o cortisol estimula a amígdala, enquanto suprime o controle central e o centro de prazer e recompensa. Em altas concentrações por períodos prolongados, o cortisol causa neurodegeneração.

O CRH também estimula a noradrenalina, que desempenha um papel tão importante na resposta ao estresse quanto o CRH. Níveis maiores de noradrenalina são um componente-chave durante episódios de estresse, aumentando a ansiedade e a ativação, a pressão arterial, o ritmo cardíaco e a inflamação. A noradrenalina também contribui para o armazenamento e a liberação de memórias emocionais e aumenta o consumo de oxigênio do cérebro. Além disso, reduz a propensão a dormir e a comer.

O aumento da inflamação no corpo e no cérebro está associado à secreção de uma série de promotores inflamatórios chamados citocinas, que estimulam os leucócitos e células cerebrais especializadas chamadas micróglias a liberar compostos que apoiam a resposta inflamatória. O sistema inflamatório é ativado, em parte, para aprontar a resposta imunológica em caso de ferimentos ou durante uma situação de luta ou fuga. A coagulação também aumenta durante o estresse, como um apoio potencial contra uma possível hemorragia durante uma situação ameaçadora. Como já dissemos, esses fenômenos também ocorrem durante situações de estresse psicológico.

Durante o evento estressante, o humor dos indivíduos da trilha fica relativamente fixo no modo estressado e temeroso, mas não a níveis suficientes para interferir na sua capacidade de funcionar durante a resposta ao estresse normal e saudável. Seus processos cognitivos passam do pensamento complexo e ordenado sobre causa e efeito para um pensamento relativamente orientado pelos instintos ou para a dependência de memórias guardadas durante experiências anteriores de perigo.

Neurotransmissores que apoiam a resposta ao estresse

Diversos neurotransmissores também participam da resposta ao estresse e contribuem para diversas de suas manifestações. Os níveis de noradrenalina aumentam, produzindo muitos efeitos, como, entre outros fenômenos, um aumento na ativação e na ansiedade, enquanto os níveis de dopamina, essenciais para se experimentar prazer, são reduzidos para evitar distrações. A serotonina desempenha dois papéis claros durante a resposta ao estresse. O primeiro é restringir a amígdala para que ela não responda em excesso. O segundo é ajudar a evitar que o centro de controle fique tão suprimido que uma resposta normal ao estresse não possa ocorrer. Essas duas ações ajudam a controlar a ansiedade.

O neurotransmissor glutamato também desempenha diversos papéis na resposta ao estresse, influenciando a fisiologia, os pensamentos, os sentimentos e os comportamentos. O glutamato é o neurotransmissor mais abundante no cérebro e está envolvido na neurotransmissão em 50% dos neurônios. É um neurotransmissor excitatório que estimula o disparo das células nervosas que ele influencia, especialmente aquelas que codificam a resposta ao estresse. Em contrapartida, a atividade do sistema ácido gama-aminobutírico (conhecido como GABA, do inglês *gamma-aminobutyric acid*) é reduzida durante o estresse. Ao contrário do glutamato, o GABA é um inibidor de neurotransmissores e coloca as células nervosas que influencia em um estado de repouso. Ele funciona com um freio importante no sistema glutamato. Medicamentos que estimulam a atividade do GABA são frequentemente usados como agentes ansiolíticos ou sedativos efetivos.

Voltando aos indivíduos da trilha

Voltemos aos indivíduos da trilha por um momento. Após escaparem do perigo e terem tido a oportunidade de se recuperar do trauma da experiência, a maioria deles faz a transição de um estado de estresse para ser capaz de se sentir seguro e relaxado. Mas Jennifer, um dos membros do grupo, não se recuperou assim. Em vez disso, suas respostas comportamentais e fisiológicas adequadas ao incêndio não só persistiram, mas se tornaram muito mais pronunciadas, distorcidas e prolongadas.

Sua ansiedade e medo aumentaram consideravelmente, e ela sentia um temor terrível até de coisas inofensivas. Ela se sentia muitíssimo vulnerável. Sua autoestima despencou, e passou a ser atormentada por sentimentos de não ser boa o suficiente.

A exemplo de outros pacientes deprimidos, a atenção de Jennifer tinha um forte viés para estímulos tristes, e ela não conseguia ignorá-los nem afastá-los. Jennifer tinha pensamentos ruminativos persistentes, fixando-se naqueles que a lembravam dos defeitos que ela notava em si mesma. Sua ruminação estava associada a atividades no sistema límbico envolvidas na rememoração de memórias emocionais negativamente carregadas. Jennifer não conseguia "esquecer" nem extinguir essas memórias emocionais negativamente carregadas e tinha grande dificuldade em acessar memórias positivas. Tinha uma recordação vívida do tom sentimental de perdas e constrangimentos passados, e era atormentada por memórias de ruminações anteriores sobre suas deficiências, desesperança e medo do futuro. Essas memórias emocionais eram constantes e contribuíam significativamente para o tom sentimental da sua depressão.

A capacidade de Jennifer de prever ou experienciar prazer praticamente cessou. Ela não conseguir desfrutar de nenhuma das coisas que costumavam lhe trazer prazer, e em vez disso caiu em um estado de anedonia.

O apetite de Jennifer diminuiu significativamente, e o sono era perturbado pelo despertar às duas da manhã. Era comum que não conseguisse voltar a adormecer.

A inflamação que experienciou durante sua resposta ao estresse se tornou muito acentuada e isso já bastava para elevar a potencialidade de ela sofrer com doenças sistêmicas prematuras e com a intensificação progressiva da depressão. Sua coagulação também ficou bem mais pronunciada que durante a situação de estresse, e isso a deixou mais vulnerável a ataques cardíacos e AVC. Sua glicose subiu e, caso se mantivesse assim, poderia contribuir para um risco aumentado de desenvolver diabetes tipo II.

Com base em extensos estudos sobre o impacto do estresse em cobaias animais, provavelmente seus níveis de neurogênese e neuroplasticidade estavam diminuídos. Além disso, dados recentes do cérebro de pacientes com depressão que cometeram suicídio revelam que a neuroplasticidade e a neurogênese são fortemente reduzidas nesses indivíduos.

Como dissemos, a resposta de Jennifer ao estresse se transformou em um estado que espelhava superficialmente sua resposta ao estresse, mas era muito mais nocivo tanto do ponto de vista comportamental como fisiológico.

Jennifer tinha um forte histórico familiar de doença depressiva. Sua mãe tinha transtorno bipolar e o pai havia passado por diversos episódios de depressão melancólica maior. Sua avó por parte de mãe também sofria de transtorno bipolar e havia cometido suicídio. O que estava acontecendo no cérebro e no corpo de Jennifer depois que o incidente estressante passou?

O córtex pré-frontal e o sistema límbico durante a depressão melancólica

De modo geral, durante a depressão, há uma profunda redução na capacidade do controle central de executar suas diversas funções. Com efeito, Wayne Drevets descobriu que o volume real do controle central é reduzido em até 40% durante um episódio depressivo. As mais afetadas são as células da glia, que desempenham papéis-chave na proteção dos neurônios de vários estressores, oferecem proteções imunes e ajudam na sua nutrição. Os neurônios do controle central não morrem durante uma depressão, mas sua conectividade fica muito reduzida, e seu tamanho, diminuído. Jennifer mostrava evidências de um controle central claramente reduzido em volume.

Wayne e eu sempre nos encontramos para discutir o papel das mudanças da estrutura do cérebro na doença depressiva e como o sistema de estresse pode contribuir para essas anomalias. Wayne nasceu e cresceu no Sul. Como eu também sou do Sul e nasci e cresci em Tidewater, na Virgínia, nós temos muitas experiências em comum e gostamos de conversar sobre elas. Ele confirmou em caráter preliminar meu palpite de que as depressões que mais eram associadas com a perda de volume do controle central tinham características predominantemente melancólicas.

Wayne estudou com Marcus Raichle, o decano dos médicos especializados em neuroimagens, na Universidade Washington em St. Louis. A descoberta dos dois de uma redução acentuada na dimensão do controle central exigiu um extraordinário domínio das nuances das neuroimagens e não teria sido percebida pela maioria dos profissionais da área. Após o trabalho pioneiro, seus resultados foram replicados diversas vezes, de modo que essa anomalia está estabelecida sem qualquer sombra de dúvida.

O controle central normalmente restringe a amígdala; assim, no contexto de um controle central tão menor e menos funcionalmente ativo do que deveria ser, a amígdala fica grande demais e hiperativa. Acompanhando seu aumento de tamanho, a neuroplasticidade na amígdala fica substancialmente aumentada, o que também contribui para a capacidade da amígdala de gerar ansiedade.

O centro de memórias emocionais de Jennifer também ficou significativamente reduzido, e ela tinha facilidade para se lembrar do medo e do pavor que sentiu no momento do incidente. Em contrapartida, sua recordação de memórias emocionais positivas praticamente desapareceu. Além disso, seu centro de prazer e recompensa cresceu, mas respondia muito devagar a estímulos prazerosos.

O hormônio do estresse CRH é secretado em excesso na depressão melancólica, colocando em ação diversos processos comportamentais e fisiológicos associados ao estresse e à depressão. Em contrapartida, Jennifer tinha níveis muito baixos de BDNF em seu sangue e líquido cefalorraquidiano. O BDNF é essencial para a neurogênese e a neuroplasticidade, para função sináptica adequada e para conexões efetivas entre componentes do sistema de estresse.

O corpo e o cérebro de Jennifer também mostravam evidências de inflamação. Seus níveis sanguíneos de citocinas estavam muito elevados, incluindo os níveis de IL-6 no plasma, que ficavam elevados durante todo o dia. Ela tinha níveis aumentados de citocina em seu líquido cefalorraquidiano. Além disso, uma tomografia realizada para quantificar a inflamação no cérebro revelou uma inflamação significativa em múltiplas áreas do córtex pré-frontal, incluindo o controle central, assim como no centro de memória emocional.

Jennifer estava sofrendo de uma depressão completa após a experiência traumática de quase morte que ela teve na floresta.

Um panorama da inflamação na depressão melancólica

Nossas raízes evolucionárias e biológicas incentivaram a conexão íntima entre estresse, depressão e inflamação. Quase todas as situações estressantes que os mamíferos encontravam em nosso distante passado tinham a ver com ser caçado ou competir por um parceiro. Nosso sistema inflamatório estava preparado para esperar possíveis ferimentos e infecções e responder a eles. O risco de uma exposição a patógenos e uma consequente infecção era mais alto nos ambientes de outrora, de modo que a conexão entre *percepção* de estresse ou perigo ativava respostas dos sistemas inflamatório e de coagulação.

O CRH, ou hormônio liberador de corticotrofina, está entre os desencadeadores inflamatórios mais potentes graças ao seu envolvimento com a liberação de conteúdos dos mastócitos no cérebro. Os mastócitos contêm compostos que são tóxicos para bactérias e vírus, e auxiliam na eliminação de células danificadas ou mortas. A ativação do sistema CRH durante o estresse também leva à liberação de CRH de terminais fora do cérebro em tecidos como a pele. Isso oferece uma explicação para o mecanismo de distúrbios dermatológicos induzidos por estresse que acontecem como consequência do estresse, incluindo a urticária. O CRH também é o hormônio cerebral que estimula a secreção de cortisol e a liberação de noradrenalina na corrente sanguínea. Altos níveis de noradrenalina também contribuem para a inflamação, assim como a ativação do que é conhecido como resposta de fase aguda, uma ativação mediada pelo estresse de mediadores pró-inflamatórios liberados pelo fígado.

Mulheres têm uma resposta comportamental maior aos mediadores inflamatórios do que os homens. Isso talvez se deva ao fato de que as respostas inflamatórias acentuadas da mulher durante a gravidez ajudam no enfrentamento de infecções, cicatrização de feridas e na exposição subsequente a patógenos. Em contrapartida, a inflamação também inibe a fertilidade, o que pode ter protegido as mulheres de gestações indesejadas durante momentos de adversidades.

Eu sugeri, com base em estudos importantes, que a forma de inflamação mais presente na doença depressiva parece ser a parainflamação. Trata-se de uma inflamação de nível baixo e persistente, caracterizada por altos níveis do marcador inflamatório proteína c-reativa (PCR, ou CRP na sigla em inglês), reconhecidamente um preditor de doença cardíaca. A PCR é elevada em pacientes com doença depressiva. A diferença entre a inflamação clássica e a parainflamação é que esta última não ocorre em resposta a bactérias, vírus ou danos teciduais, e sim surge em resposta a estressores que alteram a função basal de aspectos como metabolismo, regulação endócrina e a atividade do sistema nervoso simpático.

A parainflamação ocorre em resposta a estressores como excessos alimentares ou envelhecimento, que não estavam presentes durante o início de nossa história evolutiva, e para os quais não estamos adequadamente preparados. Outros desencadeadores incluem mudanças no ciclo luz-escuridão impostas pela iluminação artificial e a exposição a alimentos processados ou produtos químicos. Em minhas pesquisas e estudos, sugeri que o tipo de estressores psicológicos frequentes que encontramos, incluindo as interações sociais mais intensas que experienciamos na vida moderna, não estavam presentes em nossa história evolucionária e, assim, contribuem para a parainflamação, que, por sua vez, leva à prevalência de problemas de saúde como doença arterial coronariana e depressão.

Diversos estudos encontraram agentes anti-inflamatórios úteis para o tratamento da depressão. Pacientes com depressão clássica exibem aumento nos biomarcadores inflamatórios periféricos do sangue, incluindo citocinas inflamatórias, compostos produzidos por células imunes que ativam outras células imunes para codificar uma resposta inflamatória significativa. Já se mostrou que essas citocinas periféricas acessam o cérebro e são produzidas pelo próprio cérebro. Além disso, acredita-se que a ativação de vias inflamatórias no cérebro contribua para uma redução no nascimento de novos neurônios e uma redução da neuroplasticidade, assim como o estresse oxidativo, levando à destruição de neurônios e a uma perda de elementos gliais, células que fornecem suporte nutricional, entre outros, às células nervosas.

Micróglias são células cerebrais mais conhecidas como as células imunes do cérebro, mas dados recentes indicam que também influenciam o desenvolvimento do cérebro, a plasticidade sináptica, a neurogênese, a memória e o humor. A ativação microglial decorrente de infecções, AVC, doenças degenerativas, envelhecimento ou estresse psicológico ou físico pode levar à depressão. O BDNF e, portanto, os antidepressivos suprimem a ativação microglial e também a estimulação de receptores canabinoides (maconha), melatonina e medicamentos que inibem o sistema angiotensina, um importante ator da regulação da pressão arterial. Embora quase todas as citocinas promovam inflamação, a IL-4 e a IL-10 bloqueiam a inflamação e podem inibir a ativação microglial. Dois antibióticos, minociclina e rifampicina, suprimem a atividade microglial.

Considere o contexto de dar uma palestra, uma situação que faz muita gente exibir uma resposta de luta ou fuga, caracterizada pelo aumento temporário no cortisol, outros hormônios do estresse (entre os quais a noradrenalina), da inflamação e da coagulação. Uma resposta pró-inflamatória completa muitas vezes ocorre com a ativação da secreção de diversas citocinas e uma série de outros mediadores inflamatórios. Em essência, o corpo prepara uma resposta imune não contra vírus, bactérias ou ferimentos, mas contra uma ameaça à autoestima do indivíduo, uma fonte de grande estresse psicológico.

Funcionamento dos neurotransmissores e dos hormônios cerebrais na depressão

O hormônio liberador de corticotrofina aumenta durante a depressão a um ponto muito maior que durante o estresse. Assim, os níveis de cortisol e de noradrenalina se elevam substancialmente. O CRH promove um aumento na ativação e na ansiedade, contribuindo para o impacto de uma amígdala hiperativa no aumento da ansiedade durante a depressão melancólica.

Descobrimos que a noradrenalina no sangue e no líquido cefalorraquidiano fica elevadíssima durante todo o dia em indivíduos com depressão melancólica, a níveis que excedem significativamente os aumentos que ocorrem durante o estresse. Essas elevações na noradrenalina induzem muitos efeitos, incluindo hiperativação e ansiedade. Como observamos, no plasma e no líquido cefalorraquidiano de Jennifer os níveis de noradrenalina eram elevados o dia inteiro.

A atividade da dopamina despenca durante a depressão melancólica. Isso claramente contribui para a anedonia experienciada durante a melancolia. A atividade da serotonina também pode ser deficiente na depressão melancólica, embora os dados sejam ambíguos quanto ao papel da serotonina nesse transtorno. Os níveis de dopamina no líquido cefalorraquidiano de Jennifer estavam no limite inferior da faixa normal, mas não significativamente reduzidos, enquanto seus níveis de serotonina estavam normais.

O glutamato é o principal neurotransmissor excitatório no cérebro. Ele é liberado em 50% das sinapses no sistema nervoso central. Seus níveis são muito altos em diversos locais do sistema de estresse durante respostas ao estresse vigorosas e prolongadas ou de ocorrência frequente. A elevação da atividade do glutamato nesses locais durante o estresse severo leva à morte de células gliais e a danos nos neurônios. De fato, os níveis de glutamato sofrem uma leve queda em muitas áreas do cérebro durante a depressão melancólica, talvez porque tenham sido um tanto gastos durante respostas severas ao estresse. Esse pode ser o contexto para o fato de que a ação antidepressiva efetiva na depressão está associada a um aumento na liberação de glutamato.

Altos níveis de glutamato em algumas áreas do cérebro durante o estresse severo, altos níveis de CRH e noradrenalina, inflamação e baixa produção de BDNF são alguns dos fatores que causam morte celular na doença depressiva.

A rede de modo padrão na depressão

A rede de modo padrão está envolvida na introspecção, no processamento autorreferencial, no pensamento sobre o passado e o futuro e, em última análise, nas conclusões tiradas quanto ao valor do eu. No contexto de uma amígdala ativada, ela pode levar a sentimentos de falta de valor. Ela começa a se formar por volta dos 6 anos. Assim, estresse extremo ou trauma durante a infância podem influenciar um indivíduo pelo resto da vida e plantar as sementes para o início da depressão anos mais tarde.

A atividade geral da rede de modo padrão fica aumentada na depressão, e as conexões entre as várias regiões envolvidas nela ficam significativamente anormais. Dado o envolvimento do sistema do medo da amígdala, a ativação da rede de modo padrão influencia a autoavaliação a um ponto que pode levar a sentimentos de falta de valor.

A tomografia de Jennifer revelou evidências de uma rede de modo padrão hiperativa.

Depressão atípica

Até agora, fiz referências principalmente à depressão, que responde por até 40% dos episódios de depressão clássica. A melancolia com frequência parece ser a antítese de outra forma de depressão clássica, a depressão atípica, que afeta cerca de um terço dos pacientes deprimidos. A depressão atípica está associada a um aumento na fadiga, sono, apetite e ganho de peso. Em vez de serem bombardeados por sentimentos e memórias dolorosos, os pacientes com depressão atípica costumam se sentir afastados de seus sentimentos, de seu passado e dos outros. Assim, com frequência se sentem sozinhos e vazios. É raro que busquem conselhos e aprovação; em vez disso, se mantêm isolados.

Infelizmente, sabe-se muito mais sobre a depressão melancólica do que sobre a depressão atípica, e dados confiáveis sobre a biologia da depressão atípica são bastante limitados. Meu grupo mostrou que a depressão atípica está associada à diminuição em vez do aumento de hormônios do estresse como o CRH e o cortisol. Ainda me lembro com clareza do caso de uma de minhas pacientes, Rachel Dawson, que sofria de depressão atípica.

Em 1981, Rachel chegou ao centro clínico com uma depressão que não tinha respondido a tratamentos prévios, incluindo três diferentes ensaios clínicos de medicamentos. Eu a encontrei no segundo andar do prédio, em meu consultório, bem ao lado dos meus laboratórios de ciência básica. Sentei-me com ela logo após terminarmos as visitas matutinas.

Rachel estava deprimida havia quase três anos. Ao contrário de William, sua depressão não era caracterizada por ansiedade e um estado aumentado de angústia sobre si mesma. Em vez disso, Rachel relatava uma exaustão constante, dormia demais, estava desmotivada e tinha muito apetite, o que a fez ganhar nove quilos. Ela afirmou se sentir melhor de manhã, quando o sistema de estresse está ativado, e pior à noite, quando a atividade do sistema de estresse está relativamente dormente.

Quando perguntei a Rachel o que mais lhe causava dor em sua depressão, ela respondeu: "A pior parte é me sentir desconectada de tudo e de todos. Eu me sinto desconectada até de mim mesma e do meu passado. Às vezes, sinto que estou trancada em uma câmara transparente que me impede de alcançar os outros e impede os outros de me alcançarem. Em contrapartida, mesmo interações breves com quem quer que seja me deixam exausta. Esqueci como é me sentir feliz".

Rachel havia largado o emprego de professora universitária por causa das suas depressões severas. "Meu emprego como professora me oferecia uma fonte de contato com outras pessoas, e sinto falta dele. É ainda pior porque me sinto afastada até mesmo dos meus filhos. Sei que meu marido não aguenta mais. Ele não falou explicitamente em divórcio, mas sei que passou pela cabeça dele. O que eu faria se ficasse sozinha e ainda com essa depressão severa? Acho que não suportaria continuar a viver."

Perguntei a Rachel se naquele momento ela queria cometer suicídio. Ela disse que não tinha planos ativos, mas que era frequente que desejasse desenvolver uma doença fatal que a matasse bem rápido. "Isso resolveria todos os meus problemas", ela me disse. Além do aumento de sono e de apetite e da profunda fadiga, descobrimos que seus níveis de CRH e cortisol eram muito baixos (níveis baixos de cortisol estão associados à inflamação, já que o cortisol suprime a inflamação). Rachel tinha muitos sinais de inflamação ativa.

Rachel era a mais velha de três filhos. A mãe e o pai eram médicos. Quando Rachel tinha 4 anos, a mãe teve o segundo filho, que se revelou autista. Ele se tornou o foco da atenção total dos pais. Ele tinha diversos desvios comportamentais, mas os pais estavam decididos a mantê-lo em casa.

Rachel lembrava que, após o nascimento do irmão, nunca via os pais felizes. Ela se sentia inútil, porque não podia fazer nada para alegrá-los, e também negligenciada. Rachel evitava causar qualquer chateação aos seus pais e nunca revelava a eles nenhuma preocupação ou angústia. Ela tentava funcionar com tanta autossuficiência quanto possível e não desenvolveu a capacidade de pedir ajuda a amigos ou parentes quando precisava. Raramente levava amigos para casa porque o lugar era frequentemente perturbado por seu irmão autista, e ela sentia que não tinha um lugar seguro no qual buscar refúgio. Sentiu-se triste durante boa parte da infância e da adolescência, mas não se recordava de um episódio depressivo semelhante à sua depressão atual.

Rachel acreditava que o que havia precipitado sua depressão foi o fracasso de sua tentativa de encontrar uma editora que publicasse seu livro. Em certa medida, ela se sentiu ignorada e abandonada, de modo semelhante a como se sentia quando estava crescendo. Na verdade, esse sentimento nunca a abandonou.

Quatro anos antes de a fluoxetina (Prozac) ser lançada ao público, decidimos tratar Rachel com um ISRS experimental, a zimelidina, administrado em um estudo com desenho duplo-cego cruzado. Descobrimos posteriormente que ela havia recebido o composto ativo primeiro, e havia mostrado uma remissão significativa três semanas depois de começar a zimelidina. Mas, depois de Rachel começar a tomá-la, a zimelidina precisou ser tirada do mercado por causa de efeitos colaterais importantes. Trocamos por um inibidor da monoamina oxidase (IMAO), ao qual ela também respondeu. IMAO são antidepressivos potentes que serão analisados em um outro capítulo.

Comparada com a depressão melancólica, a depressão atípica tem um início precoce e é frequentemente crônica. Pacientes com depressão atípica têm uma incidência maior de trauma na infância e adolescência que aqueles com melancolia, o que, em parte, pode explicar a separação que sentem em relação ao corpo.

O notável psiquiatra comportamental René Spitz estudou bebês em orfanatos onde recebiam poucos cuidados. De início, a maioria dos bebês chorava por horas até serem atendidos. Posteriormente, eles se retraíam e paravam de chorar, mesmo se fossem deixados sozinhos ou ficassem muitas horas sem serem alimentados. Além disso, eles perdiam o interesse aparente no ambiente ao redor. Era como se o trauma de sua privação precoce levasse ao desligamento de sua resposta ao estresse e existência afetiva para protegê-los da angústia. Estudos subsequentes em primatas não humanos que eram tirados de suas mães e criados por pares revelou um recolhimento comportamental semelhante. Esses primatas não humanos criados por pares também tinham baixos níveis de cortisol. Esses podem representar formas muito severas de depressão atípica.

Enquanto a depressão melancólica parece estar associada a um sistema de estresse que está travado na posição "ligado", a depressão atípica parece estar associada a um sistema de estresse travado na posição "desligado". A distinção em tipos de depressão leva a diferentes abordagens de tratamento, que vamos investigar mais a fundo. Muitos dados confirmam que o tratamento da depressão atípica é significativamente mais efetivo quando a farmacologia é complementada por psicoterapia.

O estresse sempre foi um elemento da experiência humana, quer surja enquanto fugimos de um predador na savana, quer surja quando preparamos uma palestra para uma plateia de especialistas renomados. O modo como lidamos com nossa resposta ajuda a determinar os efeitos de longo prazo sobre nós e se vamos nos recuperar plenamente de um incidente estressante, ou se ele permeará nossa vida a ponto de se transformar em um caso de depressão. Qualquer que seja a causa ou gatilho subjacente, a psicoterapia é um componente essencial do tratamento que, na minha opinião, é necessário para qualquer recuperação plena e duradoura de qualquer tipo de depressão, seja ela induzida ou não pelo estresse. O tratamento mais eficaz para a depressão nociva é uma combinação de terapia de fala e terapia medicamentosa.

Quero agora descrever alguns dos medicamentos de primeira geração com os quais contamos nos últimos cinquenta anos.

4. O admirável mundo novo dos antidepressivos de primeira geração (1960-2010)

Decidir qual medicamento funcionará melhor para um paciente específico e suas circunstâncias particulares é como tentar decodificar uma mensagem cifrada. Esse certamente foi o caso de Ellen Jenkins. Eu a conheci quando ela foi ao centro clínico dos NIH em 2005, para se tratar após um longo histórico de depressão severa, muitas vezes associada a uma séria ideação suicida. Ellen tinha a sorte de já ter um excelente terapeuta que ela visitava três vezes por semana e que, ao longo dos anos anteriores, havia sido para ela uma tábua de salvação. Ela tentara diversos antidepressivos, mas nenhum deles fez efeito, o que não era de todo surpreendente.

Como muitas pessoas que sofrem de depressão, a história de Ellen refletia traumas severos, o que provavelmente desencadeou a doença. Quando ela tinha 15 anos, o irmão a coagiu a participar de um relacionamento incestuoso. Apesar de ter sido não consensual no início, como ocorre em muitos desses casos, as fronteiras entre consentimento e cumplicidade se confundiram para Ellen de tal modo que ela se sentia responsável. Três anos após os ataques terem começado, o irmão cometeu suicídio.

Ellen ficou arrasada com a morte do irmão. Ela se sentia culpada por ter potencialmente contribuído para a morte dele e também pela própria relação incestuosa. O terapeuta havia sido magistral em seus esforços para ajudar Ellen a entender o significado de tudo aquilo, mas o trauma era tão profundo que ela precisaria de um tempo consideravelmente maior para perdoar a si mesma e recuperar o respeito próprio.

Ellen sofria de uma severa depressão atípica. Dormia até catorze horas por noite, experienciava uma fadiga considerável durante o dia e tinha um apetite aumentado. Ela se sentia afastada de si mesma e dos outros, e, portanto, extremamente sozinha e abandonada. Perdeu completamente a capacidade de prever ou experienciar prazer, e sua anedonia era completa. Tinha planos incipientes para tirar a própria vida enforcando-se, assim como o irmão fizera.

Quando Ellen foi passar uma temporada no NIH, ela tinha 24 anos e era altamente suicida, então foi colocada em observação individualizada, 24 horas por dia. No entanto, conforme passou a me conhecer e a formar alguns laços com os enfermeiros, e começou a observar que outros pacientes severamente acometidos de doença depressiva melhoravam de verdade, suas ideações suicidas diminuíram. Após dezessete dias, ela não precisava mais de supervisão individualizada.

Eu me reunia com Ellen três vezes por semana. Durante esse tempo, pude conhecê-la bem o suficiente para que ela se sentisse compreendida. Era um desafio, especialmente porque, além de homem, eu era uma figura de autoridade. No passado, uma figura masculina de autoridade havia se aproveitado dela. E, no entanto, conseguimos superar essa barreira. Conseguimos partir do trabalho que ela já havia feito com seu terapeuta permanente, para que eu pudesse ajudá-la a continuar a adquirir percepções sobre sua vida conturbada.

Por causa das tentativas fracassadas de tratá-la com medicamentos psiquiátricos no passado, e dada a severidade de sua depressão, decidimos tratá-la com a tranilcipromina (Parnate), um inibidor da monoamina oxidase (IMAO). A tranilcipromina é significativamente mais efetiva do que outros antidepressivos tradicionais, mas pode ter efeitos colaterais perigosos. Se uma pessoa em tratamento com tranilcipromina ingerir qualquer alimento que contenha tiramina (entre os quais estão queijos maturados e carnes, arenque curado etc.), a pressão arterial aumenta até atingir níveis que podem ser perigosos. Administramos a tranilcipromina em um ensaio duplo-cego e controlado por placebo, monitorando Ellen de perto. E isso envolvia monitoração meticulosa de sua pressão arterial e dieta.

Por quase trinta dias, Ellen não reagiu ao tratamento. Havia a esperança de que ela tivesse recebido o placebo primeiro, mas não tínhamos como saber. Essa é a natureza de um ensaio duplo-cego controlado por placebo. Nem eu nem os enfermeiros que avaliavam a sua depressão sabíamos se Ellen estava tomando a tranilcipromina ou o placebo. Se Ellen estivesse tomando o placebo antes, ela o receberia por 21 dias consecutivos antes de mudar para o IMAO. Isso significava que no trigésimo dia ela teria recebido apenas nove dias de tranilcipromina. Temíamos que ela tivesse realmente recebido o IMAO primeiro e que houvesse pouco mais a fazer para amenizar sua depressão além do tratamento eletroconvulsivo, que descrevo no Capítulo 13.

No trigésimo quarto dia, no entanto, Ellen começou a mostrar sinais sutis de resposta. O sono melhorou, e ela passou de catorze horas por noite para onze. Ao longo dos dias que se seguiram, o sono se normalizou por completo. O apetite voraz diminuiu. Ela começou a perceber seu entorno e pôde experienciá-lo como agradável. Parecia menos desanimada, mais em contato consigo mesma e com os outros, mas ainda profundamente perturbada pela relação com o irmão e o suicídio dele.

Estudamos em Ellen alguns dos mesmos marcadores biológicos que havíamos estudado em William. Os níveis de noradrenalina no líquido cefalorraquidiano e a função do CRH estavam baixos. A taxa de cortisol estava significativamente mais baixa que nos controles. A avaliação dos eletroencefalogramas do sono detectou que ela dormia excessivamente, embora tivesse períodos de sono profundo reduzidos e períodos de sono com movimento rápido dos olhos (REM) reduzidos em vez de aumentados.

De modo geral, enquanto William demonstrava muitas características de um sistema de estresse que havia se tornado patologicamente ativado, o que é próprio da depressão melancólica, Ellen mostrava sinais de um sistema de estresse lento ou abaixo da faixa normal, próprio da depressão atípica. Sua função tireoidiana também estava no limite inferior da faixa normal. Como a diminuição da função tireoidiana predispõe uma pessoa para a depressão, nós a aumentamos com uma pequena dose de hormônio da tireoide para que ela chegasse à metade da faixa normal. Seus eletroencefalogramas do sono revelaram, como esperado, um sono excessivo, mas uma redução no sono profundo. Ela também tinha uma atividade REM reduzida em vez de aumentada. O tratamento bem-sucedido com IMAO reverteu essas anomalias.

Um mês depois de uma melhora significativa em sua depressão profunda, ela teve alta, saindo do hospital sob os efeitos do IMAO e com as taxas da tireoide mais próximas do ponto intermediário da faixa normal. Nós dois sabíamos que ela ainda tinha um longo caminho a percorrer, mas eu acreditava que, com o tempo, uma psicoterapia habilidosa e um tratamento antidepressivo eficaz, ela poderia reconstruir a própria vida.

Um breve panorama dos antidepressivos de primeira geração

Os antidepressivos disponíveis entre a década de 1960 e a virada do século representam a primeira geração de medicamentos antidepressivos, e a maioria deles foi criada tendo em vista sua capacidade de modificar os níveis de noradrenalina e serotonina no cérebro. Assim, embora a maioria deles seja classificada como inibidores da recaptação de noradrenalina ou serotonina ou inibidores da recaptação desses dois neurotransmissores, observei que eles tendem a depender da capacidade de aumentar a disponibilidade ou as ações do fator neurotrófico derivado do cérebro (BDNF). Como só se sabe há dois meses que seus efeitos sobre o BDNF são necessários para sua eficácia, a maioria dos médicos ainda atribui seu modo de ação primário à inibição da recaptação de noradrenalina, serotonina ou dopamina. Eu gostaria de apontar que esses neurotransmissores podem ter participação na fisiopatologia da depressão e na resposta ao tratamento, apesar de não serem os principais mediadores da eficácia dos antidepressivos.

A imipramina e outros antidepressivos tricíclicos

A imipramina é um antidepressivo tricíclico; outros são a desipramina (Norpramin) e a amitriptilina. Esses dois últimos são estruturalmente muito semelhantes, e tão eficazes quanto a imipramina, mas não mais: a imipramina induz a remissão em pacientes menos de 60% das vezes, e os outros tricíclicos não têm um desempenho melhor. Esses medicamentos são diferentes, contudo, em seus efeitos colaterais: a amitriptilina é um sedativo e causa secura na boca e, em um pequeno número de pacientes, retenção urinária. A imipramina é menos sedativa, causa menos secura na boca e é menos passível de causar retenção urinária, já a desipramina é relativamente isenta de efeitos sedativos e causa pouca ou nenhuma secura na boca e retenção urinária. Hoje, sabemos que a imipramina e os outros tricíclicos são mais eficazes no tratamento da melancolia do que da depressão atípica, em que induz a remissão em apenas 10% dos pacientes. Os antidepressivos tricíclicos têm efeitos cardíacos, como o aumento da pulsação e da pressão arterial, e, portanto, têm o potencial perigoso de levar pessoas com doenças cardíacas substanciais à falência cardíaca congestiva. Podem também causar distúrbios no ritmo cardíaco.

Inibidores seletivos de recaptação de serotonina (ISRS)

Os ISRS geralmente têm menos efeitos colaterais que os tricíclicos e influenciam a neurotransmissão da serotonina, mas não a da noradrenalina e a da dopamina. Não têm efeitos cardíacos adversos, de modo que podem ser dados com segurança a adultos mais velhos, e mesmo overdoses substanciais não são fatais. Eles podem, entretanto, causar efeitos colaterais sexuais e um modesto ganho de peso. A exemplo dos tricíclicos, induzem a remissão em somente 50% a 60% das vezes. Atualmente, vários ISRS estão disponíveis, cada um com seus benefícios e inconvenientes.

Conduzimos ensaios clínicos com o primeiro ISRS, a zimelidina, no início dos anos 1980. Embora nossas primeiras experiências tenham demonstrado sua eficácia, ele tinha efeitos colaterais graves e precisou ser retirado do mercado. O ISRS seguinte, a fluoxetina (Prozac), só foi desenvolvido no final dos anos 1980. Assim como a imipramina, ele era eficaz somente em 50% a 60% das vezes. Outros ISRS são a sertralina (Zoloft), a paroxetina (Paxil), o escitalopram (Cipralex e Lexapro) e o citalopram (Cipramil). Apesar de todos esses serem ISRS, se um indivíduo não responder a um, pode responder a um outro.

Os ISRS são eficazes no tratamento da depressão melancólica e também da depressão atípica, mas não são tão eficazes quanto os IMAO no tratamento da depressão atípica.

A vilazodona (Viibryd) é outro medicamento que possui propriedades ISRS, e simultaneamente estimula os receptores de serotonina, de modo semelhante a um medicamento ansiolítico, a buspirona (Buspar). Assim, a vilazodona possui efeitos ansiolíticos, e, além da depressão, é indicado no tratamento do transtorno de ansiedade generalizada. Ela ainda é eficaz em apenas cerca de 50% a 60% das vezes.

Um antidepressivo mais recente, a vortioxetina (Brintellix), é um antidepressivo multimodal. Ele é o único que afeta diversos neurotransmissores, e afirma ser útil para os sintomas cognitivos da depressão. Efeitos colaterais importantes são distúrbios gastrointestinais, e, em alguns indivíduos, ele causa efeitos colaterais sexuais com mais frequência que outros ISRS.

Dados recentes indicam que, se componentes-chave forem inativados do sistema de serotonina de um neurônio, os ISRS continuam a funcionar. Assim, sua eficácia como antidepressivos não depende de seus efeitos sobre o sistema de serotonina, e sim, a exemplo dos tricíclicos, dos níveis e ações do BDNF.

Mais à frente, vou analisar dados que indicam que uma nova geração de antidepressivos induz rapidamente a remissão da depressão, muitas vezes em vinte e quatro horas, e tem efeitos muito mais poderosos na promoção da liberação e ações do BDNF, além de possuir outras propriedades que os tornam excepcionalmente efetivos. Mais adiante, apresentarei esses medicamentos e seus mecanismos de ação em um capítulo específico.

Outras classes de medicamentos

Além dos ISRS, existem medicamentos que bloqueiam a recaptação tanto da serotonina como da noradrenalina, que são chamados de inibidores de recaptação de serotonina e noradrenalina (ISRSN, ou SNRI na sigla em inglês). Um desses agentes é a duloxetina (Cymbalta). Ela é eficaz no tratamento das depressões melancólica e atípica, embora não tão eficaz quanto os IMAO no tratamento da depressão atípica. Possui propriedades analgésicas e é eficaz em amenizar o que chamamos de dor neuropática, cuja origem está nos próprios nervos. Pessoas com neuropatia em decorrência de medicamentos contra o câncer ou diabetes experimentam uma redução significativa da dor quando tomam a duloxetina. Ela também tem eficácia em uma síndrome conhecida como fibromialgia, caracterizada por dor difusa e fadiga.

A dopamina é um neurotransmissor essencial para experienciar prazer. A ativação do sistema de dopamina no cérebro pode ajudar a combater a depressão. Apenas um antidepressivo disponível atualmente ativa o sistema de dopamina: a bupropiona (Wellbutrin). Comparada a outras classes de antidepressivos, a bupropiona tem poucos ou inexistentes efeitos colaterais sexuais e não causa aumento de peso. Costuma elevar a energia das pessoas, e pode ser eficaz para alguns pacientes com transtorno de déficit de atenção. Mais uma vez, a taxa de resposta na depressão é de apenas 50% a 60%.

Um medicamento que afeta tanto o sistema de noradrenalina como o de serotonina, não como um inibidor de recaptação, mas sim com um bloqueador complexo de diversos receptores, é a mirtazapina (Remeron). Ela é ideal para pacientes que, além de terem perdido muito peso, têm insônia severa, já que aumenta o apetite significativamente e promove o sono. Isso pode ser uma desvantagem para muitos pacientes, o que é uma pena, já que a mirtazapina é um antidepressivo muito eficaz, induzindo a remissão em cerca de 75% das vezes.

A primeira geração de antidepressivos não é de modo algum perfeita, mas oferece opções úteis para o tratamento de alguns pacientes com depressão. Eles amenizam a depressão em mais da metade dos indivíduos que fazem uso deles. Portanto, são medicamentos importantes, têm funções relevantes e, apesar de suas limitações, revolucionaram o tratamento da doença. As respostas melhoram se combinadas à psicoterapia. Contudo, um fato perturbador é que a maioria dos indivíduos deprimidos que seriam ótimos candidatos para os antidepressivos permanece sem tratamento.

5. A arte da terapia

Tratar das contribuições biológicas subjacentes à depressão é importante. Também acredito piamente que a psicoterapia é uma maneira relevante e significativa de lidar com os fatores ambientais que contribuem para a depressão, como conflitos interpessoais ou eventos traumáticos.

Estudos relatam que uma combinação de medicação e/ou terapia cognitivo-comportamental ou terapia de orientação psicodinâmica funciona melhor que só os medicamentos ou só a terapia. A terapia cognitivo-comportamental se concentra em como os pensamentos, especialmente a ruminação negativa, podem produzir a depressão e como endereçar esses pensamentos pode ajudar a tratá-la. Prefiro a terapia de orientação psicodinâmica porque, ao usá-la, levamos em consideração o modo como experiências passadas e relacionamentos interpessoais do paciente afetam a maneira como ele se sentia quando era jovem e indefeso, e como essas emoções se repetem na vida adulta para produzir um senso de falta de valor, medo do abandono e, assim, um humor deprimido. Pacientes com doença depressiva muitas vezes sentem que são responsáveis por todas as perdas que sofreram na vida e que deveriam se envergonhar disso, em vez de acreditar que as perdas fazem parte do cotidiano. Portanto, eles não conseguem lamentar as próprias perdas e superá-las. Suas defesas não os protegem; elas os enfraquecem.

Doenças complexas como a depressão e a doença arterial coronariana refletem tanto uma vulnerabilidade genética quanto um ambiente predisponente. Fazendo uma analogia, veja a doença arterial coronariana. O ambiente predisponente inclui tabagismo, obesidade, má alimentação e falta de exercício. Para a depressão, o ambiente predisponente inclui negligência precoce ou a perda de um pai, traumas sexuais ou físicos, pobreza ou pais implacavelmente exigentes. Em ambos os casos, alterações significativas no ambiente podem reduzir a suscetibilidade ao desenvolvimento da doença.

Uma das premissas deste livro é que a depressão representa um sistema de estresse que escapou do funcionamento esperado. Como experiências estressantes deixam marcas na memória emocional no sistema de estresse e alteram seu funcionamento e estrutura, o fardo de experiências estressantes influencia nossa suscetibilidade à depressão. A psicoterapia é a melhor estratégia à nossa disposição para lidar com essas memórias emocionais e seu impacto sobre nosso humor e comportamento. Se essas questões não forem tratadas, provavelmente vão prevalecer sobre a resposta positiva que pacientes como William experienciaram durante o teste da imipramina.

Tive a sorte de fazer minha formação em psiquiatria no Centro de Saúde Mental de Massachusetts (Massachusetts Mental Health Center), que tinha uma forte ligação com a Faculdade de Medicina de Harvard. Antes, ele se chamava Hospital Psicopático de Boston e era chamado de "Psycho" ou "Mass Mental". Ao contrário do que o apelido possa sugerir, já que *psycho* quer dizer psicopata, e *mass mental* é algo como loucos em massa ou loucos de Massachusetts, uma das principais características do hospital era o profundo respeito e compaixão pelos pacientes que tentávamos ajudar. Naquela época, o Mass Mental oferecia um programa extraordinário de formação em psicoterapia. Os duzentos pacientes internados e os mil ambulatoriais eram escolhidos por seu potencial para se beneficiarem da psicoterapia. Vinte e cinco residentes por ano, escolhidos entre algumas centenas de candidatos, tinham a experiência de trabalhar intensivamente com um número limitado de casos. Tínhamos o privilégio de acompanhar sessenta minutos diários de conferências didáticas e de oito a nove horas de tutorias semanais individuais com clínicos experientes e qualificados. Muitas vezes, encontrávamos nossos pacientes por duas ou três horas semanais, ou mais, durante um período de três anos.

Apesar de toda essa formação e expertise, enfrentávamos uma tarefa que às vezes parecia colossal: ajudar indivíduos cujas vidas haviam se despedaçado a se reencontrarem consigo mesmos e com o mundo. Naquela época, não havia medicamentos totalmente documentados e confiáveis nem procedimentos contundentes que levassem nossos pacientes a uma rápida melhora. O ritmo era lento, e, àquela altura, não sabíamos quase nada sobre os princípios da psicoterapia.

O coração do programa era o dr. Elvin Semrad, um homem afetuoso e de olhar triste nascido em uma fazenda em Nebraska. O dr. Semrad era um gênio em condensar conceitos complexos em lições compreensíveis. Esse aprendizado não era teórico. Os pacientes eram nossos guias e mentores, e devíamos muito a eles por permitirem que nos tornássemos uma parte significativa da vida deles. Nossa tarefa era conhecer muito bem tanto a eles quanto a seu sofrimento, formar um vínculo emocional e desvendar as camadas que os impediam de ser verdadeiros consigo mesmos. Extremamente empático, Semrad revelou-se de uma ajuda inestimável nessas tarefas. Ele tinha o dom de evocar sentimentos dos quais os pacientes ou qualquer um de nós queríamos distância.

Conheci Semrad na entrevista de admissão no programa de formação. Logo de cara, ele me pediu para descrever a situação mais difícil que eu já enfrentara. Contei a ele que havia causado sérios aborrecimentos à minha família imigrante ao me apaixonar por uma garota de outra religião. Ele olhou para mim com um sorriso triste e disse: "Você deve amá-la muito". Naquele momento, me debulhei em lágrimas e contei a ele mais da história. Essa experiência e a reação de Semrad ao meu relato me convenceram do caminho que eu deveria tomar no estudo da psiquiatria.

Semrad era o diretor de Formação no Mass Mental. Nosso primeiro ano era em uma unidade de pacientes internados, e todos os pacientes que vimos naquele ano permaneceram em tratamento conosco pelos três anos de formação. Semrad achava que, para que nos tornássemos terapeutas, precisávamos aprimorar e ampliar nossa capacidade de ajudar os pacientes a entrar em contato com a própria dor e comunicá-la em encontros presenciais com o terapeuta. A relutância dos pacientes em fazer isso com frequência era um reflexo de experiências anteriores de rejeição, punição ou abandono por não terem escondido seus sentimentos perturbadores. Precisávamos demonstrar aos nossos pacientes que tínhamos a resistência necessária para permanecer com eles em meio à sua tristeza, raiva e medo de abandono. No curto prazo, isso significava não os espantar mudando de assunto, interrompendo com comentários breves e não relacionados ou oferecendo aprovação da boca para fora. No longo prazo, significava evitar enviar sinais não verbais de desinteresse, frustração ou medo. Portanto, boa parte da minha formação no Mass Mental teve como foco aprender quais estratégias mentais as pessoas usavam para enfrentar medos, perda e decepção na própria vida; todas as questões-chave, do ponto de vista psicológico, que afetam o sistema de resposta ao estresse do cérebro.

Por que era benéfico para nossos pacientes voltar a ter contato com seus sentimentos e reexperienciá-los na nossa presença?

Ao evitar, anteriormente, as fontes e significados de seus sentimentos, eles haviam perdido a oportunidade de lamentar as perdas que aconteceram ao longo de sua vida. O lamento precisa ocorrer no contexto da percepção consciente por aquilo que se perdeu, a qual é bastante ajudada quando se exprime o teor da dor para um indivíduo compreensivo que, por assim dizer, testemunha a provação. As perdas que não foram lamentadas são fontes de enorme estresse. Ao recordar repetidas vezes sentimentos profundamente enterrados e olhá-los por diversos ângulos, os pacientes conseguem voltar a acordar de algo parecido com um sono e se sentir mais como eles mesmos. Nunca mais me esqueci de uma das frases simples de Semrad: "A melhor maneira de esquecer é lembrar". Ao lembrar-se do que foi suprimido, o paciente tem a oportunidade de começar a processar toda uma vida de tristezas e perdas que estavam enterradas sob a superfície, causando enorme estresse e um sofrimento inestimável. Meu paciente William havia passado a vida inteira tentando não se lembrar.

Durante meus anos de formação, me tornei cada vez mais consciente do enorme preço que nossos pacientes ou qualquer um de nós pagamos por nos isolarmos de nossos sentimentos, incluindo a tristeza e o remorso pelas principais perdas e decepções que sofremos na vida. Um dos maiores estressores é não conhecer a nós mesmos e aos sentimentos que ajudam a definir nossa identidade. Manter esses sentimentos afastados nos impede de fazer as pazes com o inevitável sofrimento que a vida implica e de passar pelo processo curativo de se debater com a tristeza e enfim neutralizar parte dela ao reconhecer e lamentar o que foi perdido.

Muitos de nossos pacientes estão só levemente conscientes desses sentimentos, talvez por muitas razões. Alguns podem não ter tido o apoio de pais amorosos que os ajudassem a encontrar a própria tristeza e lutar para se reconciliar com ela e, assim, neutralizar parte dela. Outros podem ser constitutivamente programados para reagir de modo tão profundo à experiência de decepção e a sentimentos de dor que acham a angústia e a tristeza geradas por essas experiências intoleráveis. Descobrimos que nossos pacientes eram profundamente comprometidos com a supressão da tristeza, ainda mais aqueles que carregavam um fardo pesado ao ponto de serem admitidos em um hospital psiquiátrico. Muitos não sabem lidar com a tristeza, e quando ela irrompe, eles se sentem em um beco sem saída. Outros, que assumem uma postura defensiva, vão organizar a vida de modo a evitar sentimentos de tristeza. Por exemplo, todos nós conhecemos indivíduos que nunca mais vão arriscar a possibilidade de se sentirem terrivelmente tristes após passarem pela agonia do término de um relacionamento. Com frequência, muitos terminarão sozinhos. Outros mergulham no trabalho ou evitam os sentimentos distraindo-se com atividades perigosas, como o abuso de drogas. Alguns se recolhem até chegar a um estado no qual todas as emoções são abafadas. Não são verdadeiros consigo mesmos nem com seus sentimentos, e, por isso, suas vidas ficam empobrecidas. Não ajuda que nossa cultura também desencoraje as pessoas de serem abertas demais sobre a própria tristeza.

Pacientes com depressão muitas vezes têm também uma dificuldade duradoura em expressar raiva e são muito mais propensos a culpar a si mesmos por seu sofrimento. Quando identificam esse padrão e procuram por motivos, vemos que nossos pacientes esperam que a raiva ou danifique alguém ou provoque ódio, abandono ou ambos. Os indivíduos pagam um alto preço por excluírem consciente ou inconscientemente a raiva da própria vida. Tornam-se incapacitados de responder a quem quer que seja que os provoquem ou os tratem mal. Não conseguem cuidar com prontidão dos próprios interesses nem ajudar os amigos. Em essência, não conseguem ser verdadeiros consigo mesmos. É como se eles estivessem cortando fora uma parte de si mesmos. É comum que se sintam ineficazes em qualquer conflito ou embate, e isso os faz se sentirem fracos e indefesos. Com alguma sorte, na segurança relativa do hospital, nossos pacientes podem aprender que não serão punidos nem abandonados por revelar sua raiva. Podem aprender que esses sentimentos não destroem os bons sentimentos, e que os dois podem coexistir.

Pacientes que têm dificuldades em lidar com a raiva também costumam desenvolver os meios para negar ou se proteger da assertividade e da competitividade. Eles procrastinam, evitam mostrar que dominam conceitos importantes e fogem de todo confronto ou discordância enérgica. O propósito de suas defesas é semelhante àquele das pessoas que se defendem contra a raiva: evitar o ódio e o abandono. Nesse caso, a inveja alheia seria um instrumento com o potencial de lhes causar danos.

Nós todos conhecemos indivíduos muito talentosos que não conseguem realizar nada, como se estivessem nos dizendo: "Não se preocupe, eu não sou uma ameaça". A camuflagem da competitividade pode assumir outras formas. Alguns nunca entram na corrida, e acabam ficando em segundo plano tanto quanto podem. Outros podem parecer menos competentes do que são ou desistir quando estão prestes a ganhar uma competição. Mais uma vez, seus eus verdadeiros ficam soterrados sob o peso dos esforços para se protegerem. Esses esforços autoprotetores, na verdade, causam danos graves.

Semrad nos desafiava a encarar a terapia desta forma: "A única verdade que você tem é o seu paciente. Além disso, a única coisa que interfere nessa verdade é sua própria percepção. Você pode querer desviar o olhar e não observar o que há para ser observado, principalmente porque isso evoca em você sentimentos tão perturbadores que você desiste de olhar. Só conseguimos superar essa esquiva através dos sentimentos. A técnica é conversar sobre emoções, mostrar ao paciente que as tem, e permanecer com ele mesmo que a dor sobre a qual está ouvindo seja insuportável para você". Semrad alçava essa capacidade ao nível de uma obrigação sagrada.

Também aprendemos que era fundamental ajudar nossos pacientes a reduzir o impacto da vergonha que sentiam por serem imperfeitos. O perfeccionismo dificulta muitíssimo essa tarefa. Infelizmente, os pacientes se sentem envergonhados por estarem deprimidos, um estado que sentem que poderia ter sido evitado se eles não fossem tão imperfeitos. Eles desenvolvem esta equação: "Se você não é perfeito, você não vale nada". Assim, sentem-se humilhados por sua depressão.

Além de terem vergonha de sua depressão, muitos se sentem assim sempre que passam por alguma perda ou decepção. É fundamental que os indivíduos desenvolvam a perspectiva de que a perda é parte da vida e que, se aceitarmos isso, poderemos lamentar nossas perdas em vez de nos sentirmos envergonhados. A capacidade de suportar a perda e a decepção é essencial para uma vida não saturada pela depressão. Perdas são inevitáveis, e é uma desvantagem não ser capaz de lamentá-las.

Um dos meus objetivos explícitos é ajudar os pacientes a aprimorar a própria capacidade de suportar decepções sem sentir desespero nem vergonha. Além disso, ao interferir nos elementos-chave da expressão da tristeza, da dor e da raiva, o perfeccionismo dificulta que se aprenda com erros passados. O perfeccionista tem vergonha do que não sabe, e, portanto, se torna cauteloso, chegando ao ponto de não fazer perguntas simples cujas respostas ele sente que já deveria ter dominado. Assim, indivíduos perfeccionistas raramente são bons alunos na escola da vida. O perfeccionismo também atrapalha que reconheçam os próprios erros e que aprendam com eles. Só podemos, é claro, aprender com nossos erros se suportamos reconhecê-los.

Indivíduos chegam a essa postura perfeccionista de variadas maneiras. Um caminho comum é a indiferença ou a hostilidade sistemática dos pais. Uma criança pequena é incapaz de dizer para si mesma: "Meus pais estão sobrecarregados, e é por isso que estão indisponíveis ou são tão críticos". Em vez disso, implicitamente, ela chega a esta conclusão: "Poderei conquistá-los somente se eu for mais interessante ou perfeito de verdade".

Semrad e outros tentavam nos ajudar a manter a compostura quando algum dos nossos pacientes expressava o quanto gostava de nós. Ele achava que essas expressões eram cruciais para ajudar os pacientes a aprenderem, no aqui e agora, como alguns dos sentimentos mais fortes da vida os afetam. Muitas vezes, eles se apaixonavam por nós e esperavam que achássemos um absurdo eles ousarem amar alguém tão "elevado". Semrad perguntava: "Como você vai trazer os pacientes de volta à vida se não deixar que eles o amem? Não é fingimento. Mas a chave é falar sobre o que esse amor significa e ajudar o paciente a suportar lamentar que o sentimento deve ser compreendido, mas não concretizado. Ele aprende a lamentar a coisa mais difícil de todas, que é amar e não ser correspondido".

Embora admirássemos Semrad, não o idealizávamos. Semrad não estava imune a cometer a própria cota de erros constrangedores. Ele era uma criatura dos anos 1950 e 1960, quando a medicina ainda era inquestionável e fundamentalmente dominada por homens. Havia apenas três mulheres na minha classe de setenta na Faculdade de Medicina na Universidade Duke, e só quatro mulheres entre os 25 residentes no Mass Mental. Lembro-me de um incidente quando uma residente do terceiro ano falou muito bem ao apresentar um paciente com o qual ela havia trabalhado no Psycho (chamamos isso de "apresentar" o paciente, apesar de eles não estarem na sala). Achei que ela havia mostrado muita habilidade e maturidade em sua fala. Semrad perguntou há quanto tempo ela era a terapeuta do paciente. "Três anos", ela respondeu. "Três anos", ele retrucou. "Quando eu tinha a sua idade, isso teria sido inédito. Terminávamos nossas próprias análises em menos de um ano. Ora, a minha só levou onze meses e meio". Com total compostura, ela disse: "Parece-me, dr. Semrad, que o senhor poderia ter se beneficiado de mais duas ou três semanas, pelo menos".

Os residentes do Psycho formavam laços estreitos, e frequentemente apresentávamos nossos pacientes uns aos outros para comparar observações. Ao nos aproximarmos do fim da residência, compartilhávamos o pesar de que talvez nunca mais voltaríamos a experienciar um período tão concentrado de aprendizado e crescimento. Cada um de nós havia trabalhado com pacientes com os quais nos reunimos ao longo de toda a residência, chegando a vê-los por até três ou quatro sessões de psicoterapia semanais.

Nenhum de nós estava preparado para imaginar que tamanha tristeza e desespero existissem no mundo. Era algo que ultrapassava até mesmo o que eu havia visto no Boston City Hospital, onde fui médico residente.

Lembro-me de um paciente que perdemos e que sempre senti que deveria ter sobrevivido à depressão. Era um calouro de 18 anos da Universidade Yale, com doença bipolar que, em meio a uma severa depressão, havia feito uma tentativa grave de suicídio. Após seis ou sete semanas no hospital, ele parecia estar bem melhor, e o médico responsável por ele lhe deu autorização para deixar o hospital no fim de semana. Eu o encontrei quando ele estava saindo e lhe perguntei educadamente sobre seus planos para o fim de semana. Ele me disse que o que mais queria era assistir ao filme *O homem de La Mancha* naquela noite. Ele tinha adorado a premissa do filme de sonhar o sonho impossível e procurar por ele incessantemente. Mais tarde naquela noite, todos os residentes do nosso setor receberam ligações informando que ele havia tomado uma overdose fatal de seus medicamentos.

Durante nosso breve encontro antes de ele deixar o hospital para tirar a própria vida, não fui capaz de decifrar o que ele estava me contando a respeito de seu tortuoso dilema. O que ele me disse indiretamente foi que ele mesmo estava na busca por alcançar um sonho impossível, e que não conseguia imaginar que pudesse seguir vivendo a não ser que o alcançasse. Assim, sua percepção da distância entre seu eu real e seu eu ideal, perfeito, era enorme, uma discrepância que era um bom marcador para a severidade de sua depressão e sua imensa fragilidade. Agora, quarenta anos depois, embora ele não fosse meu paciente, ainda gostaria de ter me sentado com ele e lhe pedido para me contar mais sobre o que tanto o fascinava nos sonhos impossíveis, e como se sentia quando se desesperava por jamais alcançá-los. Eu poderia ter cancelado a autorização para aquela noite até que seus pensamentos pudessem ser explorados com mais cuidado. Depois disso, eu me irritava com qualquer referência a sonhos impossíveis e à superação de probabilidades impossíveis. Meus colegas protestaram, dizendo que jamais deveríamos desencorajar alguém de ter um sonho. Em vez disso, deveríamos enfatizar que tais sonhos exigem uma capacidade altamente desenvolvida de lamentar decepções sem sentir vergonha nem desespero. Gostei desse conselho, e concordei plenamente com ele.

Refletindo sobre os três anos que passei no Psycho, vejo que dei muitos passos para começar meu processo de me tornar mais humano para melhor ajudar meus pacientes a se tornarem mais verdadeiros consigo mesmos e, assim, mais vivos. Eu fazia muitas das tarefas e passava por muitos dos desafios que meus pacientes enfrentavam. Precisei reconhecer melhor a minha tristeza e não deixar a imensa tristeza dos meus pacientes me abalar ou me fazer desviar o olhar. Precisei me familiarizar e ficar mais confortável com minha própria raiva, e nunca desencorajar meus pacientes a expressarem a raiva que sentiam de mim. Sob certos aspectos, eu precisava dar o exemplo de que o ódio e o amor com frequência coexistem, e que um não destrói o outro. Precisei superar meus próprios medos ligados à competitividade e incentivar meus pacientes a não fugir dos desafios. Acima de tudo, precisei superar meu próprio perfeccionismo.

O avanço lento do meu trabalho com meus pacientes era desencorajador. Achei o fato particularmente preocupante depois de minha residência no Boston City Hospital, onde as coisas aconteciam com muita rapidez. Um mês depois do início da minha residência em psiquiatria, precisei fazer um tratamento de canal em um dente, o que foi muito dolorido, e na sequência senti um alívio quase imediato. Lembro-me de pensar: "Oh, Deus, por que você não me deixou ser dentista?".

Tive dificuldades com a imperfeição de muitas outras maneiras. Eu estava sempre dizendo a coisa errada, e a autocrítica severa levava intermitentemente ao desânimo. Precisava compreender que muitas das coisas mais importantes da vida são, em sua essência, ambíguas. No início, eu sentia que havia algo errado comigo quando não conseguia identificar uma solução clara para o problema de um paciente ou uma situação difícil. Invariavelmente me deparava com conteúdos durante meus estudos que eu não conseguia entender ainda, e, às vezes, me senti muitíssimo aflito com essa parte inevitável do trabalho. Não era possível que eu fosse conseguir ajudar todos os pacientes e não deveria me condenar por isso. Para aprender com meus mentores, eu precisei aceitar as críticas sem sentir raiva nem vergonha, e aceitar as discordâncias como maneiras alternativas de analisar fenômenos. Esse tipo de intercâmbio promove crescimento, mas o perfeccionismo pode atrapalhar o progresso da expansão de nossos conhecimentos e alcance.

Sempre foi importante para mim ser estimado por meus colegas, e no início de minha carreira eu fazia de tudo para evitar conflitos que pudessem suscitar raiva ou desaprovação. Queria também que meus pacientes gostassem de mim. Isso se provou uma impossibilidade, já que neutralizava qualquer possibilidade de eles expressarem a raiva que sentiam de mim para aprenderem que ela não causava dano à relação, mas que era uma parte normal da comunicação que os outros tolerariam neles. Em meus primeiros esforços terapêuticos, eu tendia a reconfortar meus pacientes para minimizar sua angústia, sem saber que isso os deixaria sozinhos com a própria dor. Logo no início, muitas vezes receitei medicamentos cedo demais, antes de conhecer bem o paciente, com a intenção de apressar o alívio de seu sofrimento. Se eu os tivesse conhecido melhor, poderia ter escolhido melhor a medicação. No início, era difícil para mim estabelecer limites, o que deixava muitos dos meus pacientes abalados, pois eles precisavam de estrutura e não haviam internalizado certos controles de comportamento que lhes causavam dificuldades nos relacionamentos e no trabalho. Eu, sem dúvida, tinha muito trabalho a fazer para melhorar minha capacidade de ser um terapeuta eficaz.

Para ser mais capaz de lidar com a tristeza, a raiva, a competitividade e o perfeccionismo, tive que me empenhar nas mesmas questões que tentava trabalhar com meus pacientes. No processo, aprendi que tínhamos muitas características em comum, e que as diferenças entre nós são sutis. Estamos todos juntos nessa.

Durante e após minha residência, fiz psicoterapia quatro vezes por semana com uma analista didata sênior por um período de seis anos. Com seu auxílio imensurável, consegui ser assertivo de um modo mais adequado. Consegui também resolver minha culpa irrealista e temperar meu perfeccionismo para que eu tivesse expectativas razoáveis sobre mim mesmo. Isso ampliou minha capacidade de relaxar e desfrutar da minha família e dos meus amigos e diminuir meu foco obsessivo no trabalho. Ao mesmo tempo, meu rendimento profissional melhorou, porque passei a me distrair menos com conflitos internos e me tornei mais capaz de seguir adiante com assertividade. Tornei-me um psicoterapeuta melhor e um investigador mais eficaz conforme fui crescendo por meio da terapia. Ela melhorou minha capacidade de tecer comentários e refreou minha tendência de julgar os outros com demasiada severidade. Ajudou-me a me tornar um marido, pai, irmão e amigo melhor. O processo psicanalítico foi consideravelmente acelerado quando comecei a usar a imipramina nos dois últimos anos da minha análise, resolvendo em grande medida o componente biológico da minha depressão. A medicação me fortaleceu para olhar sob a superfície e descobrir o que me causava desconforto, o que precisava ser trabalhado.

Gosto de pensar que, na condição de médicos, seguramos um espelho diante de nossos pacientes e mostramos a eles uma imagem de si mesmos iluminada pela compaixão e pela empatia. Em algum momento, quando eles estão prontos, passamos o espelho para o próprio indivíduo, para que ele possa ver a si mesmo sob uma nova luz.

Quando meu paciente William começou a psicoterapia comigo (um pouco antes de seu teste clínico com a imipramina começar), eu tinha 32 anos e era relativamente novo no centro clínico. Nós nos encontrávamos três vezes por semana. Eu tentava ser caloroso e acessível, e tentava transmitir a ideia de que todos nós daríamos o nosso melhor para tratar a depressão dele. Nos primeiros dias, tentei ser cuidadoso ao compreender o sofrimento de William, para que ele não ficasse sozinho com esse sentimento. Eu me reunia duas vezes por semana com um clínico sênior e analisava minhas anotações para conseguir uma melhor compreensão sobre o que eu poderia fazer para fomentar ou retardar nosso progresso e para refinar minhas estratégias para um tratamento eficaz. Essas sessões, embora sempre instrutivas, às vezes eram bastante estressantes.

Com o tempo, comecei a entender pelo que William estava passando e também o teor de seus piores medos. Fui capaz de articular essa informação com numerosos detalhes sobre sua infância, adolescência e o período que antecedeu o início de sua atual depressão, cinco anos antes. Fomos meticulosos ao reconstruir o que precedeu o início da depressão que o levara aos NIH.

William havia levado uma vida extremamente estressante. Ele foi um bebê esperado por muito tempo, nascido quando a mãe tinha 41 anos. Ela o amava mais que tudo, um fato que não passou despercebido a seu pai, que se ressentia dele. Na faculdade, o pai de William havia sido uma estrela do futebol americano; William tinha puxado à mãe, e preferia livros a esportes.

O pai criticava a esposa por mimar e proteger demais William. Ele a alertou de que ela estava atrapalhando sua autossuficiência e assertividade. Ele temia que William se tornasse um "fracote" se ela não tivesse cuidado. De certo modo, a mãe dele entendeu que o marido se ressentia de sua devoção a William. Ela não dizia nada. Temia seus ataques de raiva e ameaças de abandono.

Quando William completou 10 anos, a mãe passou por uma depressão severa após a morte repentina do pai dela. A partir de então, a mãe de William passou a se preocupar com a possibilidade de uma tragédia se abater sobre eles a qualquer momento, sem nenhum aviso, e se tornou muito superprotetora. Ela acordava no meio da noite, evitava suas amigas e parou de sair; William percebia que não havia nada que pudesse fazer para ajudá-la, e se sentia um fracasso por sua incapacidade de ir a seu auxílio.

Ele se recordava das dificuldades que enfrentava para pedir ajuda aos pais; por exemplo, depois de um término difícil com uma namorada quando adolescente. Se confidenciasse sua angústia ao pai, seria ridicularizado e menosprezado. Se a confidenciasse à mãe, ela seria tragada pela ansiedade. A linha que escolhi para questioná-lo sobre o assunto o surpreendeu um pouco, pois nunca lhe ocorrera que ele poderia pedir ajuda a qualquer outra pessoa. Sentindo-se ele mesmo desamparado e incapaz de pedir ajuda a terceiros, acabou se sentindo sozinho e desesperançado.

Desde que podia se lembrar, William queria ser médico. Cursou a graduação e a faculdade de medicina na cidade onde nasceu, para poder ficar perto da mãe, que ele achava ser frágil. Foi um excelente aluno de medicina, e, logo depois de se formar, casou-se com uma mulher cuja autossuficiência, competência e modéstia tranquila estavam entre os traços que permitiam que ele se sentisse completamente à vontade com ela.

William não deixou de notar que, na medicina, os médicos que alcançavam o sucesso como cientistas eram os mais prestigiados, e ele decidiu ser pesquisador. Escolheu a oncologia porque a biologia do câncer parecia ser a área mais importante e desafiadora da pesquisa médica. Reconhecia que só se sentiria satisfeito se alcançasse os mais altos patamares da profissão. Perguntei a ele por que sua única escolha era ser o melhor em um campo altamente competitivo. A pergunta o surpreendeu, porque ele supunha que era natural querer ser o melhor. Sugeri, entretanto, que nem todo médico achava que a única maneira de obter respeito próprio era se tornando um pesquisador renomado. William não tinha uma resposta pronta para essa pergunta, mas me prometeu que pensaria no assunto. Ao mesmo tempo, perguntava-se que diferença faria, uma vez que continuava profundamente deprimido e temia que a imipramina não fosse funcionar.

Aos poucos, múltiplos prazos finais para publicação e uma rotina profissional frenética foram deixando pouco tempo para descanso e para passar com a esposa e as filhas. Seu objetivo era chegar ao topo de seu campo. Nada mais bastaria. Nas suas raras escapadas com a família, ele ficava entediado com o ritmo mais lento, e muitas vezes passava o tempo no telefone com os colegas de trabalho. "Eu sentia como se estivesse desperdiçando meu tempo se não estivesse no trabalho." Ficou exultante ao receber um grande financiamento de pesquisa com duração de cinco anos que ajudou a construir um laboratório ainda mais poderoso. Dois anos depois, ganhou um prestigioso prêmio por suas pesquisas. Mas, surpreendentemente, o prêmio lhe trouxe pouco prazer, e logo depois disso, sua depressão começou.

Foi perto da época em que William estava falando sobre seu hábito de trabalhar demais que ele começou a responder à imipramina.

Sua resposta foi rápida, quase como um interruptor sendo ligado. Numa semana, ele estava mais deprimido do que nunca, e, na seguinte, estava praticamente bem. Ficou maravilhado com como se sentia descansado e alerta e pôde se imaginar fora do hospital, desfrutando de um passeio com a esposa. Estávamos cautelosamente otimistas, mas não queríamos correr o risco de que a remissão fosse breve e que ele ficasse desanimado caso ocorresse uma recaída. Esperamos por mais de uma semana até sentirmos que era seguro para ele receber autorização para sair com a esposa.

Passei as semanas posteriores à remissão procurando entender as diferenças que ele sentia nesse novo estado em comparação a como se sentia durante a depressão. William ficou espantado com o fato de que a depressão havia invadido cada aspecto de seu autoconceito, modo de pensar e estado emocional. Ficou surpreso com o quanto sua autodepreciação havia cedido. Ao mesmo tempo, tinha consciência de que suas perdas eram enormes. Em especial, ele tinha plena consciência de quanto a depressão havia prejudicado seu relacionamento com a esposa e as filhas. Reconheceu que a esposa devia se sentir solitária quando ele se entregava ao trabalho e o modo como ficou preocupado consigo mesmo durante a depressão. Ele se lembrou de como eram felizes logo que se casaram e durante os primeiros anos juntos. Foi capaz de recordar a alegria que sentiu quando as filhas nasceram e os momentos maravilhosos que compartilharam durante a infância delas. Lembrou-se de férias mágicas, festas de aniversário maravilhosas e o puro prazer de estar em casa com elas em uma noite tranquila. Quando elas entraram no Ensino Fundamental, William já estava mergulhado no trabalho nos hospitais e no laboratório. Ele passava cada vez menos tempo com as filhas e perdeu contato com os detalhes do dia a dia da vida delas. Elas estavam entrando na adolescência, e ele mal as conhecia. William chorou ao pensar em quanto da vida delas ele havia perdido. Reconheceu que a infância delas havia terminado e que aquele tempo perdido era irrecuperável.

Logo depois, ele decidiu que sua prioridade maior seria reconstruir a relação com a família. Por ser oncologista, frequentemente encontrava pacientes que haviam se recuperado de um câncer que poderia ter sido fatal e que sentiam que haviam recebido uma segunda chance na vida. Como consequência, passavam a dar valor a cada dia. À parte a preocupação de que pudesse voltar a ficar deprimido, William sentia que também havia recebido uma segunda chance, e jurou que tentaria dar valor a um dia por vez.

Em sessões subsequentes, ele reconheceu espontaneamente que o pai nunca chegara a respeitá-lo e que, de fato, o menosprezara durante toda sua vida. A frase "Você vai precisar se esforçar muito mais para me impressionar" estava gravada a ferro em sua memória emocional. Eu tinha a sensação de que William ainda não conseguia dimensionar a severidade da ferida que o pai lhe havia infligido. Minha impressão era de que ele organizara a vida para ganhar a aprovação do pai, para que essa ferida pudesse cicatrizar. Ele sentia que a rejeição dele havia contribuído para o impelir à excelência, mas não estava claro para ele exatamente como.

Sugeri que, quando criança ou adolescente, é difícil ou impossível dar um passo atrás e observar que nosso pai está carregando fardos do passado ou é falho e egoísta demais para aceitar o filho tal como ele é. Em vez disso, a criança conclui que só pode conquistar o pai se for extraordinária ou perfeita. Quanto mais um pai menospreza o filho, mais extraordinário esse filho sente que precisa ser. Ser um aluno extraordinário, cursar a faculdade de medicina e se tornar um pesquisador agradavam à mãe de William.

Ela construiu a vida em torno do filho, e o sucesso dele era muitíssimo importante para ela. É difícil imaginar que ele não se sentisse impelido a fazer contribuições extraordinárias em seu trabalho.

William se perguntava por que o pai era tão hostil com ele. Ao reconstruirmos os detalhes de seu relacionamento com a mãe, ficou claro que William estava no centro da vida dela, e não o pai. Conjecturei se seu pai tinha ciúme dele e se se ressentia do fato de a mãe o valorizar acima de tudo. William achou que fazia sentido, mas que precisaria pensar mais no assunto. Achava difícil acreditar que um pai pudesse sentir ciúmes do próprio filho.

Mais adiante na terapia, perguntei se ele achava que havia alguma relação entre ter ganhado o prêmio mais prestigioso de sua área e o início da depressão pouco tempo depois. Ele não soube responder. Contei sobre um caso de que ficara sabendo quando era residente: um ganhador do Nobel, assim como William, havia ficado deprimido logo após receber o prêmio. Era uma pessoa excepcionalmente brilhante e foi aprovado com louvor em toda a sua carreira estudantil. Era um cientista genial e ganhou todos os prêmios de sua área. Após conquistar o mais importante dos prêmios, não conseguia escapar de um sentimento incômodo que carregara durante toda a vida: que ele não era valorizado como pessoa, mas, sim, como alguém que tinha resultados muito acima do normal. Quando esse sentimento incômodo que o acompanhara durante tanto tempo não cedeu com o Prêmio Nobel, ele abandonou as esperanças de algum dia se sentir plenamente bem. Ficou deprimido. William achou essa ideia intrigante, mas não tinha certeza se esse cenário tinha relação com a experiência dele.

Ele e eu discutimos alguns dos significados de nosso trabalho juntos. Ele sentia com cada vez mais clareza que havia organizado a vida em torno da tentativa de ganhar a bênção de seu pai, e nós dois sentíamos que era fundamental que ele parasse de correr atrás de relações inalcançáveis. Não importa o sucesso que alcançasse, ele jamais conquistaria o amor do pai. Seu pai poderia até mesmo sentir ainda mais ciúme se ele fosse muito bem-sucedido. William reconheceu que sua busca pelo sucesso não decorria puramente do amor pelo trabalho, mas era, em parte, uma tentativa de cura de uma ferida muito antiga. Depois disso, sentiu-se mais livre para ser ele mesmo, o que incluiu investir uma parte importante de si em sua esposa e em sua família, reservando tempo para se envolver mais no mundo que o rodeava. Indiquei a William que ele também estava mais livre para expressar a raiva que sentia do pai, e até mesmo para reconhecer se sentia alguma da mãe. Observei que essa era outra maneira de ele ser verdadeiro consigo mesmo. Ele não precisava mais manter essa parte de si escondida. Ele observou que ainda não se sentia confortável com sua raiva, e o surpreendeu a assiduidade com a qual evitava reconhecer sentimentos tão fortes.

Essas questões psicológicas, se não tivessem sido descobertas, teriam deixado o dr. Cummings em uma posição muito vulnerável. Ele teria continuado a dedicar a vida ao objetivo único de perseguir reconhecimento e fama e continuaria propenso à depressão. Ele teria continuado a ignorar a família, o que resultaria em mais alienação de sua esposa e filhas. É possível que a esposa acabasse indo embora se ele não tivesse voltado o foco para a família, e ele continuaria afastado de suas filhas. Esse cenário tinha o potencial de produzir estresse suficiente para prevalecer sobre sua resposta à medicação, mergulhando-o novamente na depressão.

Eu não acreditava que William pudesse renunciar facilmente à sua busca por realizações. Durante anos, ele havia dedicado sua vida a feitos científicos excepcionais, sem levar em conta outras facetas da vida. Ele e eu concordamos que ele teria uma boa quantidade de lutos à frente para integrar suas perdas sem desanimar. Recomendei que ele continuasse com a psicoterapia depois de sair do NIH, para continuar examinando as questões que havíamos discutido e explorar novas, em que ainda não havíamos trabalhado. Ele concordou com entusiasmo em seguir esse curso de ação. Assumi a responsabilidade de encontrar para ele um bom terapeuta em sua cidade natal.

Quando estávamos terminando nosso trabalho juntos, conversei com William sobre dificuldades inesperadas que ele poderia esperar depois de se recuperar de um período tão longo de depressão. Alguns pacientes sentem que talvez tenham perdido o instinto de assumir uma postura proativa. O fato de a depressão ter sido capaz de dominá-los criou o medo de que, no futuro, não pudessem contar com eles próprios para fazer o que precisava ser feito em situações críticas. Alguns também sentiam certa desorientação. A depressão havia sido uma companhia praticamente constante, e agora encontrariam o mundo com um conjunto totalmente diferente de suposições e expectativas. William se perguntava por quanto tempo teria medo de acordar deprimido no dia seguinte. Embora menos abalado pelo que havia perdido, sua vida estava bastante diferente do que havia sido antes de ele ficar doente.

William, a esposa e eu nos encontramos antes de ele receber alta. Ela se comprometeu a reconstruir o casamento. Com sorte, as meninas teriam o pai de volta em uma idade crucial e desfrutariam dos benefícios de uma família unida.

Não acredito que tenha sido coincidência o fato de William ter entrado em contato com sua tristeza e raiva logo depois de responder à imipramina. Minha experiência mostra que o tratamento antidepressivo bem-sucedido melhora a qualidade e acelera o ritmo da psicoterapia. Depois de responder aos antidepressivos, muitos indivíduos se sentem menos ansiosos em relação a afrouxar algumas de suas defesas antigas e mais capazes de suportar sentimentos difíceis. Os pacientes ainda podem se sentir tristes tomando antidepressivos, mas também podem entrar em contato com a própria raiva de forma adequada; em vez de se limitarem a uma gama restrita de sentimentos, eles se veem livres para experimentar uma série mais ampla e profunda de emoções do que quando estavam deprimidos. Assim, liberam a capacidade de se permitir expressar um repertório maior de pensamentos e sentimentos que parecem semelhantes ao que experimentavam antes de ficarem deprimidos.

Ao longo dos anos, à medida que fui acumulando mais experiência com a depressão, comecei a sentir que os indivíduos que se recuperavam dela pareciam particularmente resilientes na sequência. Durante episódios de depressão, William e outras pessoas tiveram de desenvolver a capacidade de lidar com a intensa ansiedade que sentiam devido a suas deficiências, desesperança, incapacidade de experienciar prazer e uma dor praticamente interminável. Mesmo assim, eles sobreviveram, dia após dia, aprendendo a superar os momentos mais difíceis imagináveis. Quando conseguiam sair da depressão, seus passos pareciam mais leves às vezes, como se animados por uma força que adquiriram nos momentos difíceis e que os ajudava a superar os inevitáveis estresses e frustrações do cotidiano.

Durante os acompanhamentos de um e dois anos após a alta, William continuou a responder à imipramina. Ele passou a conhecer muito bem suas filhas adolescentes e restabeleceu um relacionamento amoroso com a esposa. Também se viu capaz de desfrutar de muitas coisas que havia valorizado no passado, inclusive a paixão pela arte. Decidiu não tentar reconstruir sua carreira de pesquisador, em vez disso, passou a atender pacientes oncológicos em tempo integral e continuou a lecionar na faculdade de medicina como um respeitado professor titular.

A jornada de William pela depressão e recuperação me inspirou a acreditar que eu também poderia ajudar outras pessoas a encontrar o próprio rumo. Observar William sofrer e depois se recuperar e prosperar contra grandes probabilidades instilou em mim a crença de que a psicoterapia e a terapia medicamentosa combinadas são a maneira mais eficaz de tratar a depressão.

6. Genética, destino e depressão

Fiquei impressionado com o quanto as experiências da infância de William e os estressores subsequentes que ele enfrentou contribuíram para o início e longa duração de sua depressão. Ao mesmo tempo, desde que passamos a ter uma ideia do que é a depressão, notamos que ela é de família. Ainda assim, estudos estabeleceram que não existe um único gene para a depressão e que a genética confere uma probabilidade, não uma previsão, de que a depressão se desenvolverá durante a vida.

Na população mundial como um todo, estima-se a incidência geral de depressão clássica em 15% a 20%, embora ela varie um pouco conforme a cultura. Algumas pessoas a desenvolvem em grande parte devido à herança genética, e outras em decorrência de estresse psicológico ou físico. Dito isso, indivíduos com um irmão ou pai com depressão apresentam duas a três vezes mais chances de ter depressão, ou uma taxa de 40% a 60%. Se um dos pais sofre de depressão recorrente, com múltiplos episódios ao longo do tempo, o risco é cerca de quatro vezes maior do que para a pessoa média, ou 60% a 75%. Em gêmeos idênticos que compartilham 100% dos genes, se um gêmeo tem doença depressiva, o outro tem uma chance de 60% de ter o transtorno. Isso sugere que o ambiente contribui com 40% do risco.

Apesar de nosso alívio ao descobrir que não existe uma "sentença" genética para a depressão, os genes ainda têm um papel-chave na previsão das chances de uma pessoa vir a sofrer da doença, então vale a pena compreender o componente genético da depressão.

Hoje em dia, existem duas principais estratégias para a condução de estudos genéticos sobre a depressão. A primeira é a testagem de pacientes com doença depressiva quanto a mutações em genes candidatos para anomalias e examinar estudos *post-mortem* de cérebros tirados de pacientes com doença depressiva, especialmente aqueles que cometeram suicídio. Genes candidatos são aqueles identificados por meio de estudos repetidos que reconhecidamente codificam anomalias passíveis de demonstração. Por exemplo, sabemos que o CRH, o hormônio liberador de corticotrofina, um hormônio ligado à resposta ao estresse, está envolvido na depressão. Portanto, o CRH e seus receptores são genes candidatos.

A segunda estratégia explora a genética da depressão como uma dentre um grupo de doenças complexas, como as doenças de Alzheimer ou de Crohn. A depressão pode envolver anomalias em até cem genes. Estamos abordando doenças como essas fazendo uma varredura em grandes componentes de todo o genoma. Esses estudos de varredura não são orientados por hipóteses, e sim "trabalham de trás para a frente", buscando genes afetados que acabam se mostrando ligados à doença complexa.

A genômica já permite terapias personalizadas para pacientes com depressão baseadas em suas sequências de DNA específicas: um ramo da ciência genômica relacionado a esse fato se chama farmacogenômica. Sequências específicas de DNA já foram relacionadas a respostas positivas a medicamentos específicos, e pesquisas em andamento buscam identificar uma digital genética específica a fim de isolar indivíduos com depressão com alta probabilidade de responder a uma medicação específica. Essas estratégias prometem o advento da medicina personalizada, com medicamentos otimizados para a digital genética de cada indivíduo, um grande avanço em psicofarmacologia.

Como já mencionei, a estrutura genética não prevê completamente a suscetibilidade a uma doença complexa como a depressão ou a doença arterial coronariana. Um ambiente predisponente também é necessário, mesmo no caso de genes 100% compartilhados. Para a doença arterial coronariana, o ambiente predisponente inclui fatores como obesidade, má alimentação, tabagismo, sedentarismo e estilo de vida estressante. Para a depressão, os fatores predisponentes consistem em fatores que incluem memórias emocionais negativamente carregadas, abandono precoce, abuso sexual, estresse crônico inescapável ou outros traumas.

O fato de a suscetibilidade genética à depressão envolver talvez centenas de genes significa, do lado positivo, que ninguém herda automaticamente a depressão da mãe ou pai. Do lado negativo, isso torna o processo de identificação da digital genética dessas doenças profundamente mais difícil. Ninguém isolou um repertório inteiro de genes confiavelmente responsáveis por doenças complexas. Uma vez que existem 20 mil genes no genoma e 3,2 bilhões pares de base, não surpreende que a busca por genes contribuintes exija o estudo de centenas de milhares ou milhões de pacientes para a obtenção de dados confiáveis.

Existem muitos estudos recentes notáveis sobre a genética da depressão. Um que inclui achados derivados de levantamentos em todo o genoma encontrou associações com genes que atuam no desenvolvimento neuronal, estrutura sináptica, função imunológica, metabolismo neurotransmissor e regulação da expressão de genes no cérebro. Algumas das características clínicas da depressão – entre as quais início precoce, recorrência e severidade – estavam ligadas a eventos no córtex pré-frontal. Achados genômicos atuais são promissores para que sejam produzidos novos medicamentos para a depressão, muitos dos quais estamos preparados para desenvolver num futuro muito próximo.

A busca por genes candidatos na depressão

Temos um grande desafio à nossa frente para isolar exatamente como a genética influencia a suscetibilidade à depressão. Do lado positivo, avanços extraordinários na habilidade e rapidez dos cientistas na decodificação das sequências de DNA significam que podemos identificar com mais precisão e velocidade genes candidatos, isto é, genes que estão claramente envolvidos na fisiologia de um transtorno ou processo patológico. Genes candidatos para a depressão incluem o CRH, o fator neurotrófico derivado do cérebro (BDNF), o receptor de cortisol e as enzimas envolvidas na síntese ou degradação da serotonina, noradrenalina e dopamina. Para esses estudos, os genes candidatos são totalmente sequenciados e examinados para possíveis mutações.

Também estamos combinando os genomas em busca de associações, o que quer dizer que procuramos padrões na genética de doenças complexas causadas por múltiplos genes, em que cada gene individualmente tem um papel relativamente pequeno na herança geral de uma doença. Para transtornos multifacetados como a depressão e a doença arterial coronariana, até cem genes podem estar trabalhando em conjunto para criar a matriz de alterações biológicas que codificam a depressão ou um caso de doença arterial coronariana. Isso significa encontrar até cem substituições de pares de base por todo o genoma para encontrar um modo de entender a arquitetura genética de uma doença complexa e determinar quais combinações gênicas são responsáveis pelo transtorno.

Contribuindo para a dificuldade do estudo está o fato de que dois indivíduos que têm alguns dos mesmos sintomas principais da depressão podem diferir muito um do outro. Com efeito, não existem dois casos de depressão exatamente iguais. Um paciente pode ter um único episódio de depressão, e o outro, sete ou oito episódios. Pacientes diferentes variam com respeito ao humor subjetivo, função cognitiva, apetite e sono. Outro problema é que algumas variantes genéticas podem ter papel significativo na doença, e outras, apenas um papel secundário. Por fim, algumas mutações podem afetar mais do que um único traço, complicando ainda mais a busca pela combinação específica de genes e seus impactos relativos sobre a suscetibilidade à doença depressiva e sua trajetória geral.

Também está claro que o ambiente interfere na predisposição à doença depressiva. Embora ela possa ser encontrada em todos os lugares, existem substanciais variações nacionais e regionais em frequência. Procedimentos diagnósticos para identificar a depressão também podem variar amplamente segundo o lugar. Isso torna as diferenças em frequência difíceis de interpretar. Ademais, alto risco para depressão foi documentado para pessoas que enfrentam dificuldades de longo prazo (por exemplo, cuidar de um parceiro com deficiência, desemprego persistente, ser vítima crônica de bullying) ou na esteira de eventos de curto prazo da vida (por exemplo, o filho passar por uma doença grave, o afastamento de um amigo querido). Esses últimos, os fatores de curto prazo, costumam ser a gota d'água, um evento que pode fazer um indivíduo suscetível cruzar o limiar para uma doença depressiva clínica. Outro fator complicador é que o histórico genético também pode ter implicações ambientais (por exemplo, alguns traços genéticos podem predispor os indivíduos a assumir riscos, aumentando sua exposição ao estresse).

Um estudo genético bastante informativo da doença depressiva foi publicado em maio de 2021. Ele abrangeu mais de 1 milhão de indivíduos, o que fez dele o maior estudo de associação genômica ampla já realizado. Os autores, o dr. Daniel Levey e outros, mapearam 178 mutações. Na análise primária, a principal foi o fator de crescimento neuronal. A inativação do gene relacionado à produção do fator de crescimento neuronal em camundongos cria irregularidades em várias regiões do cérebro, incluindo a diminuição do volume cerebral no centro de memória emocional, e está relacionada a anomalias no comportamento social e no interesse não social. Outro estudo com esses camundongos identificou várias características semelhantes à depressão e à ansiedade em ensaios comportamentais que avaliam a gravidade da depressão.

Descobriu-se que um importante receptor de dopamina, chamado receptor de dopamina D2, fortemente envolvido na capacidade de prever ou sentir prazer, tem expressão significativamente reduzida no centro de prazer e recompensa de indivíduos deprimidos. Assim, o comportamento semelhante à depressão em animais e a depressão em seres humanos parecem estar ligados ao sistema de recompensa e aos sintomas de anedonia. É notável que esse gene e essa região do cérebro de importância biológica conhecida tenham surgido de um estudo de associação genômica ampla, livre de hipóteses, e aponta para o valor de descobertas importantes em outras investigações de grande escala.

Outra linha de pesquisa relacionada à genética envolve a epigenética. As mudanças epigenéticas são alterações na expressão dos genes baseadas na experiência, sem envolver a forma como os genes são sequenciados - o que significa que elas não causam mutações nos próprios genes e que são reversíveis. As alterações epigenéticas parecem ser mais proeminentes após experiências estressantes e têm maior probabilidade de ocorrer em crianças do que em adultos. Após um evento estressante, os genes que respondem ao estresse são cercados por moléculas que alteram sua capacidade de produzir a proteína que eles codificam, sem alterar a estrutura do gene. Assim, elas alteram a expressão do gene em vez de seu conteúdo. Muitos acreditam que mudanças epigenéticas contribuem grandemente, e por toda a vida, para a vulnerabilidade de crianças que sofreram maus-tratos ou abuso.

Camundongos podem se tornar mais resilientes ou mais vulneráveis ao estresse ao se bloquear ou induzir modificações epigenéticas em certos genes. Michael Meaney e seus colegas da Universidade McGill descobriram que cuidados pós-natais positivos em ratos, avaliados pelo aumento de lambidas, cuidados e amamentação, levaram a uma redução nas ações do cortisol, que, quando em excesso, contribui para a doença depressiva. Esses ratos eram mais resistentes do que os que não receberam os mesmos cuidados. Algumas alterações epigenéticas podem durar a vida toda, embora sejam tecnicamente reversíveis.

Esses mesmos fenômenos ocorrem em humanos. Pesquisadores observaram que os genes identificados nos estudos de lambidas em ratos eram análogos em humanos. Essas descobertas indicam que alterações epigenéticas poderiam produzir sintomas semelhantes aos da depressão, bem como efeitos biológicos associados à doença depressiva.

O BDNF é um composto de grande importância na fisiopatologia da depressão. Ratos bebês maltratados apresentaram silenciamento do gene BDNF em seu córtex pré-frontal, sem nenhuma alteração na sequência do gene BDNF. A prole de ratos fêmeas que sofreram maus-tratos no início da vida também apresentou alterações epigenéticas que aumentaram sua suscetibilidade a doenças semelhantes à depressão. Como não houve mutação envolvida, mas, sim, uma alteração na quantidade de produto gênico produzido, os estudos de associação genômica ampla não detectariam uma alteração-chave que estivesse contribuindo para os sintomas depressivos dos ratos.

Mudanças epigenéticas podem ser um fator que explica por que é tão difícil encontrar marcadores genéticos para a depressão. Os cuidados maternos, bem como maus-tratos ou traumas na infância, podem levar a alterações epigenéticas que influenciam os sistemas de hormônios do estresse ou compostos importantes, como o BDNF, que ou contribuem para o desenvolvimento de uma crise depressiva ou protegem dele. A boa notícia é que, ao contrário das sequências de DNA de genes que ainda não podemos alterar ou corrigir de forma confiável, podemos reverter ou promover alterações epigenéticas específicas com antidepressivos.

Pontuei anteriormente que apenas 50% a 60% dos pacientes deprimidos apresentam remissão após o tratamento com antidepressivos padrão. A resposta tardia ao tratamento poderia refletir adaptações de longo prazo, como alterações epigenéticas. Por exemplo, a imipramina produz alterações epigenéticas, mas somente após um período de latência de três a quatro semanas. Faz sentido que essas mudanças na expressão dos genes levem tempo para se manifestar.

Estou confiante de que veremos avanços extraordinários como resultado da medicina genômica. A identificação de uma rede de genes envolvidos na doença depressiva oferece pistas para o tratamento da depressão por meio de medicamentos conhecidos por afetar a função desses genes, assim como pela terapia gênica, quando estiver disponível, para substituir ou reparar genes mutantes. Essa é uma nova e empolgante fronteira na farmacologia relacionada à depressão, e pode proporcionar alívio para milhões de pessoas.

Identificar e compreender as alterações epigenéticas que influenciam a suscetibilidade à depressão é uma fronteira fundamental para prevenir ou tratar com sucesso a doença depressiva. Já sabemos que o lítio e o valproato (Depakote), estabilizadores do humor, desfazem alterações epigenéticas indesejadas. Novos agentes que se tornaram disponíveis recentemente ou que surgirão em breve podem desempenhar papel semelhante na reversão de alterações epigenéticas patogênicas relacionadas à depressão, talvez mais rapidamente e com menos efeitos colaterais.

Também definimos estratégias para identificar genes mutantes por meio de estudo de associação genômica ampla que possibilitará ampliar significativamente o conhecimento sobre as causas subjacentes da doença depressiva e os mecanismos de ação dos agentes antidepressivos. Quando a terapia genética for disponibilizada, poderemos tratar a depressão ao corrigir as anomalias genômicas em diversos genes que contribuem para a suscetibilidade à depressão. Já foi desenvolvido um procedimento notável que nos permite substituir uma única letra mutante em um gene, da mesma forma que um processador de texto é capaz de corrigir um erro de ortografia.

A genômica não é necessariamente uma disciplina própria, mas sim uma tecnologia para expandir nossa capacidade de lidar com as manifestações da doença depressiva e suas causas subjacentes e curá-la. No próximo capítulo, veremos como a identificação dos genes CLOCK, que controlam os ritmos circadianos, por exemplo, permitirá, em última análise, reparar anomalias circadianas em pacientes deprimidos como forma de promover sua recuperação.

7. A escuridão visível

Vivemos em um mundo de luz e sombra. Estamos em profunda sintonia com os ritmos e padrões que correspondem a esses dois estados. A maioria dos organismos desenvolveu ritmos para se preparar para variações diárias na intensidade da luz, temperatura ambiente e umidade. Muitos mamíferos têm ritmos mensais, sazonais e anuais que afetam o comportamento, fisiologia, secreção hormonal e expressão gênica que nos ajudaram a nos adaptar às condições variáveis. A sincronização de múltiplos ritmos é necessária para a saúde, e a dessincronização pode estar associada a doenças graves. Sincronização de ritmos significa manter o intervalo usual entre eles. Por exemplo, o início do sono é seguido seis horas depois do início do aumento da temperatura corporal. Se o aumento da temperatura chega quatro horas mais cedo, diz-se que os ritmos estão dessincronizados. Pacientes deprimidos têm várias anomalias nos ritmos biológicos, inclusive nos ritmos circadianos, que ocorrem a cada vinte e quatro horas. Estes produzem insônia e excesso de sono, influenciando o momento das alternâncias entre depressão e mania, os padrões de secreção hormonal de vinte e quatro horas e o momento do dia em que os sintomas depressivos são mais severos em subtipos diferentes de pacientes deprimidos. Alterações em ritmos de prazo mais longo, como aqueles que duram um mês ou uma estação, também ocorrem em pacientes com doença depressiva. Os ciclos menstruais de mulheres deprimidas podem ser irregulares ou até mesmo desaparecer por completo.

O distúrbio rítmico mais aparente em pacientes deprimidos é a perturbação do ciclo de vinte e quatro horas de sono e vigília.

Quase 90% dos pacientes com doença depressiva têm alterações no ciclo de sono e vigília. A insônia é um sintoma comum da depressão melancólica, caracterizada pelo despertar nas primeiras horas da madrugada. Já os pacientes com depressão atípica, em contrapartida, dormem excessivamente à noite e costumam se queixar de sonolência diurna. Pacientes deprimidos também apresentam variações na severidade dos sintomas no decorrer do dia. Na melancolia, os pacientes se sentem pior de manhã e relatam algum alívio com o avançar do dia. É de manhã que o sistema de estresse está mais ativo, piorando, assim, as manifestações da melancolia. Pacientes com depressão atípica se sentem melhor de manhã, e sua depressão piora com o avançar do dia. À noite, quando a atividade do sistema de estresse está em seu ponto mais baixo, a severidade dos sintomas da depressão atípica se intensifica.

Em alguns pacientes com doença depressiva, a interferência no ritmo circadiano, como pela privação total de sono, pode produzir uma recuperação temporária - ou provocar episódios de mania em pacientes bipolares. Durante um episódio de mania, alguns pacientes podem permanecer acordados por trinta e seis a quarenta e oito horas consecutivas sem sentirem fadiga. O mecanismo pelo qual a privação de sono causa mania é desconhecido. Uma possibilidade é a ativação do eixo tireoidiano. Durante o sono, o estímulo à secreção do hormônio tireoidiano cai. Durante a privação de sono, o estímulo à produção do hormônio tireoidiano, ao invés de cair, sobe substancialmente. O hormônio tireoidiano é conhecido por promover o surgimento de mania.

Um subtipo depressivo, o transtorno afetivo sazonal, está associado a depressões no inverno, durante o período em que a luz do sol é limitada no hemisfério norte. Mais adiante, veremos que esses indivíduos sofrem de privação de luz e respondem à fototerapia.

Consideremos alguns dos sincronizadores de ritmos biológicos em indivíduos saudáveis, que ou sofrem perturbação em pacientes com doença depressiva ou são processados de modo anormal. A luz é o sincronizador mais potente dos ritmos diurnos-noturnos. Nos humanos, esses variados ritmos indicam que estamos seguros, nos ajudam a nos prepararmos para a atividade produtiva do dia, garantem um sono adequado à noite e nos preparam para a transição do sono para a vigília. Um relógio mestre no cérebro que é sensível à luz monitora o tempo durante o ciclo dia-noite. A luz chega ao relógio mestre pela retina, por um caminho que não fornece informações aos centros visuais do cérebro, e sim diretamente ao relógio mestre. O relógio mestre está localizado em uma área profunda do cérebro, chamada hipotálamo.

Um dos mais importantes processos controlados pelo ciclo luz-escuridão é a secreção de melatonina. A melatonina é produzida na glândula pineal, que também fica localizada profundamente no cérebro, e recebe informações diretamente do relógio mestre. A secreção de melatonina começa logo depois da exposição à escuridão à noite, e cai abruptamente com o alvorecer. Ao lado da exposição à luz em si, a melatonina é o mais potente sincronizador dos ritmos diários. É frequente os médicos receitarem melatonina para auxiliar a dormir ou para ressincronizar os ritmos após viajarmos por fusos horários diferentes.

Secretamos mais melatonina durante as longas noites de inverno e menos durante as curtas noites de primavera e verão. A melatonina influencia muitos processos psicológicos, incluindo a ação como potente supressor do sistema reprodutivo. Com um período prolongado de secreção de melatonina durante os meses de final de outono e inverno, caracterizados por noites longas e escuras, o eixo reprodutivo é desligado em muitas espécies de animais.

Posteriormente, é revigorado quando as noites são relativamente mais curtas e a secreção de melatonina diminui. A inibição da reprodução durante os meses de fim de outono e inverno protege muitos mamíferos de uma concepção que levaria a nascimentos durante as penosas condições do inverno.

Embora haja inúmeros processos fisiológicos relacionados ao ritmo circadiano, vamos considerar a hora de início do sono (usando as dez da noite como referência) e dois outros marcadores intimamente relacionados: a hora da noite em que o cortisol, um hormônio do estresse, aumenta, e o aumento simultâneo da temperatura corporal. Esses dois últimos fenômenos estão vinculados, e ocorrem por volta das cinco da manhã (se considerarmos a hora de dormir como sendo dez da noite). O momento da noite em que o cortisol e a temperatura começam a subir é um marcador da função do sistema de estresse, e eles sobem para nos preparar para acordar de manhã. O cortisol promove o despertar, aumenta os níveis de glicose no sangue e estimula as contrações cardíacas e a atividade do sistema nervoso simpático. Uma temperatura corporal mais alta está associada a uma taxa metabólica mais rápida e nos prepara para o dia. Agora sabemos que, quando o cortisol e a temperatura corporal começam a subir, é muito difícil voltar a adormecer.

Há normalmente um período de sete horas separando o momento de ir dormir e o momento em que os níveis de cortisol e a temperatura começam a subir. Quando essa separação de sete horas está intacta, esses ritmos estão sincronizados.

Em pacientes com depressão melancólica, os níveis de cortisol e a temperatura começam a subir por volta das duas da manhã, apenas quatro horas depois de irem dormir. Como é difícil continuar dormindo quando os níveis de cortisol e a temperatura começam a subir, isso significa que muitas vezes os pacientes melancólicos despertam logo no início da madrugada. Para eles, os ritmos de despertar estão programados para ocorrer após um período mais curto de sono.

No final dos anos 1970, o dr. Tom Wehr, que trabalhava na mesma unidade em que eu conduzia minha pesquisa, se perguntou se poderia resolver a depressão de uma pessoa reestabelecendo a latência de sete horas entre a hora de dormir e o momento em que os níveis de cortisol e a temperatura começam a subir. Ele teorizou que corrigir essa dessincronização poderia ser uma maneira de tratar a depressão.

Uma de suas pacientes era Jane Blair, que chegou aos NIH com um longo histórico de depressões recorrentes que eram resistentes a medicamentos. Sua primeira depressão havia ocorrido vinte e cinco anos antes, quando ela tinha 20 anos. Depois disso, tornaram a ocorrer por volta de três vezes ao ano e tipicamente duravam entre três e seis semanas, quando então ela se recuperava de modo espontâneo. Suas depressões estavam associadas ao despertar nas primeiras horas da madrugada e ansiedade, especialmente ao acordar.

Durante as crises de depressão, após Jane adormecer, por volta das dez da noite, seus ritmos de cortisol e temperatura, que, como seria de se esperar, chegariam a um pico às seis da manhã, pulavam cinco horas à frente e chegavam ao pico por volta da uma da manhã. Em vez de ocorrerem cerca de sete ou oito horas após o início do sono, esses ritmos ocorriam apenas três horas após o início do sono. Como é difícil permanecer dormindo quando o cortisol e a temperatura estão subindo, essas mudanças de fase eram acompanhadas pelo despertar nas primeiras horas da madrugada, uma característica típica da depressão melancólica. O dr. Wehr batizou o fenômeno de "avanço de fase", e o constatou com frequência durante os episódios depressivos de Jane.

Ele decidiu que tentaria tratar a depressão dela restaurando experimentalmente o horário usual de início do sono e o momento de subida do cortisol e da temperatura para a separação normal de sete a oito horas. Para conseguir isso, ele fez Jane ir dormir às cinco da tarde e acordar à uma da manhã. Essa programação restaurou o intervalo regular entre o início do sono e o início da subida do cortisol e da temperatura para as sete a oito horas normais. Após quatro dias com essa programação, Jane estava em recuperação de sua depressão. Quando ela entrou em remissão, o dr. Wehr lentamente a devolveu à sua programação normal de sono, avançando a hora de dormir em uma hora por dia, até que ela voltasse a adormecer às dez da noite.

Jane permaneceu em remissão durante três meses. Infelizmente, ela teve uma recaída. Uma semana após o início de outra depressão, o dr. Wehr repetiu o avanço de fase da hora de início do sono por quatro dias e induziu mais uma remissão que durou por quase dois anos. Outros pesquisadores confirmaram a eficácia da terapia de avanço de fase no tratamento de alguns pacientes com doença depressiva, mas essa permanece sendo uma ferramenta de pesquisa que não recebeu ampla aceitação no tratamento rotineiro da depressão. Em parte, tem relação com o fato de que ela demanda muito trabalho e hospitalização prolongada; a maioria dos ambientes hospitalares não está equipada para o monitoramento noturno exigido para documentar o momento em que a secreção de cortisol e a temperatura começam a subir.

As pessoas que trabalham em turnos são impactadas por uma perturbação nos ritmos naturais. Digamos que um desses trabalhadores vá para a cama às nove da manhã e acorde às cinco da tarde. Seus níveis de melatonina estarão baixos durante a noite, quando estão acordados e expostos à luz, e os níveis de cortisol e a temperatura corporal subirão às sete ou oito da noite, quando ainda estiverem trabalhando. Todos esses eventos acontecem enquanto estão acordados em vez de ocorrerem algumas horas após o início do sono. Essa perturbação dos marcadores da hora de início do sono e do momento de acordar representam um estado de dessincronização interna a qual está associada com o despertar e a depressão, bem como o início de doenças prematuras como a doença arterial coronariana.

Não somos completamente dependentes da luz para sincronizar nossos ritmos. Durante a luz ou escuridão constantes, o relógio mestre se apoia em sua própria ritmicidade. Essa ritmicidade é chamada de "livre curso" (*free running*) e segue uma frequência cíclica de vinte e cinco em vez de vinte e quatro horas. Assim, indivíduos com padrão de sono em livre curso vão para a cama, digamos, às dez da noite na segunda-feira, às onze da noite na terça-feira (vinte e cinco horas depois) e à meia-noite na quarta-feira (outras vinte e cinco horas depois). Muitos indivíduos com padrão de sono em livre curso são deprimidos. Por diversas razões, cerca de 10% das pessoas com esse padrão de sono vão começar a operar com base em um dia de quarenta horas, o que significa que um ciclo de sono-vigília abrange quarenta horas, constituindo um dia extremamente longo e uma noite extremamente longa. Esses indivíduos também são dessincronizados e quase todos são deprimidos.

Muitas pessoas cegas têm padrão de sono em curso livre. Elas têm ritmos em seus ciclos de sono-vigília e ritmos de cortisol e temperatura que são ditados por um ritmo intrínseco de vinte e cinco em vez de vinte e quatro horas.

Quando indivíduos cegos, dessincronizados e com padrão de sono em curso livre ficam deprimidos e fadigados, a melatonina pode ajudá-los a ressincronizar. Al Lewy, que esteve comigo nos NIH, foi o primeiro a provar que pessoas cegas têm padrão de sono em curso livre. Após realizar experimentos com muitos pacientes ao longo de diferentes momentos do dia, ele descobriu que uma pequena dose de melatonina administrada às seis da tarde sincronizava o ritmo deles. Essa sincronização foi associada à resolução da depressão e da fadiga. A descoberta de Al, de 2005, foi uma importante contribuição para a medicina.

Por volta da mesma época, pesquisadores da Europa observaram que alguns pacientes só com depressões saíam da depressão e entravam em remissão após uma noite inteira de privação de sono. Para a maioria, a remissão durava pouco e tornava a ocorrer quando o paciente voltava a dormir e tinha um episódio de sono REM. Para pacientes recuperados ou deprimidos com transtorno bipolar, uma noite de privação de sono muitas vezes os fazia alternar para a mania. Por muito tempo, clínicos notaram que muitas vezes a privação de sono em pacientes com transtorno bipolar levava à mania, e alertavam seus pacientes para que tivessem noites de sono adequadas.

Mais tarde, Tom Wehr descobriu que, se pacientes deprimidos fossem mantidos acordados após as quatro da manhã, eles também tendiam a entrar em remissão da depressão, mas, novamente, a remissão durava pouco. Grupos na Europa fizeram experiências com uma privação parcial de sono duas ou três vezes por semana e conseguiram alcançar algumas remissões duradouras. De minha parte, não conheço estudos controlados com grande número de pacientes que demonstrem formalmente a eficácia de múltiplas privações totais ou parciais de sono durante a doença depressiva.

O dr. Wehr também era fascinado pelos ciclos das doenças depressivas, incluindo seu momento de início e de remissão. Estava particularmente interessado em saber até que ponto, e com que regularidade, alguns pacientes alternavam entre crises de humor, assim como em outros fatores, além da privação do sono, que promoviam a mudança de um estado para outro. Ele aspirava ser como Tycho Brahe foi para Galileu: Brahe primeiro mapeou os céus para que Galileu pudesse então fazer suas observações científicas. O dr. Wehr estava convencido de que até entendermos o que era a doença depressiva nos termos mais simples, a saber, o tempo dos episódios depressivos e maníacos, não conseguiríamos continuar resolvendo o quebra-cabeça sobre suas origens e tratamento eficaz.

Com o passar dos anos, o dr. Wehr percebeu que alguns pacientes que haviam tido uma crise depressiva importante e ao menos uma crise maníaca alternavam para um padrão de ciclos de depressão e mania ou hipomania relativamente rápidos e regulares quando recebiam antidepressivos. A hipomania é um estado de humor elevado de leve a moderado que não dura muito nem representa um desvio em relação ao comportamento normal a um ponto que a faria ser qualificada como mania. Os antidepressivos também levavam, às vezes, a episódios hipomaníacos em pacientes deprimidos que nunca o tiveram antes. Essas observações estabeleceram a ideia de que antidepressivos poderiam acelerar os ciclos em pacientes com depressão bipolar e produzir hipomania ou mania em alguns pacientes que provavelmente tinham doença bipolar subjacente e não diagnosticada. Hoje sabemos que é preciso receitar estabilizadores de humor como o lítio para todos os pacientes bipolares que tomam antidepressivos.

A doença bipolar está claramente associada a fenômenos rítmicos. Alguns pacientes alternam entre mania e depressão em intervalos regulares, e, à medida que estudamos mais indivíduos, talvez vejamos que isso é mais evidente do que achávamos que era. Como já mencionei, o ciclo sono-vigília é profundamente alterado em pacientes com doença bipolar, e muitos pacientes conseguem ficar acordados por muitos dias sem parecerem cansados. Outros dormem demais durante a fase deprimida da doença. As mudanças cíclicas no transtorno bipolar perturbam e arruínam a vida de muitos indivíduos.

Pacientes bipolares com ciclagem rápida experimentam alternâncias entre depressão e mania em intervalos mais curtos. No caso de uma de minhas pacientes, Martha Jones, isso acontecia a cada oito dias. Essa forma de transtorno bipolar costuma ser resistente ao lítio e à maioria dos tratamentos para transtorno bipolar, mas descobrimos que Martha respondia a uma nova estratégia para tratar a ciclagem rápida. Esse método, o emprego de anticonvulsivos usados pela primeira vez pelo dr. Bob Post no centro clínico, trouxe alívio para mais gente. Falarei do assunto mais adiante.

Martha Jones chegou ao centro clínico do NIH aos 46 anos. Era casada e tinha dois filhos adolescentes. Ela sabia que a mãe havia tido fases de ciclagem rápida durante o curso de seu próprio transtorno bipolar, e que o pai teve depressões severas recorrentes. Ela desenvolveu sintomas de transtorno bipolar aos 20 anos, e sua primeira crise foi uma mania que durou por cerca de três semanas. Após algumas semanas sentindo-se razoavelmente bem, ela muitas vezes desenvolvia outro episódio de mania ou ficava deprimida. Ela tinha respondido parcialmente ao lítio e com constância alternava de modo abrupto da depressão para a mania quando lhe receitavam antidepressivos.

O dr. Tom Wehr fez também a observação de que antidepressivos precipitavam alternâncias para a mania e escreveu um trabalho clássico apontando tais fenômenos, o que levou a uma redução acentuada na prescrição de antidepressivos para pacientes bipolares. Tom recebeu uma educação extraordinária e tem ampla gama de conhecimentos, abrangendo psicodinâmica, história, música e matemática, entre outras múltiplas áreas intelectuais. Ele é uma das muitas pessoas dotadas dos NIH com as quais tive a felicidade de trabalhar.

Martha só começou a apresentar ciclagem rápida aos 44 anos. Ao que tudo indicava, não houve um fator que possa ter desencadeado o início de seus ciclos ou qualquer outra de suas crises clínicas subsequentes.

Os ciclos de Martha logo se estabeleceram como depressões de oito dias absolutamente regulares que se alternavam com oito dias de mania. As depressões eram episódios melancólicos severos caracterizados por sentimentos pronunciados de falta de valor, despertar nas primeiras horas da madrugada, por volta das duas da manhã, sem conseguir retomar o sono, e falta de apetite, com uma perda de cerca de 0,9 a 1,3 quilo a cada episódio depressivo. Ela se sentia muitíssimo vulnerável, estava convencida de que ninguém poderia amá-la ou respeitá-la, e temia acabar sozinha pelo resto da vida. Ela não era ativamente suicida, mas desejava contrair uma doença terrível e morrer. Saía de repente da depressão e da mania, muitas vezes por volta das três da manhã, quando já estava acordada por despertar altas horas da madrugada durante a depressão e devido à falta de sono típica da mania.

Durante a mania, Martha dormia apenas duas ou três horas por noite. Às vezes, ficava irritadiça, era verbalmente abusiva e muitas vezes flertava com os funcionários homens. No entanto, jamais atuara a hipersexualidade em nenhum momento de sua doença. Tendia a recuperar o peso perdido durante as depressões.

Notamos que, durante a mania, ela não conseguia se lembrar de se sentir deprimida, e que durante a depressão não conseguia se lembrar de já ter se sentido bem ou maníaca. Elliot Gershon, um outro médico da ala, estudou esse fenômeno sistematicamente. Ele descobriu que essa memória seletiva abrangia eventos do dia a dia: pacientes que eram maníacos não conseguiam se lembrar de onde haviam perdido as chaves durante um episódio depressivo, mas conseguiam se lembrar de onde estavam quando saíram da mania e entraram na depressão. Ele chamou o fenômeno de aprendizagem estado-dependente ou memória dependente de estado.

Martha sabia dos ciclos com oito dias de duração, de modo que podia marcar consultas no dentista ou no médico quando sabia que estaria deprimida, uma vez que episódios maníacos podiam dificultar ou mesmo inviabilizar tais compromissos.

Ela fazia psicoterapia regularmente com um terapeuta habilidoso e dedicado que a atendia individualmente duas vezes por semana e se encontrava com ela e o marido uma vez por semana. Esse tratamento era indispensável. Ele a ajudava a funcionar parcialmente durante as depressões e oferecia orientações que a ajudavam a abrandar a impulsividade e irritabilidade durante as manias. O trabalho parecia estabilizar a família de modo considerável, embora Martha vivesse com medo de que o marido desistisse, pegasse seus filhos e fosse embora. Durante as crises de mania ou depressão, também continuávamos a ajudá-la a lidar com tais estados e tínhamos consultas regulares com ela e o marido.

Martha tentou múltiplos ensaios com lítio e diversos antidepressivos, mas nenhum levou a uma melhora significativa da doença. Com base no trabalho de Bob Post sobre a eficácia de anticonvulsivos na doença de ciclagem rápida, decidimos tentar um ensaio duplo-cego controlado por placebo de carbamazepina

(Tegretol), um anticonvulsivo eficaz para epilepsia do lobo temporal, que frequentemente incluía alguns sintomas de transtorno de humor. Durante duas semanas, ela não mostrou resposta. Depois disso, a depressão se tornou mais suave, e, uma semana depois, a mania também diminuiu de intensidade. Ela ficou espantada e começou a acreditar que talvez aquele medicamento fosse funcionar. De fato, dentro de mais três semanas, sua ciclagem havia cessado, e ela se sentia bem. Martha recebeu alta três semanas depois e, na consulta de acompanhamento de três anos, ela continuava livre de episódios maníacos ou depressivos.

Uma outra paciente minha, Abigail Morris, chegou ao centro clínico dos NIH com um histórico de seis anos de depressões cíclicas leves e manias que chegavam a durar de um a dois meses. Ela era casada e tinha quatro filhos adultos. Durante as depressões, ela se sentia triste e indiferente, dormia demais, comia demais e se sentia extremamente cansada. Não sentia a angústia que muitos indivíduos deprimidos experimentam. Quando estava hipomaníaca, ficava levemente eufórica, alegre, sociável e raramente ou nunca irritável, impulsiva e hipersexual. Em vez de dormir nove ou dez horas por noite, como ocorria durante suas depressões, ela dormia de cinco a seis horas por noite quando hipomaníaca. Havia participado de dois testes com lítio em doses desconhecidas sem responder, e de diversos testes malsucedidos com antidepressivos.

Eu me reunia com Abigail três vezes por semana, em parte para determinar se suas mudanças de humor tinham precipitantes ambientais, para conhecer bem sua rotina e explorar quaisquer conflitos subjacentes ou decepções pronunciadas que pudessem estar alimentando seus ciclos. Abigail era muito distante, e eu não consegui revelar com precisão questões significativas atuais que podiam precipitar suas mudanças de humor. Ela mesma, no entanto, quase sempre tinha uma explicação para as trocas. Costumava identificar como precipitantes de suas depressões eventos tais como a alta de uma paciente com a qual fizera amizade, o fato de os filhos ficarem muitos dias sem telefonar ou o sumiço do marido nos meandros de um trabalho exigente. Nas alternâncias para a hipomania, ela descrevia ter feito uma nova amiga na ala, a atenção e o cuidado de sua família ou um bom presente ou cuidado que recebera.

Durante sua permanência, o dr. Tom Wehr estudou a cronologia de suas mudanças de humor recorrentes por meio da condução de avaliações de humor com Abigail realizadas por nossa experiente equipe de enfermagem, além das observações diárias do próprio dr. Wehr. Ele desenvolveu algoritmos que revelaram um ciclo exato de 34 dias para as mudanças de humor de Abigail. Ele suspeitara de uma ciclagem subjacente de humor, mas ficou surpreso ao constatar o quanto era precisamente sistemática.

Durante o curso de sua doença, Abigail tentou diversos antidepressivos que só aumentaram a frequência de sua ciclagem. Ela recebeu duas rodadas de tratamento com lítio em dosagens baixas. Respondeu a dosagens consideravelmente mais altas, chegando a níveis sanguíneos do limite superior da faixa normal. Embora o histórico mostrasse que Abigail não havia respondido ao lítio, ela teve uma resposta diferente quando a dosagem foi modificada para produzir níveis de lítio adequados.

Tom e eu costumávamos conversar sobre ciência e nossos motivos para escolher as áreas científicas em que atuávamos. Ele passou vários anos tentando entender a periodicidade de pacientes que atribuíam suas alternâncias entre depressão e mania a eventos ambientais concomitantes. (É natural que os pacientes busquem por eventos que causaram suas mudanças de humor, em vez de pensar que talvez estejam sujeitos a ciclos de humor com uma periodicidade aparentemente indeterminada.) Certa noite, Tom e eu estávamos conduzindo um procedimento juntos e tivemos uma hora de intervalo entre uma intervenção e outra. Perguntei por que ele havia se interessado pelo estudo do tempo, e especialmente sua relação com a dinâmica e a periodicidade do transtorno bipolar de ciclagem rápida.

Ele me contou algo mais ou menos assim:

> Acho que foi a morte inesperada do meu pai num acidente de carro, quando eu tinha 13 anos. Naquela ocasião, o tempo pareceu se constituir de duas épocas. Depois de sua morte, minha infância despreocupada chegou ao fim. Ocorreu uma mudança radical que eu não havia escolhido, mas que aconteceu comigo. Fiquei consumido pela sensação de que havia perdido meu mundo. Eu tinha a vaga sensação de que não era mais uma criança. Sem pensar, assumi o papel de tentar apoiar minha mãe. Tinha a fantasia de que poderia trazer meu pai de volta à vida. Isso era, obviamente, impossível.
>
> Pouco tempo depois, fiquei obcecado com o passado. Fiquei fascinado pela arqueologia: a escavação do passado para lhe dar uma nova vida. Não compreendia naquela época que essa preocupação com a arqueologia era uma derivação da minha infância perdida e da fantasia de trazer meu pai de volta à vida. Em Yale, adorava as aulas de história. Quando era estudante de medicina, eu achava que ajudar alguém a atravessar uma depressão severa era como trazê-la de volta à vida, então escolhi a psiquiatria.
>
> Acabei me interessando por ciclos rápidos porque, diferentemente da morte do meu pai, eles eram previsíveis quando se identificava a duração do ciclo. A alternância da depressão para a mania era como aquela alternância que eu havia sentido quando meu pai morreu e, assim como meus pacientes, eu me tornei um novo eu. Como cientista, eu podia estudar o paciente uma semana antes de ele alternar, descobrir e definir o que havia acontecido

premonitoriamente, antes da drástica mudança esperada no humor. Então me senti atraído por descobrir o momento das alternâncias e que mecanismos biológicos eram responsáveis por elas.

No fim das contas, depois de 35 anos, consegui reunir todos os dados que acumulei, aprender astronomia e ligar as alternâncias em muitos pacientes de ciclagem rápida com o ciclo lunar. Usando essa mesma nova metodologia, consegui ligar o ciclo menstrual ao ciclo lunar. Para isso, foi necessário estudar os pacientes individualmente, todos os dias, durante meses ou anos. Dessa forma, pude descobrir a dinâmica de seus ciclos individuais. Se você amontoar vinte pacientes, seus laços individuais com os ciclos lunares vão divergir, e os dados serão uma confusão de periodicidades diferentes que vai apagar qualquer padrão. Os NIH são provavelmente o único lugar do mundo onde eu conseguiria conduzir esses estudos e me dedicar ao meu interesse apaixonado pelo tempo e pela previsibilidade.

Tom é fascinado por ciclos de humor e colheu avaliações diárias de humor de centenas de pacientes por mais de três anos. Em um grupo seleto de 24 pacientes que tinham ciclos de humor regulares que duravam de dois a seis meses, ele tinha avaliações diárias abrangendo de dois a quatro anos, ou de 600 a 1.200 observações por paciente. Ele analisou a ciclicidade em cada um dos 24 pacientes, e descobriu que cada paciente tinha o próprio ciclo de humor, que estava estritamente vinculado ou à lua nova ou à lua cheia. Em oito indivíduos, ele descobriu que o ciclo do paciente alternava entre o vínculo com a lua nova e a passagem para a lua cheia. Esses foram os primeiros dados registrados em humanos mostrando a influência lunar sobre um parâmetro fisiológico.

Esses achados foram revolucionários e mostraram que estamos atados a forças extraterrestres. Ele não conseguiu identificar o fator organizador que sustenta essa ligação, mas existem algumas possibilidades. Uma é o criptocromo, encontrado no relógio circadiano mestre no hipotálamo. O criptocromo é sensível às ondas eletromagnéticas e é utilizado pelos pássaros para alcançar destinos desejados. Outra é a luz polarizada. Durante as várias fases da lua, produz-se ou luz polarizada ou não polarizada. Durante a lua cheia e a lua nova, a luz polarizada está em uma fase única. A gravidade é outro possível fator. Compreender que força é responsável por vincular ciclos de humor regulares a fases específicas da lua poderia oferecer uma ferramenta poderosa para a eliminação de ciclos maníaco-depressivos.

Tom e seus colegas também descobriram que mulheres jovens, de menos de 36 anos, têm seus ciclos menstruais vinculados ou à lua nova ou à lua cheia. Durante décadas, muita gente tentou fazer essa conexão e fracassou. A razão para esse fracasso é que elas só tinham uma observação por paciente, e quando analisavam um grupo de, digamos, quarenta pacientes, os dados se diluíam e viravam uma confusão. Analisando cada paciente separadamente, Tom e seus colegas geraram centenas de observações em seis meses, e o sinal pôde surgir.

Transtorno afetivo sazonal

Tom, junto com o dr. Norm Rosenthal, descreveu o transtorno afetivo sazonal pela primeira vez nos NIH no início dos anos 1980. Um de seus pacientes era Alfred Jones, um senhor de 63 anos que havia sido acompanhado nos NIH por dois anos devido ao transtorno bipolar. Quando deprimido, era bastante autodepreciativo, retraído, ansioso e incapaz de experienciar prazer. Dormia e comia muito e se sentia ligeiramente melhor durante as manhãs.

Quando maníaco, era vigoroso, extrovertido, precisava dormir menos e tinha fuga de ideias. Suas mudanças de humor começaram quando tinha 35 anos. Onze anos depois, ele percebeu um padrão sazonal. Foi diagnosticado com transtorno bipolar aos 49 anos. Todos os esforços para tratá-lo com antidepressivos e lítio tinham fracassado.

Após o diagnóstico, ele fez anotações diárias em um caderno por catorze anos, documentando o início e o fim de cada uma de suas depressões e manias. As depressões costumavam começar em dezembro ou janeiro e duravam cerca de três meses. Ele normalmente se tornava maníaco em junho ou julho.

Pouco depois de ser internado na primeira semana de dezembro de 1980, quando a aurora ocorria às sete da manhã e o crepúsculo, às cinco da tarde, Alfred estava mergulhado em um episódio depressivo, do qual só sairia ao menos catorze semanas depois. Norm e Tom decidiram tratá-lo com fototerapia entre o horário em que ele acordava, às cinco da manhã, até às nove da manhã. Pensaram que, como os dias mais curtos eram responsáveis por sua depressão, se conseguissem mudar artificialmente o fotoperíodo de modo que se assemelhasse à primavera, seriam capazes de tratar com eficácia a depressão. Depois de quatro dias, ele saiu da depressão para um estado de remissão. Seus níveis de atividade dobraram. Na última noite do estudo, ele foi acordado às duas da manhã e exposto à fototerapia por duas horas, com a mesma intensidade utilizada em sua sessão das cinco às nove da manhã, usando o novo e espetacular ensaio de espectrometria de massa para melatonina de Al Lewy. Eles queriam ver se essa intensidade de luz era capaz de suprimir a melatonina a despeito do horário, o que significaria que a luz em si era fisiologicamente relevante. Amostras de sangue colhidas às duas e às quatro da manhã revelaram que ela de fato era, e eles perceberam uma pronunciada queda induzida pela luz nos níveis de melatonina plasmática.

Uma outra paciente, Jan Smith, chegou ao centro clínico dos NIH após um histórico de depressões que invariavelmente aconteceram a cada inverno durante os sete anos anteriores. Ela sempre entrava em remissão no fim de março ou início de abril. Suas depressões de inverno tinham todos os traços característicos de uma depressão atípica.

Jan fez parte do primeiro estudo duplo-cego controlado por placebo de fototerapia em pacientes com transtorno afetivo sazonal conduzido por Norm Rosenthal e Tom Wehr nos NIH. O placebo consistia na exposição a uma intensidade de luz um pouco abaixo do limiar para a inibição da secreção de melatonina, enquanto o tratamento "verdadeiro" ocorria com níveis altos o suficiente para afetar os níveis de melatonina. Eles recrutaram 29 pacientes para os estudos da depressão sazonal de inverno no outono e inverno de 1984. Típico do transtorno afetivo sazonal, quase todos experienciavam apetite aumentado e desejo por doces. Poucos tinham prazer ao comer, mas se sentiam pressionados a isso, um desejo por comida, que eles descreviam como uma compulsão à qual não conseguiam resistir. Para quase todos os pacientes, os sintomas de depressão e fadiga eram menos severos de manhã do que à noite. Noventa e sete por cento relataram dificuldades no trabalho durante a depressão, e todos experimentavam dificuldades interpessoais. Apesar das dificuldades no trabalho, os pacientes conseguiam manter o emprego, embora alguns entrassem em licença médica quando se sentiam mais debilitados do ponto de vista da cognição e mais desmotivados.

Vinte e três desses pacientes haviam viajado para o norte ou para o sul durante o inverno. Destes, mais de 80% relataram mudança no humor. Aqueles que viajaram para o sul, para climas mais ensolarados - considerando como ponto de referência o hemisfério norte, onde os níveis de insolação são maiores ao sul -, tiveram melhora, e um paciente entrou em hipomania. Três pacientes se sentiram pior após viajar para o norte, onde o período com luz do dia era mais curto. Mantendo uma distância clínica, suspeitávamos que isso tinha a ver com o volume de exposição à luz do sol recebida por esses pacientes, o que obviamente estava ligado à duração do dia.

Alguns dos pacientes relacionavam, eles mesmos, sua depressão sazonal à duração do dia ou à qualidade da luz ambiental. Alguns reconheciam uma voracidade por luz durante os meses mais escuros. Uma mulher havia recebido de sua família o apelido de "Luzes" por acender todas as luzes da casa assim que entrava. Outra paciente ia à praia na Flórida o máximo de vezes que podia, e quando voltava para casa, sonhava com banhos de sol. Alguns chamavam a doença de "a síndrome cinza" e relatavam humor mais desanimado após três ou quatro dias nublados. Vale notar que 70% dos pacientes relataram histórico de depressão maior em ao menos um parente de primeiro grau. Havia histórico de transtorno afetivo sazonal em apenas cinco casos.

Com a proximidade do inverno, dezoito pacientes percebiam o início gradual de distúrbios do humor, com alterações no apetite e no sono que precediam as mudanças de humor.

Quase todos os pacientes experienciaram respostas antidepressivas significativas à fototerapia com o nível de brilho conhecido por suprimir a secreção de melatonina. Eles não responderam à luz de intensidade ligeiramente menor, que não suprime os níveis de melatonina. Em quase todos os casos, houve remissão em resposta à intensidade adequada de luz entre o terceiro e o sétimo dia após o início do tratamento fototerápico. Quando as luzes foram retiradas, todos os pacientes, menos um, tiveram recaídas. Quando as luzes foram devolvidas, eles entraram novamente em remissão.

Em seguida, Norm e Tom estudaram a secreção de melatonina durante todo o dia em pacientes com transtorno afetivo sazonal comparados a controles saudáveis. Elaboraram a teoria de que pacientes com transtorno afetivo sazonal seriam relativamente insensíveis à luz ambiente interior e, portanto, precisavam de uma dose extra de fototerapia para entrar em remissão.

Durante a maior parte de sua história evolutiva, os seres humanos viveram segundo os ciclos sazonais naturais de dia e noite. A eletricidade mudou isso quase da noite para o dia. Hoje, sabemos que a luz artificial pode influenciar a secreção de melatonina e os ritmos biológicos. As implicações dessa imposição artificial sobre a ordem natural não são completamente entendidas. Cientistas sugeriram que uma forma de inflamação ocorre no contexto de nossa exposição a estímulos que não encontrávamos durante o princípio de nossa evolução, para os quais não estamos biologicamente preparados. Pacientes com doença depressiva mostram um aumento de fenômenos inflamatórios que podem estar ligados à luz artificial ou a outros fatores como inatividade, excesso alimentar, consumo excessivo de alimentos processados e exposição frequente a produtos químicos que hoje encontramos em grandes quantidades no dia a dia. Ainda não se sabe se nossos pacientes com doença depressiva se adaptaram ou não a esses estímulos.

Até que ponto anomalias no relógio mestre ou outros mediadores de fenômenos circadianos desempenham um papel importante na doença depressiva é algo que ainda estamos trabalhando para entender. O fato de a depressão ser um fenômeno tão abrangente, que afeta muitas partes do cérebro e múltiplos sistemas do corpo, sugere que tal anomalia fundamental pode muito bem estar ligada à causa subjacente. Uma explicação alternativa é que a depressão decorre de desregulações da resposta de estresse. O aumento nos níveis de cortisol, temperatura e do sono REM são mudanças adaptativas que acontecem durante situações ameaçadoras. Considerando que os ritmos da temperatura e do cortisol, que começam a aumentar às seis da manhã, são indutores de ativação e nos preparam para despertar, sua ocorrência por volta das duas ou três horas da manhã em pacientes deprimidos é condizente com a ideia de que a depressão melancólica é um transtorno de ativação, cujos marcadores emergem à noite mais cedo que em pessoas não deprimidas.

Fotobiomodulação transcraniana

Além da responsividade dos pacientes à luz artificial acima de um limiar específico de intensidade, outro tipo de luz também já mostrou efeitos antidepressivos. A fotobiomodulação transcraniana usa lasers de baixa energia para transmitir através do crânio luz quase infravermelha para regiões específicas que possuem papéis importantes na doença depressiva. Acredita-se que a fotobiomodulação, uma técnica nova para promover a cura em várias partes do cérebro, trabalhe estimulando a atividade mitocondrial, reforçando, assim, a produção celular de energia. Em um ensaio com cinquenta pacientes resistentes a tratamentos, 62% responderam, em comparação com 8% de resposta com placebo. Pacientes com doença depressiva, especialmente aqueles com transtorno bipolar, têm um defeito na produção mitocondrial de energia que deixa seus neurônios desnutridos e sujeitos à morte precoce. As mitocôndrias são o componente produtor de energia das células, que existem envolvidas em sacos e possuem mais de trinta genes, muitos dos quais são facilmente mutáveis.

Genes circadianos CLOCK e depressão

Cientistas identificaram doze genes de ciclos circadianos de produção locomotora (CLOCK, na sigla em inglês) nas células do relógio mestre do hipotálamo. Descobrimos, também, que cada célula do corpo possui genes CLOCK que regulam alguns componentes no modo como as células se comportam de formas que são sensíveis aos ciclos de dia e noite e a flutuações sazonais. Em pacientes com depressão clássica, as expressões de genes CLOCK no cérebro estavam significativamente desreguladas. Algumas das mudanças mais significativas foram vistas nos genes CLOCK localizados na região do controle central do cérebro, assim como na amígdala, no centro de memória emocional e no centro de prazer e recompensa.

A incidência de depressão aumenta quando os genes circadianos estão desregulados. O nível de depressão está correlacionado ao nível de dessincronização. À medida que os pacientes melhoram, a expressão anormal dos genes circadianos com frequência é normalizada. Pesquisas recentes têm fornecido pistas detalhadas sobre os mecanismos envolvidos na mudança de fase e na redefinição dos ritmos circadianos. A identificação de pequenas moléculas que modulam e redefinem rapidamente os ritmos celulares motivou a avaliação de pequenas moléculas sintéticas. Esses compostos permitem um controle mais preciso do mecanismo circadiano e alteram proteínas dos genes CLOCK. O emprego eficaz de pequenas moléculas para corrigir genes CLOCK seria um grande avanço, e parece despontar no horizonte.

Essas descobertas são caminhos promissores para o desenvolvimento de compostos capazes de tratar transtornos de humor e redefinir mecanismos anormais do gene CLOCK, a fim de normalizar os ritmos circadianos e tratar rapidamente a depressão. Enquanto os antidepressivos padrão conseguem devolver esses ritmos do relógio ao normal após um período de latência de cerca de duas ou três semanas, estudos preliminares sugerem que antidepressivos de ação rápida recém-desenvolvidos podem fazer efeito em horas. Esse é um avanço empolgante, que pode trazer alívio para muitas pessoas. Enquanto isso, sono regular, acesso à luz do sol ou exposição à luz com 10 mil lux ou mais (um dia ensolarado tem 50 mil lux) por ao menos trinta minutos ao dia é uma boa maneira de ajudar ou facilitar o reestabelecimento de ritmos circadianos saudáveis.

8. Hormônios e depressão

Os hormônios e a depressão estão intimamente ligados. Muitas doenças associadas a mudanças significativas nas taxas hormonais estão ligadas à depressão – e, nesses casos, a depressão cede quando as anomalias hormonais são corrigidas. Nossa capacidade de manipular a liberação no cérebro de hormônios como o hormônio liberador de corticotrofina (CRH) para uso no tratamento da depressão está atualmente em desenvolvimento, e essa é uma nova área promissora de tratamento. Recentemente, neuroesteroides – compostos que envolvem estruturas adrenais ou ovarianas, mas são feitos totalmente pelo cérebro – também tiveram sucesso no tratamento da depressão em laboratório, e toda uma série dessas substâncias está prestes a ser testada para se descobrir segurança, eficácia e rapidez.

Enquanto isso, sabemos que o cérebro sintetiza e libera hormônios em situações variadas, incluindo em resposta ao estresse, e está claro que alguns desses hormônios desempenham um papel na doença depressiva.

Os hormônios são compostos produzidos por uma glândula ou um local específico do cérebro ou do corpo que circulam por regiões distantes que tenham receptores para reconhecê-los. A localização desses receptores permite que os hormônios orquestrem padrões fisiológicos e de comportamento complexos e inter-relacionados. Uma perturbação na secreção do hormônio do estresse está associada a uma resposta ao estresse que foge do esperado para produzir depressão.

Os efeitos dos hormônios dependem dos locais dotados de receptores para responder a eles. Por exemplo, a testosterona se liga a receptores no cérebro, músculos, laringe, pele e testículos. Esses locais de ligação constituem o contexto fisiológico para o papel da testosterona no comportamento intenso, força e massa muscular aumentadas, voz grave, pelos faciais e corporais proeminentes e função erétil intacta nos homens. Níveis de certos hormônios na corrente sanguínea influenciam o comportamento e a fisiologia, e têm o potencial de causar o surgimento prematuro de doenças sistêmicas como doença arterial coronariana, AVC, diabetes tipo II e osteoporose.

Como observado, indivíduos com doenças endócrinas também são frequentemente deprimidos, e experienciam remissão da depressão quando seus distúrbios endócrinos são corrigidos. Isso é verdadeiro para a deficiência do hormônio da tireoide. A doença de Cushing, associada a níveis muito altos de cortisol, muitas vezes está associada a uma depressão que cede com a resolução do hipercortisolismo.

A relação entre a doença depressiva e a função hormonal no cérebro e no corpo me fascinou, e passei meus dois primeiros anos nos NIH estudando tais interações. No entanto, meu interesse inicial pela endocrinologia não surgiu de nenhuma ligação com a psiquiatria. Tive contato com o grupo de endocrinologia inicialmente devido à infertilidade inexplicada contra a qual minha esposa, Carol, e eu lutamos por alguns anos.

Nós dois havíamos passado por uma extensa bateria de exames, em vão. Decidi aprender o máximo possível sobre endocrinologia reprodutiva. Comecei a participar das sessões do grupo de endocrinologia nos NIH três vezes por semana. Lynn Loriaux, chefe do laboratório geral, foi muito solidário e me deu as boas-vindas às sessões.

A endocrinologia feminina é tão complexa que déficits sutis em seu equilíbrio hormonal reprodutivo podem não ser detectados por exames comuns. Carol concordou em participar de muitos estudos rigorosos, incluindo a coleta de sangue, realizada por mim, durante setenta e dois dias consecutivos, com o objetivo de detectar mudanças sutis nos padrões hormonais reprodutivos capazes de prejudicar a fertilidade. Seus padrões estavam totalmente normais. Ainda assim, ela me perdoou por testar não apenas seu sangue, mas também sua resistência.

Carol foi diagnosticada com um caso leve de endometriose, comumente associada com a deposição de tecido uterino fora do útero, especialmente nas tubas uterinas. Pacientes com endometriose têm dificuldade para engravidar porque o tecido uterino que bloqueia as tubas uterinas impede que o esperma chegue aos ovários. Uma cirurgia anterior havia revelado que Carol não tinha lesões endometriais obstrutivas, só umas poucas áreas pequenas e dispersas de tecido endometrial fora do útero. Eu trabalhava no laboratório de endocrinologia quando o pesquisador principal descobriu que a endometriose podia promover subfertilidade por meio da secreção de compostos que afetavam adversamente a concepção sem bloquear as tubas uterinas. Carol, portanto, sempre disposta, concordou com uma nova cirurgia para ver se a remoção daquelas pequenas áreas ajudaria a resolver nossa infertilidade. Dois meses depois da cirurgia, Carol engravidou. Testei seu sangue para ver se ela tinha níveis hormonais compatíveis com a gestação, e ela tinha. Cheguei do trabalho com um buquê de flores e anunciei: "Carol, você está grávida". Ela deu à luz uma menina saudável nove meses depois.

Fiquei extremamente impressionado com o grupo de endocrinologia e fascinado pelo trabalho deles. Pedi ao meu chefe, Fred Goodwin, permissão para tirar um período sabático de três anos na endocrinologia. Essa decisão acabou se mostrando uma das melhores e mais importantes da minha carreira.

Fred era um excelente mentor científico e clínico, e um dos principais psicofarmacologistas dos Estados Unidos, fundamental para o uso pioneiro do lítio no tratamento da doença bipolar e para a demonstração da eficácia do lítio como antidepressivo. Ele liderou os ensaios do primeiro inibidor seletivo de recaptação de serotonina (ISRS) nos Estados Unidos alguns anos antes do Prozac e fez contribuições significativas para a aplicação de anticonvulsivos no tratamento do transtorno bipolar refratário. Também introduziu os ritmos biológicos na pesquisa da depressão no centro clínico. Muitos de seus pupilos abriram laboratórios renomados e dirigiram os principais departamentos de psiquiatria do país. O próprio Fred mais tarde se tornou diretor nacional do Instituto Nacional de Saúde Mental (National Institute of Mental Health - NIMH).

Na equipe de endocrinologia, Lynn Loriaux e eu desenvolvemos uma relação cordial que acabou se tornando uma grande amizade. Ele ficou contente por ter alguém da neurobiologia em seu grupo, pois estava muito interessado no cérebro e em seu papel na orquestração da função endócrina em todo o corpo. Compilamos uma lista de doenças psiquiátricas que poderiam ser um reflexo de alterações hormonais no sistema nervoso central, dentre as quais depressão, anorexia nervosa, transtorno obsessivo-compulsivo e transtorno de ansiedade generalizada. Além disso, como observei anteriormente, doenças endócrinas como hipotireoidismo, doença de Cushing e deficiências de cortisol estão associadas a episódios de depressão clássica. Essas doenças eram prova de que a depressão não está só na cabeça da pessoa; trata-se de um transtorno desencadeado por fatores biológicos conhecidos.

Por volta dessa época, Wylie Vale, do Instituto Salk, isolou o CRH, o hormônio cerebral-chave para a coordenação de muitos componentes comportamentais e biológicos da resposta ao estresse. O CRH é altamente ativador e, como eu já disse, produz ansiedade, comportamentos relacionados ao medo, atenção hiperfocada em estímulos ansiogênicos, inflamação (característica-chave da depressão), secreção dos hormônios do estresse cortisol e noradrenalina, e inibição do sono, apetite e comportamento sexual. Todas essas são características da depressão melancólica.

Wylie pediu que Lynn Loriaux iniciasse estudos relativos à regulação e aos papéis do CRH na saúde e doenças humanas. Eu era líder de uma pequena equipe que foi convidada para conduzir os estudos. Durante trinta anos, meu colega George Chrousos e eu desenvolvemos um relacionamento muito próximo e nos tornamos mais irmãos do que colaboradores. George é um dos indivíduos mais brilhantes que já conheci, e tem interesses intelectuais múltiplos e sofisticados que cultivou ao longo dos anos. Além disso, seu conhecimento científico é prodigioso, especialmente no que diz respeito ao modo como disfunções em processos complexos acabam se transformando em doenças.

Introduzimos o CRH na medicina clínica, desenvolvemos meios de demonstrar que ele regulava a secreção do hormônio do estresse cortisol em humanos e elaboramos exames diagnósticos pioneiros para descobrir os mecanismos de diversas doenças associadas à desregulação do CRH. Muitos dos exames que desenhamos ainda são fundamentais para os cuidados clínicos endócrinos e de depressão. Por exemplo, desenvolvemos um exame diagnóstico para identificar a depressão associada a altos níveis de cortisol devido ao hipercortisolismo da doença de Cushing, causado por um tumor pituitário pequeno e frequentemente de difícil detecção. Antes disso, muitas vezes uma cirurgia pituitária era necessária para documentar a doença de Cushing. George e eu tivemos que fazer um rodízio, alternando noites durante meses para conduzir os estudos que produziram esse exame diagnóstico.

Em meio a esse período intenso, enquanto minha esposa e meus filhos visitavam os pais dela num fim de semana prolongado, fiquei em casa para terminar um artigo que eu prometera enviar em três dias. No último dia, fiquei acordado a noite toda para terminá-lo. Subitamente, tive um estalo: a depressão era um reflexo de uma resposta ao estresse que fugira do esperado. Fiquei eletrizado com essa ideia, mas também senti um calafrio, como se estivesse desenvolvendo uma síndrome semelhante à gripe. Descobri que o aquecedor tinha desligado sozinho e que a temperatura da casa havia caído para menos de 10 °C. Eu estava imerso demais no trabalho para reparar nesse tipo de coisa.

Mais ou menos um ano depois, mostrei pela primeira vez que o CRH é secretado em excesso na depressão melancólica. O CRH contribui para diversas manifestações comportamentais e biológicas da melancolia, incluindo a ansiedade, comportamentos relacionados ao medo, níveis elevados de cortisol e noradrenalina, inflamação e diminuições no sono, apetite e função sexual. O CRH também está envolvido na interrupção da menstruação ligada ao estresse ou à perda de peso. Além disso, meus colegas e eu mostramos que níveis muito altos de CRH podem destruir células cerebrais. Esse achado foi o primeiro de diversas linhas de dados indicando que a depressão representa uma resposta ao estresse que fugiu do esperado.

Meu trabalho na equipe de endocrinologia também contou com a colaboração do mundialmente famoso químico medicinal Kenner Rice, que desenvolveu o primeiro opiáceo sintético, a codeína. Kenner nasceu em Tidewater, na Virgínia, não muito longe de onde fui criado, e embora não nos conhecêssemos naquela época, compartilhávamos muitas memórias das nossas experiências lá. Juntos, George e eu sintetizamos um importante novo agente que chamamos de antalarmina, que bloqueia os efeitos do CRH no cérebro e no corpo e pode ser útil para diversos transtornos psiquiátricos além da depressão, incluindo anorexia nervosa, transtornos de ansiedade e transtorno obsessivo-compulsivo. Compartilhamos nossos achados sobre a antalarmina com a comunidade científica. Hoje, mais de 280 estudos já foram conduzidos com a antalarmina para mostrar os papéis fundamentais do CRH em múltiplas formas de estresse, ansiedade e modelos animais de depressão. Os primeiros testes de uso de antagonistas de CRH por terceiros para tratar a depressão falharam, mas foram mal planejados. Estamos agora no processo de um grande estudo para explorar o papel do CRH na depressão com um protocolo que foi cuidadosamente desenhado para evitar as deficiências dos outros estudos.

Outra substância importante implicada na depressão é o cortisol, no qual costumamos pensar como o hormônio do estresse. O cortisol e suas interações com o aminoácido glutamato estão relacionados à forma como o cérebro responde quando lida com a exposição repetida ao estresse. Níveis elevados de cortisol produzem ativação, elevam a taxa de glicose no sangue, incitam atividade no sistema nervoso simpático, aumentam a força das contrações cardíacas e podem destruir as células cerebrais.

Mineralocorticoides são primos de primeiro grau do cortisol e são produzidos tanto nas glândulas adrenais como no cérebro. Dois estudos revelaram que o mineralocorticoide fludrocortisona aumentava a eficácia dos antidepressivos, além de melhorar a memória e as funções executivas em pacientes jovens deprimidos.

Vamos examinar melhor alguns dos hormônios mais ligados à biologia da depressão.

Insulina na corrente sanguínea e no cérebro

Um hormônio especialmente importante é a insulina: como qualquer diabético sabe, um desequilíbrio nela pode matar. Pouca ou nenhuma insulina é produzida no cérebro, embora ela tenha muitos efeitos sobre ele. Em vez disso, a insulina encontrada no cérebro é produzida no corpo e transportada para o cérebro. Níveis elevados de cortisol impedem a captação de insulina no cérebro.

A sinalização do receptor de insulina está correlacionada à densidade das sinapses. Receptores de insulina mantêm a densidade sináptica, a qual decresce quando tais receptores são removidos ou danificados. Já se demonstrou que a insulina tem um papel-chave na neuroplasticidade no centro de memória emocional e em outros locais.

Muitos dados indiretos indicam que a sinalização de insulina no cérebro é reduzida em pacientes deprimidos com concentrações aumentadas de cortisol e/ou insulina no sangue. A insulina pode ser administrada pela via intranasal para testar essa hipótese.

Estrogênio e progesterona

Os níveis de estrogênio costumam estar reduzidos em mulheres com depressão melancólica. Parte da disfunção sináptica associada à doença depressiva em mulheres é provavelmente causada por níveis reduzidos de estrogênio circulante. Em contrapartida, a ativação dos receptores de estrogênio aumenta o tamanho e a ramificação das fibras nervosas e está conectada à melhora de desempenho em tarefas processadas pelo centro de memória emocional. O estrogênio aumenta a responsividade ao centro de prazer e recompensa, enquanto o estresse diminui os efeitos biológicos do estrogênio. Também já se demonstrou que o estrogênio previne a neurodegeneração, atenua a resposta inflamatória das células imunes do cérebro, reduz a ansiedade e a depressão e promove a cognição. Também modula a plasticidade das sinapses no centro de memória emocional em estudos com animais.

O CRH, junto com os altos níveis de cortisol que ele produz, inibe o estrogênio. Mulheres deprimidas muitas vezes param de menstruar, um problema que costuma se resolver após se recuperarem da depressão.

Neuroesteroides são compostos produzidos inteiramente pelo cérebro, mas são idênticos a muitos esteroides produzidos nas glândulas adrenais. Um esteroide, alopregnanolona, foi identificado como o mais potente agente terapêutico da depressão pós-parto. A alopregnanolona é estruturalmente similar à progesterona e possui efeitos semelhantes aos dela. Como muitos consideram que a depressão pós-parto está associada a uma queda substancial na progesterona após o nascimento do bebê, faz sentido empregar a alopregnanolona no tratamento da depressão pós-parto.

Andrógenos

Andrógenos são um grupo de hormônios que regulam o início da puberdade nos meninos, contribuem para o crescimento e para a função reprodutiva, afetam características sexuais secundárias, como crescimento de pelos e desenvolvimento muscular, e têm múltiplos efeitos no cérebro e no comportamento. Receptores andrógenos estão distribuídos no cérebro de modo amplo, mas altas concentrações desses receptores são especialmente encontradas na amígdala, no centro de prazer e recompensa e no córtex pré-frontal, incluindo o controle central.

A associação entre testosterona e agressão é, em parte, reflexo dos efeitos desse hormônio na redução da conectividade entre a amígdala e um componente do córtex pré-frontal que faz parte do aparato envolvido no controle de impulsos e na autorregulação eficaz.

Andrógenos têm efeitos profundos sobre a estrutura e função do centro de memória emocional. Sua deficiência em homens está associada ao seu tamanho reduzido, ao passo que a administração de andrógenos aumenta a neuroplasticidade, em parte por estimular o BDNF.

Altas doses de testosterona, acima da faixa normal, podem tratar a sintomatologia depressiva em homens, mas essas doses são altas demais para serem administradas com segurança por longos períodos.

Os andrógenos também ativam neurônios de dopamina no centro de prazer e recompensa de maneiras que poderiam levar a uma busca excessiva e mal-adaptativa por recompensas, como vemos na mania.

Tireoide

O hormônio da tireoide se liga a múltiplos locais no cérebro, pele, cabelo, laringe, músculo e coração, e desempenha um importante papel na determinação da taxa metabólica. Existe um longo histórico de descobertas que mostram de que maneira a atividade e a regulação da tireoide estão envolvidas na depressão e como podem ajudar no tratamento da doença. O hormônio da tireoide é essencial para o crescimento e saúde dos neurônios no centro de memória emocional. Além disso, ele atua em sinergia com a serotonina no cérebro.

Muito se aprendeu sobre os efeitos do hormônio tireoidiano no cérebro com pacientes com hipotireoidismo. Pacientes adultos com hipotireoidismo apresentam um aumento nos receptores de cortisol na amígdala, associado ao aumento das memórias de medo e a déficits na extinção das memórias de medo. Essas anomalias são revertidas com a substituição do hormônio da tireoide. Como observado, o hipotireoidismo está associado a um encolhimento do centro de memória emocional, o que provavelmente contribui para sua capacidade de induzir a depressão.

De modo geral, sinais de hipotireoidismo incluem depressão, memória debilitada, pele seca, queda de cabelo, rouquidão, fraqueza muscular, ritmo cardíaco reduzido e taxa metabólica reduzida, com ganho de peso.

O hipertireoidismo também influencia significativamente o humor. Alguns dos sintomas são depressão, ansiedade, ataques de pânico, distúrbios do sono e irritabilidade. Mais frequentemente, o hipertireoidismo pode também precipitar a mania. O centro de memória emocional em pacientes com hipertireoidismo é significativamente menor do que em indivíduos saudáveis. A conectividade entre o centro de memória emocional e o controle central também fica significativamente reduzida em pacientes com hipertireoidismo. Uma redução similar na conectividade ocorre em indivíduos com doença depressiva. As pessoas com maiores quedas de conectividade tiveram sintomas mais severos de depressão e ansiedade.

A perda de conectividade entre o centro de memória emocional e áreas distintas do córtex pré-frontal provoca problemas na cognição social e na regulação emocional. Essa conexão é crucial para a tomada de decisões e o processamento emocional, e uma falta de conexão pode, assim, contribuir ainda mais para a instabilidade emocional.

O mais espantoso foi descobrir que o hipertireoidismo está associado a uma redução significativa no tamanho e neuroplasticidade da amígdala. A magnitude da redução de tamanho é similar à que vemos nos estados maníacos. Isso talvez explique em parte por que a administração de hormônio da tireoide melhora a eficácia dos antidepressivos.

Peter Whybrow, meu grande amigo, colega nos NIH, que se tornou chefe da Psiquiatria da Universidade da Califórnia em Los Angeles (UCLA), mostrou que, em pacientes que tomam antidepressivos e têm transtornos bipolares resistentes a tratamento, altas doses de hormônio da tireoide revertiam as anomalias nas tomografias dos pacientes com ciclagem rápida, que se recuperavam dessa condição. Peter descobriu, posteriormente, que doses muito altas de hormônio da tireoide ajudavam a resolver a depressão bipolar por si só, sem outros tratamentos. O encolhimento da amígdala causado pelo hipertireoidismo talvez tenha um papel nessas descobertas.

Peter fez contribuições importantes para a compreensão da função do hormônio da tireoide na depressão e seu uso para lidar com a depressão resistente ao tratamento. Durante o tratamento de uma paciente para depressão, Peter notou que ela teve uma recaída de um tratamento bem-sucedido com antidepressivo após desenvolver hipotireoidismo. Inicialmente, ela não respondeu às doses de substituição de hormônio da tireoide, mas confundiu-se quanto à dosagem receitada e acabou tomando uma quantidade excessiva da medicação, o que resolveu completamente sua depressão.

Peter e seu colega Arthur Prange começaram a acrescentar uma dose de hormônio para a tireoide a pacientes que respondiam apenas parcialmente a antidepressivos, mesmo que tivessem uma função tireoidiana normal. Um número notável desses pacientes alcançou a remissão total.

Eu esperava que essa abordagem pudesse ajudar minha paciente Betty Smith. Betty chegou aos NIH em 1986, sofrendo de depressão melancólica. Sua depressão havia começado dois anos antes, após ela romper com um noivado de quatro meses. Ela tivera outro noivo quatro anos antes, mas aquele relacionamento também terminara. Agora, ela tinha 40 anos.

Vinte e cinco anos antes, Betty perdera o pai, que havia sido um apoio consistente em sua vida. Após a morte dele, ela desenvolveu sua primeira depressão melancólica severa. De modo geral, ela se sentia completamente desprovida de confiança. Tal quadro foi complicado pelo fato de que, durante a maior parte do tempo que passou deprimida, Betty estava desempregada.

Ela também era extremamente inibida na expressão de sua raiva ou angústia durante qualquer conflito. Quando Betty era menor, sua irmã falava alto e era assertiva. Ela gritava muito e com frequência era injusta, recusando-se a ouvir o lado de Betty em qualquer situação. Betty se sentia intimidada e subjugada. A mãe quase sempre ficava do lado da irmã, e nem de longe dava a ela o afeto e o apoio que o pai lhe dava.

Quando Betty chegou aos NIH, estava muito preocupada com a possibilidade de suicídio. Ela parecia ter muitos pensamentos suicidas quando chegou à nossa unidade para ser colocada sob o atendimento contínuo e individualizado da enfermagem. Eu me reunia com Betty para sessões de psicoterapia três vezes por semana. Passei a conhecê-la bem e construí uma sólida relação com ela.

Ela era muito quieta, quase muda em alguns momentos. Achava a vida insuportável. Havia participado de vários protocolos, incluindo múltiplos estudos de neuroimagem, testagem genética molecular, amostragem hormonal de vinte e quatro horas, monitoramento dos níveis de neurotransmissores e do CRH no líquido cefalorraquidiano, além de vários estudos metabólicos e da função imune.

A equipe decidiu usar Prozac, e Betty mostrou uma resposta parcial à dosagem média da medicação. Sentiu-se pior com a dosagem mais alta. O nível foi restabelecido à faixa intermediária, e Betty entrou em nosso protocolo de acréscimo de hormônio tireoidiano moderado.

Considerando que os outros tratamentos para a doença de Betty não surtiram efeito, ela era avessa a mais uma tentativa que pudesse terminar em decepção. Mesmo assim, aceitou. Cinco dias depois dessa dose de hormônio da tireoide, Betty respondeu. E muito bem.

Ela ainda se preocupava com as questões não resolvidas de sua vida, mas não se sentia desesperada nem tinha ideações suicidas. Ela pôde começar a ter expectativa para fazer algumas das coisas que lhe traziam prazer, como ir a concertos de música clássica. Começou a se reconectar com amigos. Seu sono e apetite voltaram ao normal.

Ela gostava da nossa psicoterapia e desejava continuar após deixar o hospital. Nós a recomendamos a um dos nossos ex-colegas que atendia em consultório privado, um psicoterapeuta muito competente que poderia ajudar Betty a decifrar os conflitos principais de sua vida, reduzindo as chances de uma recaída da depressão.

Tanto a depressão clássica como o transtorno bipolar estão associados a mudanças hormonais no cérebro e por todo o corpo. Está claro que o uso de hormônios foi eficaz no tratamento de Betty. Que outros hormônios poderiam ser usados em terapia para induzir uma resposta comportamental positiva? Explorar essa questão é uma das fronteiras mais empolgantes da psiquiatria biológica hoje. É provável que a depressão clássica e o transtorno bipolar representem os transtornos poliendócrinos mais complexos e abrangentes da medicina clínica. À medida que entendermos melhor o papel dos hormônios na depressão, poderemos desenvolver novos tratamentos baseados em hormônios que podem ter papel crucial no tratamento da depressão clássica e do transtorno bipolar.

9. O verdadeiro custo da depressão

Alterações na secreção de hormônios durante a depressão, associadas a alterações no sistema nervoso central e inflamação, produzem uma gama de consequências médicas de longo prazo. Solucionar o quebra-cabeça da depressão não é só uma questão fascinante da pesquisa científica. A comunidade médica precisa acordar para o custo verdadeiro e devastador da depressão. Não me refiro ao custo do tratamento médico, embora isso também esteja longe de ser simples. Estou me referindo ao custo para a saúde geral do paciente. Pessoas com depressão clássica ou transtorno bipolar são sabidamente mais vulneráveis a doenças graves, entre as quais doença arterial coronariana, diabetes, AVC e osteoporose. Sabemos agora que pessoas com depressão clássica perdem uma média de sete anos de vida, enquanto aquelas com transtorno bipolar têm uma expectativa de vida reduzida em dez anos ou mais. Essa perda de vida independe de tabagismo, hipertensão, obesidade e suicídio.

As mulheres são quase duas vezes mais propensas a sofrer de depressão clássica do que os homens. Na Terceira Pesquisa Nacional de Exames de Saúde e Nutrição (Third National Health and Nutrition Examination Survey), que estudou mais de 15 mil indivíduos entre 1988 e 1994, mulheres com depressão que haviam tentado o suicídio tinham um risco quinze vezes maior de doença arterial coronariana. Mulheres jovens que tiveram ataques cardíacos antes dos 40 anos eram seis vezes mais propensas a ter sofrido de depressão clássica.

Se considerarmos que a doença depressiva afeta entre 15% e 20% da população e que a Organização Mundial da Saúde (OMS) classifica a depressão como a segunda maior causa de incapacidade entre todas as doenças, vemos que a doença depressiva representa uma emergência de saúde pública.

Doença arterial coronariana

Mais de 350 anos atrás, sir William Harvey observou que emoções negativas afetam adversamente o coração, mas as evidências científicas disponíveis para sustentar essa afirmação eram escassas até os anos 1930. Então dois estudos longitudinais com pacientes psiquiátricos descobriram que a depressão era realmente um fator de risco para morte prematura, especialmente relacionada à doença coronariana. Ainda assim, os médicos não parecem ter explorado essas observações até o final da década de 1980, quando o interesse pelo papel da depressão na doença arterial coronariana teve um aumento acentuado após a publicação de artigos que mostravam que a depressão aumentava de modo significativo o risco de doença cardíaca, independente de hipertensão, tabagismo, obesidade ou outros fatores de risco para uma saúde frágil.

Uma revisão de estudos que incluíram 106.628 indivíduos revelou que a presença de doença depressiva produzia um aumento de 80% na taxa de doença arterial coronariana. A mortalidade cardíaca e por todas as causas mais que dobrava para quem tinha depressão em comparação a quem não tinha. Alguns estudos concluíram que indivíduos deprimidos com sintomas fisiológicos proeminentes, como distúrbios do sono e do apetite, tinham um risco maior de desenvolver doença coronariana que aqueles cujos sintomas mais proeminentes estavam relacionados ao humor e à cognição.

Pacientes deprimidos têm muitos fatores de risco que sabidamente predispõem uma pessoa à doença arterial coronariana. O primeiro deles é a inflamação, um sintoma comum da depressão e um fator de risco importante para a doença coronariana. O processo inflamatório contribui significativamente para o crescimento de placas arteriais que estreitam as artérias.

Mostramos que pacientes deprimidos têm diversos indicadores que apontam para uma coagulação aumentada e uma eliminação de coágulos reduzida, claros fatores de risco para doença arterial coronariana e AVC. Outros estudos mostram que pacientes deprimidos apresentam elevações significativas de adesão de plaquetas.

Nós e outros pesquisadores descobrimos que indivíduos com depressão têm níveis significativamente elevados de cortisol no plasma durante todo o dia, aumentando a inflamação, pressão arterial e ritmo cardíaco, além do consumo celular de oxigênio. O cortisol aumenta as respostas arterial e cardíaca à noradrenalina e também provoca resistência à insulina, outro fator de risco para doença arterial coronariana encontrado em indivíduos deprimidos.

A redução de sono aumenta o risco de ataques cardíacos. Uma das características principais da depressão melancólica é a insônia, mais frequentemente o despertar nas primeiras horas da madrugada. Baixos níveis de testosterona no sangue em homens são um possível fator de risco para doença coronariana, e aqueles com doença depressiva têm níveis reduzidos de testosterona. Da mesma maneira, níveis baixos de vitamina D no sangue são um fator de risco para doença coronariana, e indivíduos deprimidos apresentam deficiência de vitamina D.

Considerando esses fatores de risco, não é de se surpreender que pacientes com doença depressiva apresentem um aumento tão acentuado na taxa de doença arterial coronariana, ataques cardíacos, morte em decorrência de ataques cardíacos e mortalidade por todas as causas. O risco de doença arterial coronariana e eventos coronarianos em pacientes com doença depressiva é equivalente àquele causado pela hipertensão não tratada, mas poucos médicos pedem com frequência exames para verificar a presença de doença cardíaca oculta em pacientes deprimidos.

Diabetes tipo II

Examinando uma amostra bastante ampla de estudos, pessoas deprimidas tiveram um aumento de 41% no desenvolvimento de diabetes tipo II. Um estudo mais recente com 6.916 indivíduos mostrou uma taxa ainda maior, com um aumento na incidência de 60% em pacientes com depressão.

Pacientes com depressão apresentam múltiplos fatores de risco para diabetes tipo II. Mais uma vez, a inflamação é um fator importante. Compostos produtores de inflamação, como citocinas, reduzem significativamente a resposta do receptor de insulina, resultando em resistência à insulina e aumentos significativos nas concentrações de glicose no sangue.

Aumentos significativos na gordura corporal total elevam a incidência de diabetes tipo II. Descobrimos que, comparadas a mulheres saudáveis da mesma idade e índice de massa corporal, mulheres deprimidas apresentam aumentos significativos na gordura corporal total e reduções significativas na massa corporal magra. Anomalias hormonais, como altos níveis de cortisol, contribuem para essas mudanças.

Acidente vascular cerebral

A incidência aumentada de acidente vascular cerebral entre os indivíduos que fizeram parte de um grande estudo, excluindo aqueles com franca hipertensão, diabetes e os tabagistas, ainda revelou que o risco de AVC era 30% mais alto em pessoas que sofriam de depressão quando comparadas às que não sofriam.

Outro estudo reuniu dados de 16.178 participantes com 50 anos ou mais que foram entrevistados a cada dois anos entre 1998 e 2010. Indivíduos com franca hipertensão, diabetes tipo II ou tabagistas foram mais uma vez excluídos. Esse estudo demonstrou que os indivíduos com doença depressiva estudados em duas entrevistas consecutivas eram mais que duas vezes mais propensos a terem tido um primeiro AVC que as pessoas sem depressão em uma das duas entrevistas. Também observou que pessoas com depressão na primeira entrevista, mas não na segunda, ainda tinham um risco 66% maior de AVC que indivíduos não deprimidos.

Primeiro, identificamos um aumento na coagulação do sangue de pacientes com doença depressiva. As cascatas de coagulação que aumentam os coágulos em pacientes deprimidos são claros fatores de risco para AVC. Muitos pacientes deprimidos têm elevações significativas na glicose plasmática sem chegar aos níveis do diabetes tipo II e aumento na pressão arterial sem extrapolar a faixa normal. Mesmo elevações moderadas aumentam o risco de AVC. Além disso, mostramos que pacientes com depressão têm elevações significativas nos níveis de noradrenalina em repouso e em resposta a estressores leves. A noradrenalina é um estímulo potente para a constrição do fluxo sanguíneo que aumentaria a entrega de oxigênio às células cerebrais. A noradrenalina também aumenta significativamente a demanda de oxigênio pelo cérebro.

A inflamação é outro fator de risco para aterosclerose e também para aterosclerose arterial coronariana, que aumenta significativamente o risco de derrame.

A incidência de fibrilação atrial, um tipo de ritmo cardíaco irregular, dobra em pacientes com depressão e é de mais difícil resolução nesses pacientes, especialmente naqueles com doença resistente a tratamento. Isso também contribui para um aumento na probabilidade de AVC. A fibrilação atrial aumenta a carga de coágulos no átrio e ventrículo do coração, que então são transportados para o cérebro, bloqueando artérias cerebrais.

Osteoporose

A osteoporose é uma doença óssea associada à perda de massa e estrutura ósseas que aumenta a propensão a fraturas. Relatamos pela primeira vez no *New England Journal of Medicine* que mesmo mulheres na pré-menopausa que sofrem de depressão tinham um aumento significativo de osteoporose e perda de densidade óssea.

O osso é constantemente formado e decomposto em ciclos que promovem a massa e a força óssea. Enquanto o osso velho é reabsorvido, um novo osso está sendo formado.

Percebemos que nossos pacientes tinham aumentos consideráveis nos níveis de cortisol plasmático. O cortisol aumenta imensamente a reabsorção de osso, ao mesmo tempo que reduz a produção de osso, o que leva à perda óssea. Muitos pacientes que tomam esteroides desenvolvem osteoporose.

Também observamos quedas de osteocalcina no plasma, que normalmente ajuda na produção e reduz a reabsorção de osso.

Os níveis aumentados de noradrenalina que encontramos na depressão melancólica também aumentam o risco de osteoporose.

A inflamação contribui significativamente para a osteoporose. Na osteoporose clássica, a perda de osso é maior na coluna que no quadril. Em nossos pacientes deprimidos, a perda de osso é maior no quadril que na coluna, um padrão visto quando a inflamação é um indutor significativo da osteoporose. Assim, a inflamação é provavelmente o principal indutor de perda de densidade mineral óssea e osteoporose na depressão.

Surge então a questão de saber se a depressão está associada a um risco maior de fratura. Uma análise conjunta de catorze artigos científicos sobre o assunto revelou que pacientes europeus com depressão tinham um aumento de 70% no risco de fratura óssea. Em estudos americanos, o risco de fratura foi 37% maior em pacientes deprimidos do que em indivíduos saudáveis.

Osteoporose em crianças e adolescentes com doença depressiva

Crianças e adolescentes com depressão têm a mesma magnitude de aumento nos níveis de cortisol e inflamação vistos em adultos. Assim, seria de se esperar reduções profundas na densidade mineral óssea de crianças e adolescentes deprimidos. A adolescência é um período de vulnerabilidade para a perda óssea, já que até 25% do teor mineral ósseo total adulto é formado no período de dois anos que acompanha o estirão puberal. Até hoje, não existem estudos formais sobre a integridade da densidade mineral óssea em crianças e adolescentes com doença depressiva. Isso é lamentável, pois existem intervenções médicas significativas para a reversão da osteoporose, e seria muito importante considerá-las nos casos de crianças e adolescentes deprimidos.

A depressão não é apenas uma doença mental; é uma doença inflamatória poliendócrina e disseminada. Diversos sistemas são perturbados, e um resultado é que o corpo produz um excesso de compostos indutores da inflamação. Por consequência, o cérebro não é o único órgão significativo afetado pela depressão. A maioria dos sistemas fisiológicos principais do corpo é impactada, o que pode resultar em diversas doenças sistêmicas: doença arterial coronariana, AVC, diabetes e osteoporose. Evidentemente, genética, escolhas de estilo de vida e outros fatores de risco contribuem para um paciente depressivo ou outro desenvolver qualquer uma dessas doenças específicas. Infelizmente, muitas dessas doenças estão presentes juntas em um mesmo indivíduo.

É preocupante e imprescindível observar os efeitos generalizados da depressão no sistema nervoso central e em vários sistemas de órgãos em todo o corpo. A depressão não é uma doença sistêmica, mas, sim, uma doença supersistêmica que afeta profundamente a mente e o corpo. Não é de se admirar que a depressão seja a segunda maior causa de incapacidade em todo o mundo. É incompreensível que a doença depressiva não receba a cobertura total dos seguros de saúde que outras doenças sistêmicas menos graves recebem prontamente.

Quanto mais aprendemos sobre quantos dos nossos sistemas estão envolvidos e implicados na depressão, mais assustador pode parecer abordar as raízes dessa doença nociva. Diariamente fazemos novas descobertas sobre a fisiologia subjacente à depressão e tratamentos de ponta para ela. Enquanto isso, mudanças simples nos hábitos diários podem nos ajudar a prevenir e tratar os sintomas dessa doença. Regularização dos padrões de sono, criação de uma rotina para dormir e acordar, prática consistente de exercícios (mesmo atividades de baixo impacto, como uma caminhada diária de dez minutos), alimentação saudável, registros em um diário e tempo para reflexão podem ter um impacto na prevenção ou alívio dos sintomas da depressão.

10. Quando as crianças sofrem

Em alguns casos, infelizmente, a depressão pode se manifestar em uma idade muito precoce. Entre 2% e 3% das crianças de 3 a 11 anos desenvolvem uma depressão verdadeira. A depressão em crianças é mais grave do que a tristeza normal e pode interferir significativamente em sua capacidade de funcionamento. Hoje sabemos que as crianças de 3 e 4 anos de idade são capazes de experiências emocionais consideravelmente mais sofisticadas do que se pensava, e estão sujeitas aos sentimentos que reconhecemos de forma mais geral na depressão, como culpa e vergonha. Isso geralmente é acompanhado por sentimentos de irritabilidade - mais do que se observa em adultos -, solidão intensa, perda de interesses sociais, maior sensibilidade à rejeição e alterações no apetite e no sono. Outros problemas incluem dificuldade de concentração, falta de interesse ou de participação em eventos com amigos, além de fadiga, tédio e pessimismo severo.

Relativamente poucos estudos de neuroimagem foram realizados em crianças que sofrem de depressão, mas pesquisas revelam descobertas semelhantes às que vemos em adultos: diminuição significativa no tamanho do centro de memória emocional e diminuição sutil no tamanho geral do cérebro. Crianças que têm um parente de primeiro grau - pai ou irmão - com doença depressiva clássica mostram um controle central reduzido em tamanho, enquanto o tamanho da amígdala cresce. Essas mudanças também se assemelham àquelas vistas em adultos com depressão, e contribuem significativamente para os sintomas.

Crianças com depressão leve costumam ser tratadas apenas com psicoterapia. Se os sintomas depressivos não começam a melhorar entre seis e oito semanas, ou se pioram, pode ser recomendada medicação antidepressiva. Crianças com depressão moderada a severa geralmente precisam de psicoterapia e um ou mais medicamentos. A isso se dá o nome de terapia combinada. O tratamento com terapia combinada aumenta a probabilidade de melhora dos sintomas e dos relacionamentos com a família e os amigos; também pode melhorar a autoconfiança e a capacidade de lidar com a situação de forma eficaz.

Infelizmente, o transtorno bipolar também ocorre em crianças de 3 a 11 anos. Nelas, os estados maníacos são acompanhados de grandiosidade, fala rápida, diminuição da necessidade de sono e ainda mais irritabilidade do que a observada em adultos maníacos. Às vezes, para confundir as coisas, a irritabilidade crônica grave, a hiperativação e a hiperatividade que caracterizam o transtorno bipolar pediátrico também podem ocorrer no transtorno de déficit de atenção e hiperatividade (TDAH). Um aspecto que distingue o transtorno bipolar do TDAH é que a mania é intermitente no transtorno bipolar, alternando-se com episódios depressivos e aparente remissão. No TDAH, os sintomas são contínuos, sem interrupção.

O transtorno bipolar em crianças pode ser tratado de forma eficaz com lítio. Os anticonvulsivos também podem ser usados, e, em geral, é melhor evitar os antidepressivos, já que eles podem precipitar a mania.

Depressão e transtorno bipolar na adolescência

Em 2014, estima-se que 2 milhões de adolescentes com idade entre 12 e 17 anos nos Estados Unidos tiveram, no ano anterior, pelo menos um episódio depressivo clássico com comprometimento grave. Esse número representava 8,2% da população com idade entre 12 e 17 anos. No final da adolescência, surpreendentes 20% terão tido um episódio grave durante a adolescência. Essa doença grave é a segunda maior causa de mortalidade nessa faixa etária.

A depressão na adolescência também prediz uma série de transtornos de saúde mental na vida adulta, entre os quais transtornos de ansiedade, transtornos por abuso de substâncias e transtornos bipolares.

Existe uma prevalência de dois para um em meninas em comparação com meninos após a puberdade. Essa preponderância não decorre de diferenças na busca de ajuda ou relato de sintomas. Embora as razões para a diferença pós-puberal na incidência de depressão sejam desconhecidas, a depressão na adolescência está mais ligada às alterações hormonais femininas do que à idade cronológica.

A genética desempenha um papel significativo na suscetibilidade à depressão na adolescência. O risco é quatro vezes maior em pacientes com um parente de primeiro grau com doença depressiva. Entretanto, genes não são destino. A interação gene-ambiente é extremamente importante: uma predisposição genética pode aumentar a sensibilidade à adversidade ou a incapacidade de lidar com ela, mas, antes de mais nada, também pode aumentar a probabilidade de exposição a ambientes de risco e altamente estressantes.

Adolescentes deprimidos apresentam alterações semelhantes às observadas em adultos, que incluem diminuição do tamanho e da atividade do controle central; aumento do tamanho e da atividade da amígdala; diminuição do tamanho do centro de memória emocional; e aumento do tamanho, mas diminuição da resposta, do centro de recompensa e prazer. Essas alterações são reversíveis após tratamento eficaz com psicoterapia e medicação.

A Food and Drug Administration (FDA) – órgão do governo dos Estados Unidos análogo à Anvisa brasileira – aprovou o Prozac e o Lexapro para o tratamento da depressão em adolescentes. A menos que o quadro clínico seja muito grave, com incapacitação ou risco de autolesão, recomenda-se antes tentar a psicoterapia como tratamento de primeira linha. Em adultos, sabemos que a combinação de psicoterapia e medicação é a estratégia de tratamento mais eficaz. A medicação sozinha, sem psicoterapia, não é recomendada. Alguns estudos sugerem que a medicação pode aumentar o risco de tentativas de suicídio em adolescentes, mesmo no contexto da psicoterapia. Ainda assim, os benefícios do uso de medicamentos em casos graves de depressão ainda superam em muito os riscos.

O transtorno bipolar ocorre em 2% a 3% dos adolescentes, aproximando-se da taxa observada em adultos, e os sintomas também são semelhantes, incluindo grandiosidade, fala e pensamentos acelerados, aumento da energia, diminuição da necessidade de sono, irritabilidade excessiva, impulsividade e hipersexualidade. Os medicamentos usados no tratamento do transtorno bipolar em adolescentes são semelhantes aos usados no tratamento de adultos e incluem lítio, anticonvulsivos e alguns antipsicóticos. Repetindo: a psicoterapia sempre é um componente importante do tratamento. A suicidalidade deve ser observada com cuidado em todos os adolescentes com doença bipolar. Dada a pouca idade, o transtorno é um choque sério e mudará as ideias que eles têm sobre o que os aguarda para o resto da vida.

Todos os anos, a cada 1 milhão de suicídios, cerca de oito são de crianças, talvez a estatística mais assustadora que qualquer pai pode considerar. Mais de 4 mil adolescentes se matam todos os anos, só nos Estados Unidos. Esses números são maiores do que todas as mortes causadas por acidentes, guerras e homicídios para essa faixa etária em todo o mundo. Sinais de alerta e risco de suicídio incluem ansiedade, agitação, dificuldade para dormir, queixas de ser uma pessoa ruim ou desprezível, expressar que não tem razão para viver e sentimentos de desespero e de estar preso. Adolescentes suicidas também podem dar ou jogar fora seus objetos favoritos, obcecar-se com canções sobre morte, afastar-se dos amigos e das atividades regulares e negligenciar a própria aparência. Fatores de risco incluem os bioquímicos, psicológicos ou experiências sociais como sofrer bullying, ter histórico de depressão clássica ou depressão bipolar na família e também histórico familiar de suicídio.

Como sociedade, fizemos grandes avanços no que diz respeito a falar sobre o risco de suicídio, e precisamos continuar a aumentar tal conscientização. Todo pai ou adulto que trabalha com jovens deve ter um plano de prevenção de suicídio. Faça uma lista de médicos, profissionais e agências e armazene essas informações em seu telefone celular. Se suspeitar de que um jovem talvez tenha ideações suicidas, remova do alcance dele qualquer substância ou objeto que possa ser letal, envolva a equipe de apoio da escola e faça perguntas desconfortáveis. Questionar alguém sobre pensamentos suicidas não aumenta o risco de suicídio. Crianças geralmente ficam aliviadas ao tocar no assunto. Esteja preparado para agir. Se não puder esperar, leve seu filho ao hospital ou pronto-socorro mais próximo. Se seu filho resistir, não hesite em chamar a polícia. Leve a questão a sério, pois a própria vida deles pode estar em jogo. Tais problemas não estão na nossa cabeça, e não podemos resolvê-los para os outros. Às vezes, são necessárias intervenções profissionais e, felizmente, clínicos, médicos e pesquisadores qualificados estão abrindo caminho para tratar cada vez mais pessoas, inclusive jovens, com muito mais eficácia.

11. Transtorno bipolar

Antes do surgimento recente de novos dados sobre os mecanismos subjacentes à doença depressiva, sabíamos pouco sobre o que causava o tipo conhecido como depressão bipolar e menos ainda sobre a mania bipolar. Essa compreensão limitada significava que os tratamentos também eram limitados. Agora podemos começar a oferecer alívio às pessoas que sofrem dessa forma nociva de depressão.

Graças a novos e significativos avanços, hoje sabemos que a doença bipolar está associada a um número surpreendentemente grande de alterações no tamanho e na atividade de estruturas-chave disseminadas pelo sistema de estresse que geram comportamentos maníacos. Entre essas alterações estão mudanças em áreas do sistema pré-frontal e límbico que contribuem para a sintomatologia maníaca, o que compromete o elaborado aparato para a manutenção de escolhas de respostas adequadas aos objetivos, o combate da impulsividade e a restrição à busca obsessiva pelo prazer, independentemente do custo.

Novos avanços também identificaram uma área no cérebro que contribui para as alternâncias de depressão para mania e depois novamente para depressão, alterações patológicas na rede de modo padrão e sua relação com outras redes importantes, além de dados totalmente novos sobre alterações críticas em neurotransmissores que ocorrem na mania.

Estudos genéticos recentes também identificaram mutações genéticas importantes, inclusive nos genes CLOCK, que contribuem para os diversos distúrbios nos ritmos biológicos tanto durante a depressão bipolar como durante a mania bipolar, e incluem a insônia prolongada em pacientes maníacos, que pode durar vários dias. Tom Wehr apresentou dados de vinte pacientes bipolares estudados durante meses ou anos, cujos ciclos de humor estão associados aos ritmos lunares. Além disso, os cientistas identificaram muitas alterações epigenéticas que são significativamente influenciadas pelo lítio e pelos anticonvulsivos.

Até pouco tempo atrás, a única anomalia relativa a neurotransmissores conhecida no transtorno bipolar era um aumento na atividade da dopamina durante a mania, contribuindo para a preocupação com estímulos e experiências prazerosas em indivíduos bipolares. Recentemente, foram identificadas anomalias nos sistemas de glutamato e GABA, que fornecem o contexto para várias novas classes de antidepressivos e agentes antimaníacos.

O transtorno bipolar é um tipo específico de transtorno de humor que é notoriamente difícil de tratar. Ele afeta de 2% a 4% da população; em contraste com a depressão clássica, que afeta mais mulheres do que homens, o transtorno bipolar afeta igualmente homens e mulheres. Na maioria das vezes, surge pela primeira vez em jovens de 16 a 24 anos, mas pode começar a se manifestar em qualquer fase da vida. É altamente hereditário. Se um de dois gêmeos idênticos tiver o transtorno, a probabilidade de o outro gêmeo também o ter é de até 80%. A incidência da doença em parentes de primeiro grau de pacientes bipolares é dez vezes maior. Mesmo os membros da família não afetados podem apresentar sinais e sintomas sutis de doença bipolar na ausência de um diagnóstico completo.

A doença bipolar é uma doença crônica e recorrente caracterizada por três fases: uma depressiva, uma maníaca e uma de aparente recuperação. As depressões que os pacientes bipolares apresentam são mais frequentemente atípicas do que melancólicas.

Embora as depressões bipolares possam se assemelhar aos episódios depressivos da depressão clássica, elas estão associadas a uma instabilidade acentuada do humor em um único dia, o que pode ser perturbador e desorientador. Embora ainda não seja uma descoberta irrefutável, ao que tudo indica, o repertório de genes que são alterados no transtorno bipolar é significativamente maior do que na depressão clássica, o que pode contribuir para a dificuldade de tratamento.

Em geral, um tratamento apenas com antidepressivos não é o recomendado para a depressão bipolar, pois eles podem precipitar uma mudança imediata para a mania. Não faz muito tempo, médicos descobriram que o anticonvulsivo lamotrigina (Lamictal) era um pouco eficaz no tratamento de pacientes com depressão bipolar, e consideraram esse um avanço importante. Dois outros medicamentos atualmente no mercado, a lurasidona (Latuda) e a cariprazina (Vraylar), também demonstram eficácia parcial no tratamento da doença. Apesar dessas descobertas, a depressão bipolar ainda é mais difícil de tratar do que as depressões associadas à depressão clássica.

Em contraste com a depressão que surge no transtorno bipolar, o outro lado da moeda, a mania, consiste em reatividade emocional excessiva, irritabilidade, impulsividade, busca obsessiva por prazer e dificuldade de expressar respostas emocionais adequadas. A mania também costuma estar associada à hipersexualidade, à diminuição da necessidade de sono, à falta de coerência na expressão de um fluxo de pensamentos não relacionados uns aos outros e à grandiosidade. Muitas pessoas em mania também experienciam aumento de energia, criatividade e euforia. Em um pequeno número de indivíduos, a mania pode estar associada a pensamentos psicóticos e alucinações, o que às vezes dificulta sua distinção da esquizofrenia. A mania também pode coexistir com a depressão. É o estado misto, e pode ser muito perigoso, pois a energia da mania pode desencadear a ideação suicida da depressão.

Hoje sabemos que os sintomas persistem mesmo na fase de recuperação bipolar, especialmente os déficits cognitivos, que podem ser pronunciados e tendem a piorar com o tempo. Muitas das outras características do transtorno bipolar também progridem com o tempo, incluindo a disfunção imunológica; o aumento do estresse oxidativo, que destrói as células; a redução da disponibilidade e das ações do BDNF; e a perda de neurogênese e neuroplasticidade. Para chegar às raízes da compreensão do transtorno bipolar e da melhor forma de tratá-lo, precisamos examinar como ele afeta o cérebro enquanto órgão, quais moléculas ele impacta no cérebro e as mutações genéticas associadas a ele.

Mudanças no tamanho e na atividade de tecidos cerebrais no transtorno bipolar

O transtorno bipolar está associado à perda de tecido em várias áreas do cérebro. Essas mudanças neurodegenerativas causam alteração da função cerebral, e essa descoberta dá credibilidade à de que doenças depressivas são neurodegenerativas. Muitos desses achados representam novos avanços extraordinários.

Pacientes bipolares deprimidos apresentam encolhimento na parte do córtex pré-frontal que chamamos de controle central, mais acentuado do que em pacientes com depressão clássica. Como o controle central costuma restringir a amígdala, esta fica aumentada e hiperativa em pessoas que sofrem de depressão bipolar. A diminuição da atividade do centro de prazer e recompensa na depressão bipolar também é maior que na depressão clássica, de modo que a anedonia do transtorno bipolar é geralmente mais grave. Há uma perda significativa de volume e tecido no centro de memória emocional.

Na mania, como vimos, o controle central aumenta de tamanho e atividade. Como ele restringe a amígdala, o tamanho aumentado resulta em uma inibição dos efeitos da amígdala. Isso reduz o medo mediado por esta, o que normalmente contribui para a restrição do comportamento inadequado. O aumento do tamanho e da atividade do controle central também leva a um aumento da atividade do centro de prazer e recompensa, contribuindo para a busca incessante dos pacientes bipolares por estímulos prazerosos e suas respostas excessivas a eles.

As estruturas do córtex pré-frontal dos pacientes maníacos, que auxiliam na regulação emocional e no controle inibitório, geralmente são menores e menos ativas, de formas não encontradas nas pessoas com depressão clássica. Uma área importante do córtex pré-frontal está localizada logo atrás dos olhos, um ponto importante na tomada de decisões, quando se compara o valor relativo de várias opções, e sua atividade reduzida contribui para decisões imprudentes que não fazem bem para a pessoa maníaca.

Outro componente do córtex pré-frontal próximo ao controle central exerce o controle cognitivo do pensamento sobre a emoção, e seu tamanho e atividade são significativamente reduzidos na mania. Essa área também fornece feedback regulatório para a amígdala, e sua redução de tamanho e atividade resulta na diminuição dos controles mediados pela amígdala sobre o comportamento inadequado, especialmente a impulsividade. O encolhimento dessa região é exacerbado por uma redução de 30% nas células que fazem o revestimento das fibras nervosas nessa estrutura. Isso compromete ainda mais sua função, uma vez que a condução nervosa nessas fibras fica prejudicada. Em outras palavras, a mensagem para sermos mais comedidos em nossas ações não é transmitida.

Outra área do córtex pré-frontal que encolhe em pacientes maníacos é a relacionada à inibição da resposta e à seleção de respostas adequadas ao objetivo. A magnitude da atividade reduzida desse local tem relação direta com a duração do último episódio maníaco. Em pacientes bipolares de ciclagem rápida, a densidade celular nessa área específica do córtex pré-frontal é mais reduzida do que em outros estados de humor. Não é de se admirar, portanto, que a depressão bipolar de ciclagem rápida seja tão difícil de ser tratada.

Em conjunto, esses déficits contribuem para a irritabilidade, a imprudência e a entrega excessiva ao impulso por prazer; dificuldade em demonstrar respostas emocionais apropriadas; fluxo incoerente da fala; e deficiências nos processos cognitivos e atencionais que são as marcas registradas de uma pessoa bipolar. Essas características prejudicam a capacidade funcional de pessoas bipolares maníacas, no mais das vezes profundamente.

Dados preliminares sugerem que déficits no córtex pré-frontal representam diferentes estados clínicos com base em sua presença no lado direito ou esquerdo. A subatividade acentuada da estrutura logo atrás dos globos oculares no córtex pré-frontal direito ocorre somente durante a mania. Em contrapartida, a subatividade da estrutura logo atrás dos globos oculares no córtex pré-frontal esquerdo ocorre somente durante a depressão.

Outra área do cérebro envolvida no transtorno bipolar é a ínsula, uma estrutura que tem muitas funções relacionadas a redes no cérebro. Uma dessas redes é a rede de modo padrão, que se concentra em questões como a avaliação do valor próprio. Outra é a rede de modo de saliência, cuja função é identificar o mais relevante entre múltiplos estímulos internos e externos. Uma terceira é a rede executiva central, que nos ajuda a manipular informações e tomar decisões. Em circunstâncias normais, essas redes trabalham juntas para que, na maioria das vezes, nenhuma delas seja indevidamente influente. Mas durante a depressão, a rede de modo padrão, que se concentra negativamente em questões como a autoestima, domina as redes de saliência e executiva central. Em contrapartida, estudos recentes demonstram de forma convincente que, durante a mania, a rede de modo de saliência é predominante e suprime as outras.

Durante a mudança da depressão para a mania, há uma transição, mediada pela ínsula, da rede de modo padrão para a rede de modo de saliência. A atenção muda acentuadamente de um foco exclusivo no eu para um foco exclusivo no mundo exterior. Esse é um evento muitíssimo importante na história natural da doença bipolar, e determinar os mediadores que promovem essa mudança é uma das metas mais significativas da pesquisa sobre o transtorno.

Neurotransmissores mais implicados no transtorno bipolar

Conforme observei anteriormente, o glutamato é de longe o neurotransmissor mais abundante no sistema nervoso central, mediando a neurotransmissão de 50% dos neurônios do cérebro. O glutamato desempenha um papel importante em quase todos os componentes do córtex pré-frontal que são disfuncionais na doença bipolar. Durante o estresse crônico severo ou um trauma, o sistema de glutamato é ativado em excesso, fazendo os neurônios dispararem tão rapidamente que esgotam seu suprimento de energia e morrem. Isso deixa os neurônios remanescentes um tanto esgotados de glutamato. Como observarei mais adiante, os antidepressivos de ação rápida, como a cetamina, causam uma liberação modesta de glutamato no controle central e no centro da memória emocional, o que desencadeia uma cascata que combate com eficácia o estado depressivo.

O ácido gama-aminobutírico (GABA, na sigla em inglês) é o segundo neurotransmissor mais abundante no cérebro, presente em aproximadamente 20% dos neurônios do sistema nervoso central (SNC). Ao contrário do glutamato, que é uma força excitatória potente no SNC, o GABA é inibitório. Os estímulos farmacológicos do sistema GABA reduzem a ansiedade e a excitação e podem ser sedativos. O sistema GABA é insuficientemente ativo na doença bipolar, aumentando de modo substancial a ativação e a ansiedade. Além disso, como o GABA restringe a neurotransmissão da dopamina, a atividade desse mediador químico tem um aumento significativo na mania. O excesso de dopamina contribui para a hiperatividade do centro de prazer e recompensa, cuja ativação desempenha um papel importante na maioria das características da mania.

Genes CLOCK e ritmos biológicos no transtorno bipolar

Os ritmos biológicos envolvidos na secreção hormonal, nos estágios do sono, no ciclo sono-vigília e no momento dos episódios maníacos e depressivos são perturbados na doença bipolar. Os genes CLOCK são importantes reguladores dos ritmos biológicos, e uma mutação em um ou mais desses genes está associada à doença bipolar. Isso resulta não apenas em ritmos circadianos anormais, mas também em um aumento na liberação de dopamina excitatória. Uma cobaia animal com uma variante anormal do gene CLOCK principal é hiperativa, tem maior impulso exploratório, comportamento semelhante à depressão reduzido, ciclos anormais de sono-vigília, maior responsividade a recompensas e maior impulsividade. O comportamento maníaco desses animais é revertido pelo tratamento com lítio ou pela restauração de um gene CLOCK funcional. Outro gene associado à doença bipolar, o GSK3b, também contribui para as anomalias circadianas no transtorno bipolar. Além disso, um gene GSK3b mutado promove a morte celular programada, diminui a plasticidade neuronal e está associado a um aumento na taxa de psicose.

Muitos pacientes com mania apresentam diminuição acentuada das horas de sono, o que pode exacerbar os estados maníacos. A falta de sono adequado provoca mudança da depressão para a mania ou uma piora dos episódios maníacos. Em animais experimentais, ela produz vários comportamentos semelhantes aos maníacos, incluindo aumento da locomoção, comportamento agressivo e hipersexualidade, todos os quais podem ser normalizados pelo tratamento com lítio. A privação de sono também interfere na neurotransmissão do GABA.

Inflamação no transtorno bipolar

A inflamação no corpo e no cérebro ocorre em indivíduos com transtorno bipolar. As citocinas e outros marcadores inflamatórios estão elevados no sangue e no líquido cefalorraquidiano desses pacientes, e também há inflamação em seu sistema nervoso central. Pacientes bipolares com inflamação substancial são altamente resistentes ao tratamento. Em estudos *post-mortem*, podemos ver que as vítimas de suicídio com transtorno bipolar têm aumentos significativos e aparentemente recentes na densidade de micróglias em diversas áreas do córtex pré-frontal, incluindo o controle central. Como as micróglias são o principal mediador da ativação inflamatória no cérebro, essas descobertas sugerem que a ideação suicida pode ser uma consequência do aumento na gravidade da doença. Há uma notável sobreposição entre os locais de anomalias celulares e as regiões do cérebro com estrutura e funcionamento alterados, conforme neuroimagens de doença bipolar permitem constatar.

Disfunção mitocondrial no transtorno bipolar

A disfunção mitocondrial também é encontrada no transtorno bipolar. As mitocôndrias são componentes de uma célula que geram mais de 90% da energia química necessária para alimentar as reações bioquímicas da célula. As mitocôndrias produzem energia para as células a partir da energia química armazenada nos alimentos que ingerimos por meio de reações químicas como a oxidação. Os subprodutos da oxidação, em quantidades excessivas, são tóxicos para as células cerebrais e podem causar sua morte. De todos os órgãos do corpo, o cérebro parece ser o mais vulnerável aos defeitos mitocondriais, o que sugere que os neurônios são particularmente sensíveis às flutuações bioenergéticas e, por consequência, que as mitocôndrias regulam aspectos fundamentais da função cerebral.

As mitocôndrias também possuem DNA próprio, que pode sofrer mutações até dez vezes mais rapidamente que o DNA de uma célula comum. O DNA mitocondrial contém 37 genes, todos eles essenciais para a função mitocondrial normal. Muitos genes mitocondriais têm mutações em pacientes com transtorno bipolar, afetando a produção de energia nas células de pacientes bipolares e predispondo essas células à vulnerabilidade e à morte prematura.

Deficiência de fator neurotrófico derivado do cérebro no transtorno bipolar

O BDNF é uma molécula-chave envolvida no transtorno bipolar. Essencial para a neuroplasticidade e a neurogênese normais, ele também está envolvido na maturação, diferenciação e sobrevivência neuronal, formação e armazenamento de memória de longo prazo e neuroproteção. Uma mutação no gene BDNF que reduz sua produção em 50% ocorre em pacientes com transtorno bipolar. Essa mutação intensifica muitas características da doença, especialmente os volumes reduzidos do controle central e do centro de memória emocional, cognição prejudicada e intensificação do comportamento suicida. A deficiência de BDNF também leva à diminuição da neurogênese e da neuroplasticidade. O estresse, em geral, e os níveis elevados de cortisol também contribuem para a redução substancial da produção e liberação de BDNF durante a doença bipolar. Estudos clínicos demonstram que, em muitos pacientes, o tratamento com lítio aumenta o BDNF em vários locais do cérebro, alimentando esperanças de tratamento.

Neuro-hormônios e neurotransmissores no transtorno bipolar

O CRH (hormônio liberador de corticotrofina), como observei anteriormente, controla a secreção de cortisol, ativa o sistema nervoso simpático e coloca em ação comportamentos associados ao estresse, como ansiedade, e comportamentos relacionados ao medo, que incluem permanecer imóvel para evitar ser detectado por um predador. O CRH também tem um efeito significativo na estimulação da inflamação no cérebro e no corpo.

Alterações nos genes envolvidos na regulação da dopamina e da serotonina também estão envolvidas no transtorno bipolar. As anomalias nesses sistemas de neurotransmissores provavelmente não desempenham um papel tão importante quanto o sistema de glutamato. Estão, no entanto, envolvidas nos ajustes finos, ao contrário do glutamato, cuja neurotransmissão alterada tem a capacidade de desencadear diretamente as principais manifestações do transtorno bipolar. Ainda assim, o uso de medicamentos que influenciam a noradrenalina, a dopamina e a serotonina pode precipitar a mania em indivíduos deprimidos suscetíveis, embora não necessariamente por meio desses neurotransmissores.

O glutamato tem um papel fundamental na fisiopatologia da doença bipolar. Seu impacto sobre a mania parece maior que seu impacto considerável sobre a fisiopatologia da depressão.

Genética do transtorno bipolar

Embora centenas de estudos tenham examinado fatores genéticos de possível relevância para o transtorno bipolar, apenas alguns foram validados por replicação em estudos adicionais. Isso se deve ao fato de que estudos de genes candidatos ainda não deram frutos, possivelmente porque ainda não identificamos um número suficiente de processos biológicos candidatos genuínos e relevantes. A maioria dos estudos de associação genômica ampla até agora não produziu estudos que pudessem ser replicados, pois o número de pacientes necessários para um levantamento adequado pode ser de um milhão ou mais. O genoma é vasto, e procurar associações não hipotéticas de genes específicos em populações bipolares é extremamente difícil usando um número menor de indivíduos.

Um dos primeiros genes a ser implicado no transtorno bipolar foi o que codifica a ANK3, uma proteína envolvida na mielinização de feixes nervosos, especialmente no cérebro. O nocaute, ou ablação, desse gene resulta em mudanças cíclicas no comportamento que se assemelham ao transtorno bipolar e que respondem ao lítio. Outra mutação gênica encontrada no transtorno bipolar está relacionada ao CACNA1C. A nocaute desse gene altera uma variedade de comportamentos que se acredita refletir o humor. Esse gene está envolvido na neurotransmissão mediada por cálcio, que é considerada anormal no transtorno bipolar.

Sem dúvida, alterações epigenéticas influenciam a expressão e as manifestações biológicas do transtorno bipolar. Tanto o lítio quanto o anticonvulsivo valproato (Depakote) ajudam a tratar as alterações epigenéticas, tais quais os antidepressivos tradicionais, como os tricíclicos, que induzem alterações epigenéticas após cerca de três semanas. Os antidepressivos de ação rápida, como a cetamina, também exercem efeitos epigenéticos, mas em horas em vez de semanas, e em uma extensão muito maior que os antidepressivos tradicionais.

A psicoterapia é tão importante para o tratamento eficaz do transtorno bipolar quanto na depressão maior. Além da medicação e da psicoterapia, mudanças no estilo de vida são fundamentais para as pessoas com transtorno bipolar. Envolvem um sono adequado e consistente e se tornam altamente eficazes no gerenciamento do estresse. As pessoas com diagnóstico de transtorno bipolar devem se esforçar para desenvolver um estilo de vida que empregue um equilíbrio eficaz de programação e estrutura previsível, e devem também aprender a se automonitorar ou se auto-observar para que possam perceber e se ajustar adequadamente às mudanças de humor e energia. Além disso, devem ficar longe dos efeitos desestabilizadores de substâncias psicoativas, como álcool, narcóticos e anfetaminas.

Apesar dos enormes desafios apresentados pelo transtorno bipolar, nossa compreensão da doença e dos novos tratamentos que podem ajudar a controlá-la têm avançado rapidamente. Se considerarmos que a doença bipolar pode ser um processo maligno capaz de destruir vidas, esses avanços se provam ainda mais importantes.

Lembro-me perfeitamente de sentir que esse poderia ser o caso de uma de minhas pacientes, uma mulher de 30 anos internada no centro clínico em estado maníaco agudo em setembro de 1974. Anna Jackson havia ficado acordada por três noites consecutivas, mas estava altamente ativa. Era intrusiva, irritável, falava rapidamente e urrava epítetos obscenos para a equipe. Estava delirando, insistindo que a CIA a estava perseguindo porque ela tinha informações vitais para a segurança do país. De modo condizente com o aumento quase universal da libido durante a mania, Anna também flertava de forma inadequada com os membros masculinos da equipe. Infelizmente, depois que a mania passa, a maioria dos pacientes, como Anna, fica envergonhadíssima por suas ações, que muitas vezes contradizem seus valores mais caros.

Como sua mania parecia aumentar na presença de outras pessoas, ela foi levada para uma sala segura e silenciosa, onde não poderia causar danos a si mesma nem aos outros. Anna foi atendida individualmente por uma enfermeira 24 horas por dia, e permaneceu sob observação individual nos primeiros catorze dias de sua hospitalização.

Anna havia tido dois episódios de mania severa antes de ser internada conosco nos NIH. No primeiro episódio, ela não dormiu, ficou irritável, sentindo-se grandiosa, teve fugas de ideias e falava rapidamente. No início da mania, ficou impulsiva e hipersexual, e teve relações com alguns homens que mal conhecia, apesar do fato de que jamais sonharia em fazer tal coisa se estivesse bem ou deprimida. Ela contou ao marido. Ele ficou chateado, mas a perdoou, atribuindo o acontecido à doença. Esse episódio durou quase cinco meses.

Seis meses depois, ela teve uma crise semelhante. Na primeira semana, foi infiel ao marido novamente. Ela confessou quando estava em um estado de muita irritação, acusando-o de ser um marido inadequado. Ela deu dois tapas nele, mas, tirando isso, não foi violenta. Era muito irritável com os filhos. Por causa de sua impulsividade e comportamento autodestrutivo, seu terapeuta a internou no hospital.

Três meses após a resolução da mania, ela desenvolveu uma depressão severa, pela qual foi hospitalizada mais uma vez. Ela se sentia totalmente desmotivada e não conseguia reunir energia nem entusiasmo para fazer qualquer coisa. Sentia-se desligada e tinha poucas lembranças, com exceção de momentos difíceis do passado. O presente parecia sem graça e sem atrativos. Ela não se sentia próxima de ninguém e, como consequência, estava muitíssimo solitária. Fisicamente, sentia-se exausta, queria dormir o tempo todo e dormia mais horas que quando estava bem. Tinha fome o tempo todo. Além disso, ela se sentia melhor pela manhã do que em qualquer outra hora do dia. Um mês após o início da depressão, ela se tornou suicida. Ficou hospitalizada por um total de seis semanas.

Tive muitas informações sobre sua vida pregressa por meio das anotações de seu médico anterior. Ela era a mais velha de quatro filhos, a única menina. Era uma criança feliz e estável e uma excelente aluna. Era o tipo de pessoa que atraía os outros por causa de seu raciocínio rápido, riso contagiante e bondade. Anna gostava de estar com os outros e muitas vezes achava difícil ficar sozinha por umas poucas horas. Ela não conseguia explicar a ansiedade que sentia quando estava sozinha.

Apesar das características agradáveis de Anna, a mãe a criticava muito. Sua mãe era uma pessoa inteligente que havia desejado ser enfermeira. Ela abandonou o sonho porque teve de se casar aos 18 anos, depois de engravidar de Anna. Fiquei sabendo que a mãe de Anna havia sofrido dois episódios depressivos graves. O primeiro ocorreu após o parto de sua primogênita e durou três meses. Ela deixou de sentir prazer em qualquer coisa, ficou retraída e evitava outras pessoas, inclusive a filha. Era passivamente suicida, expressando várias vezes que esperava contrair uma doença que lhe tirasse a vida. Ela se sentia muito cansada e dormia demais. Comia com voracidade. Sentia-se um pouco melhor pela manhã do que à noite.

A segunda depressão da mãe ocorreu quando Anna tinha 17 anos e estava prestes a ir para a faculdade. O episódio durou sete meses. Não havia antidepressivos disponíveis para o tratamento de nenhuma das duas crises depressivas. Essa segunda foi parecida com a primeira em sua fadiga acentuada, retraimento e padrão diurno. Assim como durante a primeira depressão, ela basicamente deixou de se relacionar com os filhos. As crianças sabiam que a mãe estava muito triste e cansada e que não podiam depender dela. Anna acabou desempenhando o papel de mãe de seus três irmãos mais novos.

Além da mãe de Anna, sua avó materna tinha transtorno maníaco-depressivo. Ela tentara suicídio duas vezes, mas sobrevivera. A mãe de Anna havia descrito para ela um lar tumultuado e instável por causa dos episódios relativamente frequentes de sua própria mãe.

Anna era uma aluna e líder excepcional. Ela foi para a faculdade aos 17 anos. Formou-se em ciências políticas na Radcliffe e queria se tornar líder comunitária. Conheceu seu marido, Jonathan, em Harvard, quando ambos eram alunos do primeiro ano, e se casaram logo após se formarem. Eles escreveram os votos de casamento e fizeram juras de uma vida de amor e fidelidade.

Dois meses após sua hospitalização por causa de sua depressão mais recente, o marido de Anna pediu o divórcio e a guarda dos filhos. Ele a achava incapaz de cuidar adequadamente das crianças quando estava deprimida e via sua irritabilidade quando maníaca como um perigo para elas. Anna ficou arrasada e entrou em mania uma semana depois.

O irmão providenciou para que ela fosse formalmente avaliada para ser admitida no centro clínico. O que mais me lembro é da tristeza desse irmão pelo fato de a vida de alguém tão bom poder ser totalmente arruinada por uma doença que parecia transformá-la em outra pessoa. Ele me disse que ela era generosa e atenciosa, e tinha excelente discernimento. As pessoas a procuravam com frequência para pedir conselhos. Ela tinha muitos amigos próximos. Quando estava bem, era uma mãe maravilhosa. "Como isso pode ter acontecido com ela?", ele me perguntou. "Você pode ajudá-la?". Respondi que acreditava que sim, com um novo medicamento, mas que não tinha certeza. Esse medicamento era o lítio. Assim como a imipramina, na época da admissão de Anna em nossa unidade, ninguém em Washington usava lítio.

Anna ainda estava bastante maníaca quando começamos a usar o lítio. A irritabilidade, no entanto, teve uma redução modesta conforme ela passou a conhecer a mim e ao restante da equipe. Assim, ela se dispôs a assinar os formulários de consentimento. Sabia que estava com problemas e precisava muito de tratamento, e havia depositado suas esperanças nos NIH. Àquela altura, ela dormia apenas três horas por noite, falava muito, era hiperativa e ainda flertava, mas menos do que na admissão.

O ensaio de Anna com o lítio foi desenhado como um estudo duplo-cego e controlado por placebo. Isso significava que nem ela, nem eu, nem os enfermeiros que faziam avaliações de humor duas vezes ao dia sabíamos se ela havia começado com o medicamento ativo ou com o placebo. O ensaio foi planejado para vinte e um dias de administração de placebo ou lítio, em ordem aleatória. Se o placebo fosse administrado primeiro, provavelmente levaria sete semanas ou mais para ver se ela responderia à medicação. Assim como a imipramina, a resposta ao lítio levava semanas em vez de dias.

Anna permaneceu continuamente maníaca por mais de um mês. O primeiro sinal de uma possível resposta foi ela estar dormindo mais. A indicação clínica seguinte de que ela estava respondendo foi que seus sintomas delirantes diminuíram, de modo que, no trigésimo oitavo dia, ela estava praticamente livre deles. Aos poucos, o sono, a hiperatividade, a fala aumentada e o flerte diminuíram, e no dia 46 sua mania estava praticamente em remissão completa. Ela estava tomando lítio havia 25 dias. No passado, suas manias haviam durado cinco meses ou mais.

Ela ficou completamente desolada quando a mania cessou, em grande parte porque sua vida se desfizera ao seu redor durante o curso da doença. Entretanto, ela não apresentava nenhum dos sintomas depressivos clássicos, como distúrbios do sono e variação diurna do humor. Talvez o lítio estivesse exercendo um efeito estabilizador do humor, embora nenhum medicamento pudesse aliviar totalmente a dor que ela sentia.

Quando analisamos os resultados de seus exames de sangue e estudamos seu líquido cefalorraquidiano, que obtivemos por meio de uma punção lombar, vimos que os níveis de metabólitos da norepinefrina e da dopamina no líquido cefalorraquidiano de Anna estavam elevados, uma tendência que já havíamos observado em um grande grupo de pacientes. A alta atividade da noradrenalina poderia contribuir para a hiperativação da mania, e a alta dopamina, para o componente eufórico e desinibido.

Suas respostas à infusão intravenosa de dopamina foram exageradas, consistentes com as evidências de que o sistema desse neurotransmissor estava ativado. A glândula tireoide reagia normalmente enquanto ela estava maníaca e mostrava evidências de uma leve diminuição durante a terapia com lítio. Anos depois, meus colegas e eu mostramos em uma grande série de pacientes que o lítio causava uma diminuição sutil e significativa na função tireoidiana sem causar hipotireoidismo, exceto em pacientes que já apresentavam níveis baixos limítrofes. Não conseguimos obter estudos do sono enquanto ela estava maníaca, e o registro encefalográfico do sono após ela se recuperar da mania estava normal. Quando analisamos seu líquido cefalorraquidiano após a recuperação induzida pelo lítio, ele mostrou níveis mais baixos dos metabólitos da noradrenalina e da dopamina. A aparência dos cromossomos de Anna era normal, sem cromossomos extras nem quebras evidentes.

Anna e eu não pudemos participar de psicoterapia comum durante a mania devido ao grau de sua agitação, mas eu a visitava com frequência para lembrá-la de que eu era seu médico e que estávamos fazendo tudo o que podíamos para ajudá-la. Segundo minhas experiências passadas, estar com uma paciente psicótica durante a pior fase de sua doença promovia uma aliança poderosa depois da passagem da psicose.

Anna se sentia humilhada por sua sexualidade impulsiva durante as manias. O marido deu sequência ao processo de divórcio e petição da guarda dos filhos. Ela havia abandonado a pós-graduação devido à frequência e à gravidade de seus episódios maníacos, e não tinha nenhuma renda, exceto a pensão alimentícia do marido, embora tivesse ficado com metade da casa. Ela decidiu não tomar posse da casa para não privar os filhos do lar familiar.

Ela era próxima de todos os irmãos e tinha a sorte de um deles ser muito bem-sucedido e ter uma casa grande com uma edícula no mesmo terreno. Ela decidiu aceitar a oferta dele para morar lá pelo tempo que quisesse.

Fiz o meu melhor para ajudá-la a viver o luto pela perda da família. Acredito que minha presença tenha sido útil, mas sua perda foi tão devastadora que foi impossível para ela resolver totalmente o luto em tão pouco tempo, e eu suspeitava de que ela jamais o resolveria por completo. Se ela conseguisse reconstruir a vida com novos relacionamentos e um trabalho recompensador, a dor poderia se tornar menos intensa.

Anna se culpava por todos os seus problemas. Ela achava que devia ter sido capaz de se controlar melhor durante as crises de mania. Eu disse a ela o mais enfaticamente possível que seu comportamento se devia à biologia da doença. Seus episódios maníacos tinham características clássicas que correspondiam ao que era descrito na bibliografia da doença. Sua resposta ao lítio era indício de uma doença biológica. Mais tarde, pude dizer a ela que seus dados biológicos se normalizaram após a recuperação, dando ainda mais credibilidade à ideia de que ela tinha um transtorno biológico. Embora não houvesse grandes estudos disponíveis para comprovar os efeitos de longo prazo do lítio, até onde sabíamos, ele estava provando ser um bom estabilizador de humor.

Anna se preocupava com o efeito que a doença causaria nos filhos. Eles sentiam falta da mãe, mas na época não tinham anomalias comportamentais demonstráveis e estavam indo bem na escola. Embora hoje saibamos que há componentes genéticos no transtorno bipolar, não havia dados confiáveis então sobre o nível de risco aumentado para os filhos de um pai ou mãe com doença bipolar.

Após a alta, senti que era muito importante que Anna fizesse psicoterapia e recebesse administração ambulatorial de seus medicamentos. Um terapeuta experiente poderia ajudá-la a lidar com a dor e com a enorme raiva que sentia do marido por tê-la abandonado e levado os filhos. No entanto, ela se recusou terminantemente a aceitar a ajuda de seu irmão para fazer psicoterapia. Ela não tinha seguro de saúde para cobrir uma reinternação, mas eu lhe informei que poderia voltar ao centro clínico se tivesse uma recaída. Ela respondeu bem ao lítio em pouco mais de três semanas. Recebeu alta com instruções para tomar a medicação por tempo indeterminado. Dado o maligno histórico natural de sua doença, enfatizei que, se ela parasse de tomar o lítio, ficaria vulnerável a episódios maníacos ou depressivos graves e potencialmente fatais.

Anna tomou o lítio por seis anos. Recebi então um telefonema de seu irmão dizendo que ela havia ficado deprimida e interrompido o uso da medicação, na esperança de que isso liberasse um episódio maníaco leve, mas controlável. Infelizmente, sua depressão ficou mais grave, ela saiu de casa sem fazer barulho, entrou em um hotel e tirou a própria vida com uma overdose de aspirina. Ela tinha 36 anos. Eu e o restante da equipe dos NIH que havia interagido com ela ficamos muito abalados ao saber de sua morte. Para mim, a perda parecia pessoal. Ainda penso nela com frequência.

Como tenho visto ao longo dos anos, o transtorno bipolar é uma forma muito destrutiva de depressão, e ainda temos um longo caminho a percorrer para encontrar uma solução para a doença. Felizmente, existem medicamentos que nos permitem ter esperanças de tratar, se não curar, essa doença difícil.

12. O poder e a promessa do lítio

Até pouco tempo atrás, os meios pelos quais o lítio ajudava a tratar o transtorno bipolar eram praticamente desconhecidos - ainda mais no que dizia respeito à mania, em parte porque é muito difícil estudar pacientes maníacos. Graças a avanços recentes, hoje sabemos que o lítio atenua quase todos os mecanismos fisiopatológicos que codificam o estado maníaco. Em primeiro lugar, o lítio reduz o tamanho do controle central, que fica maior durante o estado maníaco. Como é ele que restringe a amígdala, a diminuição induzida pelo lítio desinibe, ou aumenta, a atividade da amígdala. A ansiedade associada a uma amígdala mais ativa acaba por refrear os comportamentos erráticos ou inadequados característicos do estado maníaco. O controle central também aumenta a atividade do centro de prazer e recompensa. Uma redução induzida pelo lítio no tamanho e atividade dele exerce o efeito terapêutico de reduzir a busca obsessiva do indivíduo maníaco por prazer.

O lítio também ajuda a restaurar o volume e atividade de diversas estruturas do córtex pré-frontal que apoiam a regulação emocional e o controle inibitório, e isso combate a impulsividade. O lítio ainda aumenta o controle cognitivo sobre a emoção. Esse medicamento, portanto, promove a capacidade do paciente maníaco de conter atos impulsivos e autodestrutivos.

O lítio ativa a rede de modo padrão que a mania havia inibido, e esta, por sua vez, apoia a introspecção, em oposição a comportamentos nos quais se correm riscos excessivos para assegurar recompensas do ambiente. O medicamento também reduz a atividade da rede de modo de saliência, que usualmente desvia a atenção para o mundo externo, reforçando mais ainda o olhar para dentro de si mesmo.

Nossa compreensão dos poderosos efeitos neuroprotetores do lítio está em franco desenvolvimento. Ele estimula a secreção do BDNF e suas ações, melhorando a neuroplasticidade e a neurogênese e protegendo os neurônios de muitas outras maneiras. Por exemplo, o lítio aumenta a integridade da substância branca e sua viabilidade: a substância branca é o revestimento - também conhecido como "bainha" - das fibras nervosas necessário para seu funcionamento. O lítio reduz a morte programada das células, protegendo-as da ação do glutamato, que induz a morte celular forçando os neurônios a esgotar suas reservas de energia. Ele reduz significativamente o encurtamento dos telômeros, é anti-inflamatório e é responsável pela diminuição dos níveis de citocina no sangue.

Pacientes bipolares têm anomalias significativas na função mitocondrial, o que atrapalha sua capacidade de produzir energia suficiente para manter as células vivas. O lítio corrige defeitos na função mitocondrial, aumenta a produção de energia neuronal e, assim, protege o neurônio. O coração e o cérebro são dois órgãos que exigem grandes quantidades de energia, o que os torna suscetíveis a danos caso a produção de energia pelas mitocôndrias fique prejudicada, o que mostra, mais uma vez, a gravidade da depressão. Ao mesmo tempo, o lítio reduz a produção de moléculas oxidativas, as quais são produzidas em excesso quando há disfunção mitocondrial, o que é mais uma proteção para a célula.

No estudo de animais, descobriu-se que o lítio reduz a neurodegeneração e melhora a função da memória. Os cientistas sugeriram, então, o uso do lítio na prevenção e tratamento da doença de Alzheimer e outras doenças neurológicas do sistema nervoso central (SNC) associadas à neurodegeneração. Os efeitos neuroprotetores dessa medicação talvez sejam um de seus principais modos de ação como um bem-sucedido agente antimaníaco e estabilizador de humor.

Muitos estudos de associação genômica ampla examinaram os efeitos potenciais do lítio sobre a função gênica e esclareceram seu modo de ação. Infelizmente, nenhum foi ainda conduzido com um número adequado de indivíduos para ser informativo. Esses estudos com maior amostragem ainda estão em andamento. Da mesma maneira, nenhum dos estudos de genes candidatos passou no teste da replicação por múltiplos grupos, de modo que essa estratégia está aguardando alvos mais relevantes e também estudos maiores para fornecer informações relevantes.

É notável que o lítio influencie tantos processos que os cientistas identificaram como desregulados no transtorno bipolar. Parece improvável que a capacidade do medicamento de influenciar uma tal gama de processos seja aleatória. É mais provável que esses processos sejam parte de um sistema organizado que exerce efeitos comportamentais e biológicos importantes sobre a cognição, o humor e a fisiopatologia. Conforme entendermos melhor os efeitos biológicos do lítio, provavelmente descobriremos componentes antes desconhecidos da complexa biologia geral do transtorno bipolar.

Infelizmente, apenas 40% dos pacientes bipolares respondem completamente ao lítio. Isso talvez se deva ao fato de que existem formas diferentes de transtorno bipolar, ou então a uma variação das anomalias biológicas que agrupamos e classificamos como transtorno bipolar. A presença de estressores de maior impacto ou de conflitos interpessoais pode se sobrepor ao impacto do tratamento com lítio, assim como não tomar a medicação regularmente ou conforme as instruções, ou ainda questões de estilo de vida, como o abuso de drogas.

A história da descoberta do lítio no tratamento do transtorno bipolar

Embora não seja uma cura milagrosa, a descoberta do lítio lembra um conto de fadas. Envolve o trabalho de um pesquisador em um local remoto e também descoberta, perda e redescoberta. Notavelmente, ela representa outro raro momento em que um clínico acertou bem no alvo em sua primeiríssima tentativa, assim como na descoberta da imipramina.

A história começa com o psiquiatra John Cade, morador da cidadezinha australiana de Horsham. (Edward Shorter conta esse episódio lindamente em seu livro *Uma história da psiquiatria.*) Durante a Segunda Guerra Mundial, Cade, um psiquiatra, foi prisioneiro de guerra por três anos e meio. Durante o cárcere no Japão, ele notou surgirem transtornos mentais em seus colegas prisioneiros, transtornos que ele acreditava terem origem biológica. Após a guerra, ele continuou a clinicar e foi estudar a biologia dos transtornos psiquiátricos em porquinhos-da-índia. Ele postulou que devia existir algo tóxico nos pacientes maníaco-depressivos que seria eliminado pela urina.

Ele observou que a urina de pacientes maníaco-depressivos, se injetada na cavidade abdominal dos porquinhos-da-índia, era muito mais tóxica que a urina de indivíduos sem a doença. Primeiro, ele postulou que o agente agressor seria a ureia, mas injetar a ureia sozinha não causava problemas. Depois, investigou o possível papel do ácido úrico. Para conduzir o experimento, precisou dissolver ácido úrico em lítio, o que torna o ácido úrico e seus sais mais solúveis. Ele esperava que o acréscimo de lítio fosse tornar a urina mais tóxica. Em vez disso, a urina contendo o composto que consistia em ácido úrico dissolvido em uma solução de lítio era bem menos tóxica que a urina sozinha.

Depois disso, Cade decidiu administrar o lítio diretamente nos porquinhos-da-índia. De início, os animais ficaram sedados e relativamente não responsivos por cerca de duas horas. Depois disso, eles pareciam muito mais mansos e tranquilos. Por incrível que pareça, os animais apenas ficavam deitados, olhando para ele. Era um comportamento bastante incomum para os porquinhos-da-índia, sempre muito inquietos.

No outono de 1949, Cade ministrou apenas o lítio para dez pacientes em estado maníaco. Três tinham mania crônica, e os outros tinham manias com durações relativamente curtas. Em todos os casos, o lítio teve um efeito considerável no estado mental dos pacientes, mesmo naqueles que já estavam doentes havia cinco anos. Cade propôs, em um artigo escrito para um periódico australiano desconhecido, que a mania decorria de "uma deficiência de lítio no sangue".

Ele escreveu estas notas sobre seu primeiro paciente: "um senhor mirrado de 51 anos que estava em um estado crônico de excitação maníaca havia cinco anos" que, no quinto dia, estava de fato mais tranquilo, mais arrumado, menos desinibido e menos distraído. "A partir de então, houve uma melhora constante."

> Foi com um sentimento da mais abjeta decepção que eu o readmiti no hospital seis meses depois, mais maníaco do que nunca, mas recebi algum consolo de seu irmão, que me informou que Bill havia se tornado descuidado com a medicação e, por fim, havia parado de tomá-la cerca de seis semanas antes. Desde então, ele havia ficado cada vez mais irritável e errático. O carbonato de lítio foi imediatamente recomendado e, em duas semanas, ele voltou ao normal. Um mês depois, foi registrado que ele estava recuperado e pronto para voltar para casa e para o trabalho.

O paciente teve outros episódios de mania ao parar com o lítio e respostas subsequentes ao tratamento. No entanto, ele morreu alguns anos depois, em decorrência do que Cade considerou ser cardiotoxicidade induzida pelo lítio. Muitos pacientes descreveram outros efeitos tóxicos, incluindo diarreia, náusea, perda de apetite, marcha anormal, fadiga, arritmias cardíacas e depressão. Esses efeitos incomodaram Cade o suficiente para que ele parasse de usar o lítio por completo.

Mogens Schou, que também começaria a trabalhar com lítio, nasceu na Dinamarca e acabou se estabelecendo na Noruega, onde realizou seu trabalho mais importante. O pai de Schou era um psiquiatra que, desde o desenvolvimento da eletroconvulsoterapia (ECT) em 1939, estava convencido de que a doença maníaco-depressiva era um distúrbio biológico. Após a morte do pai, Schou se interessou pelo lítio:

> Achei muitíssimo fascinante que os sais de lítio, que são quimicamente tão simples, pudessem ter efeito terapêutico na psiquiatria, mais ainda se forem ativos contra apenas uma doença, o que poderia nos dizer mais sobre essa doença do que muitas informações sobre os efeitos terapêuticos de compostos complicados como o Thorazine, que não tinha preferência clara em relação aos diferentes transtornos para os quais era usado.

Schou conduziu vários estudos de grande amostragem com o lítio. Ele achava que tinha dados razoáveis para sugerir que a medicação não só era terapêutica durante os distúrbios ativos do humor, mas também era um estabilizador do humor, ou seja, impedia que o paciente, durante a fase de bem-estar, caísse em estados maníacos ou depressivos.

Michael Shepherd, do reduto psicanalítico do Hospital Maudsley, em Londres, discordou do desenho clínico de Schou e menosprezou seu trabalho. Shepherd ficou especialmente incomodado com a afirmação de que o lítio estabilizava o humor, já que não se sabia se a remissão era secundária ao lítio ou se ocorria de forma natural. O trabalho de Schou era bastante convincente, mas Shepherd argumentou que não tinha rigor científico. Além disso, quando Schou lhe disse que muitos membros de sua família tinham doença maníaco-depressiva e que, para eles, o lítio era uma dádiva de Deus, Shepherd concluiu que Schou era um "crente", não um cientista.

O debate acabou azedando. Nathan Kline, um proeminente psicofarmacologista americano e ganhador do Prêmio Lasker, escreveu uma defesa do trabalho de Schou e instou seus colegas a tratar doenças maníaco-depressivas com lítio. Ele foi atacado por Shepherd, que escreveu que o "editorial de Kline será muito apreciado por colecionadores de entusiasmos originais temperados pela experiência subsequente. Só o tempo dirá se o elogio de seu autor lhe dará o destino que sua analogia merece – juntar-se à fada-madrinha da Cinderela nas páginas da mitologia". Transformar "o velho e simples lítio no elixir da vida, com base nas evidências disponíveis, é um feito que só fica atrás da conversão de uma abóbora em carruagem". Kline retrucou: "Sua deliciosa carta parece até ter sido escrita por uma das irmãs rancorosas da Cinderela. Há até uma sensação de vaga semelhança pessoal com sua advertência, que me lembra de algumas das ressalvas relativas à introdução de agentes antipsicóticos e antidepressivos. Evidentemente, também pode ser que você não esteja convencido de que qualquer uma dessas drogas tenha tido sua utilidade demonstrada".

Embora John Cade tenha escrito seu artigo sobre o lítio em 1949, o fármaco passou muitos anos indisponível como tratamento para a doença maníaco-depressiva e só foi aprovado pela FDA em 1970.

O atraso teve quatro razões sobrepostas. Primeira, o lítio estava presente em muitos medicamentos patenteados e havia provocado alguns efeitos colaterais graves, inclusive morte por arritmia cardíaca. No fim das contas, foi mostrado que isso se devia a doses desnecessariamente altas da medicação. Um segundo motivo foi o fato de o Thorazine (clorpromazina) estar disponível como agente antimaníaco. No entanto, o Thorazine não se mostrou capaz de estabilizar o humor como o lítio, e deixava os pacientes com doença maníaco-depressiva se sentindo muito menos vivazes e mais apáticos. Em terceiro lugar, houve um debate cáustico sobre a existência ou não de comprovação de que o lítio era um estabilizador do humor. Por fim, demonstrou-se que isso era verdade, sem sombra de dúvida. Em quarto lugar, e talvez o mais preocupante, o lítio era um elemento simples e não patenteável. A medicina havia entrado na era em que o lucro das empresas farmacêuticas vinha em primeiro lugar, e se as empresas farmacêuticas não faziam propaganda de um medicamento, ele raramente chegava à medicina clínica.

O lítio é medido rotineiramente no sangue dos pacientes que o tomam, para manter os níveis sanguíneos em uma faixa segura e normal. Quando os níveis de lítio estão muito altos, os pacientes apresentam tremores nas mãos, desequilíbrio, náusea e diarreia. Em doses altas, pode causar arritmias cardíacas. É prescrito rotineiramente para pacientes ambulatoriais, e a maioria deles pode tomá-lo durante anos sem ter problemas relativos à sua toxicidade. Graças à sua segurança e eficácia relativas, o lítio se tornou um dos tratamentos mais comuns para o transtorno bipolar.

13. Eletroconvulsoterapia

Alguns tipos de tratamento para a depressão são vistos pela imaginação popular como um último recurso. Por muito tempo, esse foi o caso da eletroconvulsoterapia (ECT) - que, apesar de sua percepção negativa, é um tratamento essencial para transtornos severos de humor há mais de oitenta anos. A relativa segurança e eficácia da ECT têm sido comprovadas por diversos estudos. Doenças depressivas e psicóticas graves são associadas a altas taxas de suicídio e hospitalização, depressões prolongadas e quedas na qualidade de vida. Estudos demonstraram, com resultados consistentes, que a ECT resulta na diminuição do risco de suicídio, melhora os desfechos clínicos, aumenta significativamente a qualidade de vida e reduz as taxas de reinternação. Ensaios com ECT para transtorno depressivo clássico em pacientes com depressão resistente ao tratamento têm mostrado taxas agregadas de resposta de 80%. Embora os antidepressivos e o lítio sejam ferramentas poderosas em nosso arsenal para combater a depressão, eles nem sempre funcionam. Quando quase tudo o mais falha, podemos recorrer à ECT. Felizmente, hoje entendemos muito mais como e por que ela funciona, e como administrá-la com segurança.

O desenvolvimento da terapia eletroconvulsiva em 1939 foi precedido por procedimentos perigosos e invasivos que mostraram certa eficácia no alívio da depressão, mas, em geral, tinham potencial tóxico demais para serem adotados como intervenções de rotina. O romance *Um estranho no ninho*, de Ken Kesey, de 1962, faz um retrato aterrador da ECT com base na experiência em primeira mão do autor, que trabalhou como assistente em um hospital psiquiátrico na Califórnia. A maioria dos leitores deve conhecer também uma outra intervenção física bastante extrema, a lobotomia, que secionava o lobo frontal das outras partes do cérebro. Ela era popular nas décadas de 1930 e 1940, apesar de ter levado muitos pacientes a desfechos devastadores, incluindo a morte. Outros procedimentos incluíam a indução de febre para curar a psicose, terapias do sono com bromo e barbitúricos e coma induzido por insulina. Todos tinham efeitos colaterais inaceitáveis e eram potencialmente perigosos.

Ugo Cerletti, neurologista italiano chefe do Instituto de Neuropsiquiatria de Roma, começou a estudar, em 1939, a possibilidade de usar o eletrochoque em vez de medicamentos para induzir convulsões. Cerletti deu ao seu assistente Lucio Bini a tarefa de estudar convulsões induzidas por eletrochoque como um possível tratamento para a depressão, usando, em um primeiro momento, modelos animais. Bini descobriu que convulsões induzidas por eletrochoque podiam ser provocadas com segurança em porcos se os eletrodos fossem colocados sobre cada têmpora. Nos meses que se seguiram, Bini determinou a menor voltagem possível para induzir uma convulsão confiavelmente e com segurança.

Edward Shorter, em seu *Uma história da psiquiatria*, faz um relato vívido do primeiro paciente a receber a eletroconvulsoterapia. Cerletti e seus colegas começaram com oitenta volts por um décimo de segundo. Sem resposta. Subiram para noventa. Não houve convulsão, mas o paciente começou a cantar. Cerletti colocou a voltagem no máximo. O paciente teve uma convulsão epiléptica clássica e parou de respirar por um momento. Depois de 48 segundos, ele voltou a respirar. Deu um suspiro profundo, assim como Cerletti. Depois de onze aplicações de ECT, o paciente se recuperou, recebeu alta um mês depois, e, um ano mais tarde, continuava em remissão da depressão.

Lothar Kalinowsky, um psiquiatra de Columbia, tomou a frente da ECT nos Estados Unidos. Os psicanalistas se opuseram vigorosamente à prática, dizendo que, ao aplicar o choque nas pessoas, os psiquiatras biológicos aparentemente achavam melhor correr o risco de se ser um imbecil contente do que um esquizofrênico.

Um dos inconvenientes da ECT acabou sendo que a convulsão às vezes resultava em graves lesões ou fraturas nas costas. Esse problema foi superado por Walter Freeman, que teve a ideia de induzir o paciente a uma paralisia temporária para protegê-lo de convulsões potencialmente violentas e dos riscos que acarretavam. Isso ajudou a solucionar os problemas de lesões nas costas causadas pela ECT. Versões anteriores da ECT também provocaram graves déficits de memória em alguns pacientes.

Em 1959, a ECT havia se tornado o tratamento preferencial para depressões psicóticas graves. O movimento antipsiquiátrico praticamente pôs fim à ECT, e ela só voltou a ser usada na década de 1980, após ser aprimorada, com uma redução da força e duração da corrente. A colocação dos eletrodos também foi adaptada: em vez de serem postos dos dois lados da cabeça, ficam apenas em um dos lados, em locais onde ainda provocam convulsões, mas causam muito menos problemas de memória. Hoje, a ECT é bastante segura. Complicações severas acontecem em menos de quatro indivíduos a cada 100 mil. Muitos de nós com especialização em neuropsiquiatria ainda acreditamos que ela é a melhor opção para depressões severas resistentes a outros tipos de tratamento.

A ECT exerce diversos efeitos sobre o cérebro que provavelmente estão envolvidos em seu mecanismo de ação. Ela estimula a liberação e a ação do BDNF. Ao fazer isso, provoca um aumento acentuado na neurogênese e na neuroplasticidade, além de ampliar o volume neuronal e a espessura cortical, especialmente no centro de memória emocional e no córtex pré-frontal. Em pacientes deprimidos, a ECT melhora déficits na conectividade neuronal e corrige anomalias na função sináptica. Ela normaliza a atividade metabólica do controle central e facilita seu funcionamento eficaz. A ECT também possui propriedades anticonvulsivas, relacionadas parcialmente à sua estimulação da neurotransmissão GABA. Embora ela aumente a liberação de serotonina, não se acredita que esse seja seu modo de ação primário.

Hoje, muitos centros estudam o mecanismo pelo qual a ECT exerce seus efeitos terapêuticos. Graças à sua alta taxa de eficácia, os pesquisadores têm esperanças de descobrir os mecanismos fisiopatológicos fundamentais subjacentes à doença depressiva. Existem ainda estudos para determinar, por meio de neuroimagens, fatores preditores de resposta positiva à ECT.

Um paciente que se beneficiou dela foi James Miller, que chegou ao centro clínico dos NIH em dezembro de 1982. Ele era casado, tinha 54 anos e três filhos adultos. Sua depressão tivera início quatro anos antes, depois de ele ter sido preterido para uma promoção no trabalho, embora ele acreditasse que seu desempenho era superior ao da pessoa promovida. Ele tinha uma depressão atípica associada à fadiga e a um sentimento de afastamento de si mesmo, da família e dos amigos. Além disso, ele comia demais e dormia ao menos doze a catorze horas por noite.

Começamos a administrar a James um medicamento experimental, a zimelidina, que, a exemplo do Prozac, é um inibidor seletivo de recaptação de serotonina, que aumenta a disponibilidade de serotonina para a neurotransmissão em locais-chave do sistema de estresse. O Prozac só seria disponibilizado alguns anos mais tarde. Todos os três pacientes aos quais demos a zimelidina antes de James haviam respondido. James não tinha respondido a nenhum dos antidepressivos que recebera, entre os quais a imipramina, a bupropiona (Wellbutrin) e o lítio. Também não respondeu ao tratamento de quatro semanas com zimelidina. Depois tentamos a tranilcipromina (Parnate), um inibidor da monoamina oxidase (IMAO), mas ele também não respondeu a esse composto. Devo observar que, em geral, a taxa de resposta aos antidepressivos em pacientes com depressão atípica é mais baixa do que a dos pacientes que sofrem de depressão com melancolia. A melancolia responde muito bem aos antidepressivos tricíclicos, enquanto a depressão atípica é resistente à terapia tricíclica. Isso pode se dever ao fato de que a atividade do sistema de estresse está diminuída na depressão atípica, e, como mostramos, os medicamentos tricíclicos desligam o sistema de estresse.

Durante seu abrangente exame diagnóstico, James mostrou evidências em seu eletroencefalograma de hipersonia, mas com diminuição no sono profundo. Sua função tireoidiana estava normal. Fizemos diversos exames de secreção de cortisol adrenal, os quais, vistos em conjunto, mostravam evidências de redução na secreção de cortisol em vez da alta secreção desse hormônio vista na melancolia. Sua punção lombar revelou evidências de níveis significativamente baixos de noradrenalina e hormônio liberador de corticotrofina (CRH). Assim, era como se seu sistema de estresse estivesse travado na posição "desligado".

Em 1982, o Programa Intramuros do Instituto Nacional de Saúde Mental (National Institute of Mental Health Intramural Research Program) havia mudado, de modo que os pacientes permaneciam para testes muito mais curtos e, depois de receber alta, ficavam sob os cuidados de médicos da comunidade que haviam participado do Programa Intramuros do NIMH. Se os pacientes eram de fora da cidade, nós investíamos esforços consideráveis para localizar um psiquiatra local eficaz. Eu me reunia com James três vezes por semana durante uma hora e passei a conhecê-lo bem, assim como sua experiência com a depressão. Descobri que ele havia nascido numa família cujos membros alcançaram conquistas importantes, na qual o fracasso não era uma opção, de modo que era muito difícil para ele aceitar decepções, que ele via como sinal de fracasso pessoal. Embora sempre fosse criticado pelo pai muito exigente, ele nunca se defendeu com assertividade nem expressou raiva por ser maltratado. Em geral, sua assertividade era bastante inibida, o que lhe causava dificuldades de comunicação mesmo quando era bem-sucedido, por temer que os outros ficassem bravos com ele. A falta de autoconfiança provavelmente contribuiu para que ele não fosse promovido.

À luz de todos os tratamentos fracassados, escolhemos seguir com a ECT, e James concordou. Ele foi submetido ao procedimento por três semanas consecutivas, às segundas, quartas e sextas-feiras. Após duas semanas, seu humor começou a se elevar, e ele passou a dormir nove horas por noite em vez de doze. James foi melhorando de modo progressivo ao longo das três últimas sessões, e, na semana seguinte, após sua nona sessão, estava em remissão completa. Não teve dor após cada sessão, não sentia pavor das sessões e mostrou leves dificuldades de memória que se resolveram em oito semanas após o término do tratamento. Permaneceu em remissão completa por dois anos após receber alta do hospital. Atribuímos isso parcialmente ao fato de que ele era bom em formar vínculos e havia começado a se consultar com regularidade com um psiquiatra competente ao qual foi recomendado. Ele continuou a se tratar com esse terapeuta por ao menos dois anos após sair dos NIH.

Estimulação cerebral profunda

Outro procedimento invasivo que gera impulsos elétricos no cérebro para tratar pacientes extraordinariamente resistentes ao tratamento é a estimulação elétrica cerebral profunda.

Em casos de depressões graves e profundamente resistentes ao tratamento, os médicos têm utilizado a estimulação cerebral profunda como último recurso.

O primeiro estudo implantou eletrodos no controle central. Os pulsos reverteram uma depressão de vinte e oito anos em um paciente que não havia respondido a dezessete intervenções anteriores.

O segundo estudo implantou eletrodos no centro de prazer e recompensa. Os pulsos reverteram uma depressão profunda e prolongada que não havia respondido a quinze intervenções anteriores.

Muitos estudos estão sendo realizados para aprimorar a terapia de implantação de eletrodos para depressões graves e refratárias, com o objetivo de simplificar os procedimentos e garantir sua segurança. Não houve efeitos colaterais substanciais nesses estudos preliminares.

Estimulação magnética transcraniana repetitiva (EMTr)

A estimulação magnética transcraniana repetitiva (EMTr) é uma ferramenta relativamente nova que estimula o cérebro, na esperança de amenizar os sintomas depressivos. Ela consiste em pulsos magnéticos repetidos, aplicados por meio de eletrodos colocados em locais críticos do cérebro, para estimular áreas como o controle central ou o centro de prazer e recompensa. Conforme cada pulso magnético passa pelo crânio e entra no cérebro, induz breves mudanças na atividade das células cerebrais que subjazem à bobina de tratamento magnético. A EMTr é uma intervenção muito mais inofensiva que a ECT. É indolor e não exige sedação; os pacientes podem voltar dirigindo para casa minutos após terminar uma sessão. Ela não afeta a memória.

De início, os médicos a utilizaram para tratar a depressão porque o tratamento eletroconvulsivo havia oferecido amplas evidências de que a estimulação eletromagnética do cérebro era de fato capaz de tratar a depressão. Surgiram, então, novos dados, mostrando que regiões corticais-chave e regiões abaixo do córtex, no cérebro emocional, estavam envolvidas na depressão, e algumas delas podiam ser estimuladas pela EMTr.

Os pesquisadores fizeram suposições iniciais sobre muitas questões, como a localização da bobina, a intensidade, a frequência, o número total de pulsos por dia, o cronograma de dosagem e o número de pulsos durante o tratamento. Foi preciso mais de uma década para refinar essas escolhas, e a EMTr ainda está sendo aprimorada.

Durante a primeira sessão, os médicos aferem várias medidas para garantir que a bobina seja colocada sobre a porção correta do córtex pré-frontal. O médico então administra vários breves pulsos para determinar o limiar motor do paciente. Esse limiar varia de um paciente para outro e é determinado pelo volume de energia necessário para estimular os neurônios que causam uma contração do polegar.

A duração das sessões varia dependendo da bobina utilizada e do número de pulsos escolhido. Uma única sessão dura de trinta a quarenta minutos. Os pacientes recebem a EMTr cinco dias por semana, e um tratamento típico dura de quatro a seis semanas, dependendo da resposta do paciente.

Dados preliminares apontam que a localização da bobina é importante para tratar sintomas específicos. Pacientes ansiosos tendem a ter mais sucesso com uma localização diferente da dos pacientes com sintomas de anedonia e disforia. Se esse achado for definitivamente validado, será um grande avanço.

Dados preliminares recentes também apontam que um gene mutante do BDNF é um preditor de melhor resposta à EMTr. Os médicos estão tentando encontrar outras características que possam indicar os benefícios de elementos específicos do tratamento com EMTr.

No maior estudo feito até o momento, 257 pacientes com depressão resistente ao tratamento completaram com sucesso o tratamento com EMTr e aceitaram ser acompanhados durante até 52 semanas. Quarenta e cinco por cento deles responderam positivamente. A resposta com placebo foi de menos de 5%.

Um desses casos é o de Marilyn Jacobs, que passou a maior parte da vida deprimida. Ela foi diagnosticada aos 21 anos, mas se lembra de que a depressão começou muito antes. Aos 48 anos, desenvolveu a depressão mais grave de sua vida. Antes disso, costumava se consultar com psicólogos e tomava antidepressivos, que produziam melhoras apenas modestas. Em 2009, desesperada por novas opções, foi a Los Angeles em busca de uma nova terapia, a EMTr. Após três semanas de tratamento, começou a se recuperar da depressão. A FDA aprovou a EMTr como um tratamento destinado a indivíduos deprimidos que não responderam a intervenções farmacológicas. Ela pode muito bem ter salvado a vida de Marilyn.

Um salto quântico na aplicação da EMTr

Ainda estamos refinando o uso da EMTr. Em 2021, um grupo em Stanford fez uma alteração significativa no cronograma de tratamento da EMTr, testando um protocolo de estimulações muito mais frequentes durante um período de cinco dias, em vez dos tratamentos de sessão única durante quatro a seis semanas da EMTr padrão.

No primeiro ensaio clínico duplo-cego controlado por placebo, 80% dos pacientes resistentes ao tratamento alcançaram remissão nas quatro semanas que se seguiram ao tratamento de cinco dias. A taxa de remissão no grupo placebo foi de menos de 15%. Esse paradigma poderia, então, ser utilizado em casos emergenciais ou em unidades de internação onde intervenções de ação rápida são necessárias. Além disso, poderia potencialmente surgir como uma importante modalidade para o tratamento da doença depressiva. Em um período notavelmente curto após os primeiros estudos clínicos, a FDA concedeu aprovação rápida para esse procedimento de EMTr.

O protocolo de Stanford utiliza pulsos aplicados em grupos de três, realizados com uma frequência de dois segundos. Os cientistas desenvolveram esses parâmetros com base na frequência dos ritmos teta que emanam do local no centro da memória emocional mais associado com a fisiopatologia depressiva.

Durante cada um dos cinco dias de tratamento, administra-se uma dose total de 18 mil pulsos, o equivalente à dose total do tratamento de seis semanas da EMTr padrão. Apesar das doses mais altas, não ocorreram efeitos colaterais graves em nenhum dos ensaios. O efeito colateral mais comum foi uma taxa de dor de cabeça igual àquela registrada na EMTr padrão.

A EMTr tem como objetivo atingir o local exato do córtex pré-frontal que tem o maior efeito sobre o controle central. Esse local difere de pessoa para pessoa. Para identificá-lo, cada paciente faz uma ressonância magnética cerebral quando não está concentrado em nenhuma tarefa mental específica, o estado de modo padrão. Isso possibilita maior especificidade dos pulsos ligados à anatomia funcional real da pessoa. Visar o controle central também conduz a uma restauração das suas funções usuais de um modo normalmente associado à remissão da depressão. Outro local que tem sido visado com ótimos resultados é o córtex pré-frontal dorsolateral, cuja atividade é reduzida de modo acentuado na depressão. Esse local participa da regulação do humor, em parte ao exercer controle cognitivo sobre a emoção. Em modelos animais, mostrou-se que a EMTr tanto ativa a produção de BDNF quanto aumenta a atividade do seu receptor.

Estão sendo realizados, com grande amostragem, ensaios duplo-cegos controlados por placebo para essa nova versão de EMTr. Além disso, os médicos estão testando diversos protocolos para otimizar os efeitos clínicos obtidos com o tratamento por EMTr. Se as descobertas se sustentarem nesses ensaios em execução, os psiquiatras terão uma nova ferramenta poderosa para combater a epidemia de doença depressiva que enfrentamos hoje em dia.

Convulsões e estimulação

Embora a convulsão tônico-clônica generalizada (convulsões *grand mal*) induzidas por convulsões eletroconvulsivas sejam o subtipo de convulsão mais conhecido, convulsões do sistema límbico também podem ocorrer. Elas não envolvem contração muscular descontrolada, mas, sim, manifestações comportamentais. Ocorrem em alguns pacientes com epilepsia do lobo temporal e têm sintomas que se sobrepõem levemente aos fenômenos bipolares.

Bob Post, um colega dos NIH, descobriu que podia produzir convulsões límbicas injetando cocaína na amígdala de animais experimentais. Ele descobriu que a administração diária repetitiva de cocaína na mesma dosagem tornava a amígdala mais sensível à droga em vez de mais tolerante a ela. Depois de alguns dias de estimulação com a mesma dose, as convulsões límbicas se tornaram mais graves e duradouras. Depois de algumas semanas de administração regular com uma mesma dose, as convulsões se tornaram autônomas e ocorriam regularmente, sem a necessidade de indução mediante a administração de cocaína, e só cediam quando anticonvulsivos eram administrados. Esse fenômeno ficou conhecido como convulsões límbicas por abrasamento (*kindling*).

Bob viu uma ligação entre convulsões de ocorrência autônoma após a administração regular de cocaína e a experiência de alguns pacientes com transtorno bipolar cíclico. No início do transtorno bipolar não tratado, estressores graves eram necessários para desencadear um episódio de depressão ou mania. Com o tempo, alguns indivíduos bipolares começavam a apresentar episódios mais severos de depressão e mania que ocorriam com mais frequência do que na fase inicial da doença - e, para alguns, mesmo estressores mais leves eram capazes de precipitar episódios mais frequentes de depressão e mania. Por fim, se a doença ficava anos sem ser tratada, os indivíduos começavam a alternar entre depressão e mania de modo autônomo, sem nenhum precipitante aparente. Nesse ponto, a maioria dos pacientes era resistente ao lítio e praticamente a quaisquer outras intervenções disponíveis para tratar a doença bipolar, e muitos eram intratáveis.

Ken Kendler, um eminente geneticista psiquiátrico, acabou descobrindo que esse fenômeno de *kindling* se tornava aparente após os primeiros sete a nove episódios.

Bob postulou que esses pacientes tinham algo semelhante às convulsões límbicas por abrasamento e decidiu administrar anticonvulsivos para eles, com excelentes resultados. Jim Ballenger, meu colega de quarto na Faculdade de Medicina na Universidade Duke, teve um papel importante nesses estudos. Bob e Jim usaram o anticonvulsivo carbamazepina (Tegretol), um medicamento muito eficaz no tratamento da epilepsia do lobo temporal. Com o passar dos anos, outros anticonvulsivos, como a lamotrigina (Lamictal), também foram eficazes em tratar pacientes bipolares, mesmo na situação extremamente difícil do transtorno bipolar de longa duração.

Agora, um dos principais objetivos de Bob é tentar iniciar o tratamento em crianças que começam a sofrer de transtorno bipolar com anticonvulsivos a partir dos 3 anos. Sabe-se que esses pequenos desafortunados, que apresentam a doença tão precocemente, têm formas mais malignas de transtorno bipolar que talvez se devam ao fenômeno de *kindling*, que começa não muito tempo após o nascimento. Bob acredita que podemos poupar essas crianças de muitos problemas ao longo da vida se o tratamento começar cedo. Tratar essas formas nocivas de transtorno bipolar é como tratar o câncer. É muito mais difícil tratar a doença se já houver metástase.

O uso de anticonvulsivos para o transtorno bipolar e outras formas de depressão é um novo tratamento recente e animador para termos em mente ao contemplar o futuro. A busca por anticonvulsivos mais eficazes para tratar transtornos bipolares cíclicos continua, e pode-se esperar muito mais dessa classe de medicamentos conforme as convulsões forem mais compreendidas, e substâncias melhoradas forem disponibilizadas para tratá-las.

14. Psicodélicos e conexão

Psicodélicos têm sido usados há milênios para criar mudanças na consciência e induzir experiências que nos afastam da realidade cotidiana. Como eles fazem isso e o que acontece no cérebro quando estamos "viajando" é algo que só há pouco tempo começamos a entender cientificamente.

Como em tantas situações, a ciência foi posta em ação não pela decisão de se realizarem estudos rigorosos, mas por um golpe de sorte. Em 1943, o dr. Albert Hofmann decidiu sintetizar o máximo de compostos possível do alcaloide do *ergot*, um fungo. O *ergot* tem sido fonte de diversas drogas úteis na medicina, da asma à indução do parto. A empresa para a qual Hofmann trabalhava, a Sandoz, achava que os alcaloides do *ergot* podiam ser fonte de muitos outros remédios úteis. Hofmann sintetizou 51 novos derivados desse fungo. Um acidentalmente foi parar em suas mãos, e ele o ingeriu. Depois disso, como conta Michael Pollan em seu livro *Como mudar sua mente*, ele foi para casa e "em um estado onírico, de olhos fechados, [...] percebi um fluxo ininterrupto de imagens fantásticas, formas extraordinárias com um jogo de cores intenso, como em um caleidoscópico". Mais tarde, quando saiu para o jardim após uma forte chuva, "tudo brilhava e resplandecia em uma nova luz".

Aldous Huxley, em seu livro *As portas da percepção*, escreveu que, após uma sessão psicodélica, os objetos mais banais reluziam com a luz do divino. Mesmo as pregas de calças de flanela cinza ficavam carregadas de uma "existencialidade" (*is-ness*). Quando ele olhou para um buquê, sentiu que as flores estavam "brilhando com uma luz interna própria, e quase tremiam sob a pressão do significado do qual estavam carregadas". Ele também sentiu como se os limites entre ele mesmo e as outras pessoas tivessem desaparecido, e sentiu um parentesco com todas as coisas vivas.

Nos anos 1950 e 1960, psiquiatras que administravam LSD e psilocibina, monitorando os pacientes por duas horas ou mais, descobriram que essas substâncias eram de grande ajuda no tratamento da depressão. Diversos trabalhos mostram que a psilocibina, usada há milhares de anos pelas populações nativas da América Central e do Sul, tem efeitos antidepressivos. Ela tem menos efeitos negativos ou nocivos que o LSD, e foi usada por psiquiatras para tratar a depressão nas décadas de 1950 e 1960 com bons resultados. Antes de sua proibição em 1971, a psilocibina e o LSD foram administrados a aproximadamente 40 mil pacientes, incluindo pacientes oncológicos terminais, alcoólatras e indivíduos que sofriam de depressão e transtorno obsessivo-compulsivo. Os resultados dos estudos clínicos iniciais foram promissores.

No entanto, esses estudos iniciais acabaram na clandestinidade quando as drogas psicodélicas adquiriram uma reputação subversiva. Jornalistas noticiaram *bad trips*, surtos psicóticos, flashbacks e sonhos aterrorizantes que duravam dias após o consumo de LSD. Timothy Leary, psicólogo e neurocientista norte-americano, professor de Harvard e defensor dos benefícios terapêuticos do LSD, selou sua ruína com o grito de guerra "Ligue, sintonize, saia" (*Turn on, tune in, drop out*). Acompanhando essa exortação, o governo organizou uma campanha que divulgou alertas infinitos, como "Este é seu cérebro quando você usa drogas", com imagens de ovos fritando em uma frigideira.

Em 1990, dois cientistas, Roland Griffiths, do Hospital Johns Hopkins, e Robin Carhart-Harris, do Imperial College, em Londres, conseguiram permissão para o uso experimental de psicodélicos para o tratamento da depressão. O trabalho culminou em um artigo original recente publicado no *New England Journal of Medicine*, relatando que a psilocibina tem efeitos antidepressivos robustos que excederam os dos inibidores seletivos de recaptação de serotonina (ISRS).

Uma premissa por trás do mecanismo terapêutico das drogas psicodélicas está centrada no conceito de que agentes psicodélicos suprimem ou dissolvem o ego, deixando emergir capacidades antes profundamente recônditas de pensar, sentir e experimentar união com o mundo. Pode muito bem ser isso mesmo, mas também ocorrem efeitos biológicos fundamentais que corrigem muitas das anomalias do sistema de estresse que acompanham a doença depressiva.

Pollan, em conversa com especialistas sobre o mecanismo de ação das drogas psicodélicas, compartilha com eles uma visão talvez excessivamente pessimista do ego e seu papel egoísta na supressão do desmesurado sentimento de conexão e da percepção sensorial aumentada que os indivíduos conseguem atingir após anos de treinamento disciplinado ou no contexto do tratamento com psilocibina. Pollan observa que o ego é, com frequência, um neurótico internalizado que insiste em dirigir o espetáculo; que é ardiloso e não abre mão do poder sem brigar. Considerando-se indispensável, ele vai brigar incessantemente contra sua diminuição. Segundo Pollan, o ego é bom em desempenhar as atividades que a seleção natural valoriza: tomar a frente, se fazer gostar e amar, se fazer alimentar e fazer sexo. Mantendo-nos focados, o ego suprime qualquer coisa que possa nos distrair do que estamos fazendo, mesmo que isso signifique restringir o acesso ao conhecimento inconsciente sobre nossa unicidade com os outros e nossa relação especial com o mundo.

Pollan prossegue escrevendo que o ego não percebe que existe um mundo inteiro de almas e espíritos, e muitas experiências subjetivas além da nossa própria. Parece plausível que um insight mais profundo, induzido por psicodélicos, acontece no espaço que se abre na mente quando todo o egoísmo desaparece. Maravilhas e terrores contra os quais costumamos nos defender fluem para nossa percepção; as extremidades do espectro sensorial, que normalmente são invisíveis para nós, surgem em toda a sua glória. Em contrapartida, a depressão é um estado no qual o ego se vê em um estado de autoavaliação excessiva, alimentado por uma amígdala ativada para promover sentimentos de falta de valor próprio, impelida pela grande ativação da rede de modo padrão. Como afirmei anteriormente neste livro, a depressão é um estado profundamente restringido, que deixa de fora sentimentos potentes como a tristeza. Como apontei, a tristeza é associada com frequência a memórias amadas e estimadas de, por exemplo, um ente querido que já se foi e, às vezes, de um sentimento agridoce que abrange tanto as coisas boas da vida como a dura realidade de que todos os relacionamentos um dia chegam ao fim. Contudo, muitos pacientes com quadros graves de depressão costumam não sentir esse tipo de tristeza nem mesmo choram. Em vez disso, perdem contato com seus eus verdadeiros e ficam restritos a uma ladainha entorpecedora de desesperança e autoflagelação, de modo que ficam focados em si mesmos em vez de entrarem em contato com os outros e com o mundo.

Durante a depressão, a rede de modo padrão fica altamente ativada. Como resultado, o indivíduo se volta para si mesmo e julga o eu com uma dureza excessiva. A pessoa deprimida perde contato com muitos sentimentos comuns e fica alienada dos outros. Tudo isso a mantém isolada das camadas mais profundas da consciência e da conexão.

Segundo o psicofarmacologista David Nutt, as pessoas ficam presas em transtornos como a depressão porque desenvolvem um sistema de pensamento que é inteiramente restringido. A psiquiatria tem um termo para esse tipo de pensamento: ruminação. A ideia por trás da terapia psicodélica é que a droga coloca os indivíduos em um estado de recepção no qual ficam abertos a novas ideias de como pensar sobre o passado e o futuro, algo que o terapeuta pode reforçar. Na depressão, os pacientes ruminam continuamente seus fracassos, repetem pensamentos de culpa e se envolvem em narrativas internas autocríticas. É provável que os psicodélicos funcionem interrompendo esses hábitos de pensamento e comportamento, permitindo que os sistemas que os controlam se recalibrem.

Desligar a rede de modo padrão abre à força nosso senso de comunidade com os outros e de conexão com o mundo. Se o ego é (de modo temporário) eliminado da equação, agentes psicodélicos abrem passagem para um nível de consciência que existe em todos nós, mas que raramente é acessível.

Hoje em dia, a terapia com psilocibina para transtornos psiquiátricos é oferecida em um contexto psicoterapêutico estruturado, com contribuições consideráveis do terapeuta. Há sempre uma sessão preparatória antes da administração da droga. Há sempre um terapeuta - e, em alguns estudos, dois terapeutas - presente durante a sessão psicodélica, que dura até seis horas. No dia seguinte, e nos próximos, ocorrem mais sessões integrativas com os mesmos terapeutas para ajudar o paciente a falar de suas experiências e, assim, fundamentá-las. Será importante verificar se os psicodélicos exercem seus efeitos se administrados pela via intravenosa em indivíduos deprimidos que estão adormecidos ou levemente anestesiados. Outra alternativa é o desenvolvimento de análogos dos psicodélicos atuais que não promovam a experiência psicodélica, mas que, ainda assim, tenham 100% de sua eficácia antidepressiva. A psilocibina é segura e eficaz. Diversas faculdades de medicina e institutos de pesquisa estão estudando seu impacto no tratamento da depressão, do transtorno bipolar, do transtorno de ansiedade generalizada e da anorexia nervosa. Os resultados podem oferecer uma nova e revolucionária maneira de tratar doenças psiquiátricas.

Parcialmente contrário à ideia de que o ego trabalha duro para evitar a expansão da consciência, Roy Schafer escreveu uma nota espetacular sobre como um ego altamente desenvolvido pode rejeitar a ideia heroica de que "tudo vai dar certo". Em seu livro *A New Language for Psychoanalysis* [Uma nova linguagem para a psicanálise], ele escreveu um capítulo intitulado "The Psychoanalytic Vision of Reality" [A visão psicanalítica da realidade]. Nele, afirma que a visão trágica é mais precisa. Por trágica, ele não quer dizer melancólica ou desesperada, mas sim que:

> A visão trágica é expressa em uma responsividade apurada aos grandes dilemas, paradoxos, ambiguidades e incertezas que permeiam a ação humana e a experiência subjetiva. Ela se manifesta no estar alerta aos inescapáveis perigos, terrores, mistérios e absurdos da existência. Ela exige que se reconheçam os elementos da derrota na vitória e da vitória na derrota; a dor no prazer e o prazer na dor; a culpa na ação aparentemente justificada; a perda de oportunidades atrelada a cada escolha e ao crescimento em qualquer direção; os inevitáveis choques entre a paixão e o dever; o revés que paira sobre aqueles que são orgulhosos, ou felizes, ou dignos devido ao fato de que está na natureza humana a inclinação a reverter a própria sorte, assim como ser vulnerável a acidentes e a consequências imprevistas dos seus atos e dos atos dos outros. A pessoa com um senso trágico da vida sabe que renúncias

se mesclam à gratificação; que existe a necessidade de agir na ignorância e suportar o medo e a culpa pela ação; também sabe o fardo das perguntas que não têm resposta e das aflições incompreensíveis; que há a probabilidade de sofrer enquanto aprende ou muda; e estão cientes da frequência com a qual é verdade que apenas na maior das adversidades as pessoas se realizam mais plenamente.

Em minha avaliação, essa construção psicanalítica representa o apogeu do desenvolvimento do ego a serviço do reconhecimento da verdade quanto à condição humana e de como tentar se adaptar a ela. Faltam-lhe, entretanto, uns poucos elementos-chaves dos quais fiquei ciente ao escrever este capítulo. Ela não inclui referências a estados aumentados de consciência que podem ser obtidos pela disciplina ou pelo uso de psicodélicos, entre os quais está o sentimento expansivo de conexão com todas as coisas vivas. Também ignora as fontes da felicidade humana, a capacidade e a necessidade de ser capaz de amar, ou construções como a coragem, a gratidão, a generosidade e o sacrifício. Essas, também, são em grande parte funções do ego que melhoram a qualidade de vida de um indivíduo em um mundo que em todos os demais aspectos é difícil, e que ainda é cheio de desafios e contratempos.

As drogas psicodélicas são agentes promissores que, quando usados com efetividade, na presença de um psicoterapeuta capacitado, podem ter um impacto maior sobre a depressão e transtornos relacionados que os antidepressivos padrão, em parte devido aos seus profundos efeitos biológicos.

Um que é comum a todos os compostos psicodélicos é que eles ativam o receptor de serotonina 2A. Se esse receptor é bloqueado, nenhum dos compostos psicodélicos exerce efeitos psicodélicos. Os primeiros dados relativos aos efeitos biológicos dos psicodélicos que dizem respeito à sua eficácia como antidepressivos mostram que eles desligam uma rede de modo padrão que invariavelmente está ativada na depressão. Como já observado, a ativação dessa rede em pacientes deprimidos promove o olhar para si mesmo e ruminações das próprias deficiências. A rede de saliência, que foca o mundo exterior, e o modo executivo, que lida com a resolução de problemas, ficam isolados um do outro e da rede de modo padrão e também frequentemente têm baixo funcionamento em pacientes deprimidos. É notável que essas redes contêm a expressão mais concentrada de receptores de serotonina 2A no cérebro.

O cérebro consiste em inúmeros módulos cuja interconectividade e integração variam consideravelmente durante condições em transformação. Quando essas redes se tornam desconectadas uma da outra, como vemos com maior frequência em pacientes deprimidos que em controles, a falta de comunicação entre os modos padrão, de saliência e executivo provoca uma série de problemas. Um artigo recente publicado pelo periódico *Nature Medicine* revelou que um ensaio duplo-cego, controlado por placebo, com a psilocibina foi associado a uma redução pronunciada na modularidade e a um profundo aumento na integração global de múltiplos *loci* no cérebro. Em uma comparação lado a lado com um ISRS, cujos efeitos antidepressivos tinham um início muito mais lento e não eram tão robustos, não houve aumento na integração global do cérebro. Esse achado aponta para a capacidade única dos psicodélicos de exercer respostas antidepressivas rápidas que duram por muitos dias após uma única administração e que são mais robustas que aquelas vistas com os antidepressivos tradicionais. A integração global promovida pelos psicodélicos pode contribuir para sua capacidade de induzir um humor que é mais holístico que aquele característico da consciência normal.

Isso, por sua vez, parece facilitar a experiência de ver conexões entre todas as coisas vivas.

Os psicodélicos também têm efeitos robustos na ativação do sistema do BDNF, que está associada a um aumento das conexões entre os neurônios e da neurogênese e também à restauração do volume do centro de memória emocional. Os psicodélicos parecem únicos na sua capacidade de ativar os receptores AMPA (alfa-amino-3-hidroxi-metil-5-4-isoxazolpropiônico) de glutamato, que, como mostrarei mais adiante, são primordiais para a eficácia terapêutica da cetamina. Além disso, eles promovem a extinção das respostas condicionadas de medo que bombardeiam o centro de memória emocional com memórias emocionais negativamente carregadas.

Os psicodélicos também afetam a espessura do córtex cingulado posterior, que está ligado a traços de personalidade, como religiosidade, sentimentos transpessoais e espiritualidade.

Os psicodélicos ativam programas anti-inflamatórios em parte por meio da ativação do receptor de serotonina 2A. Isso não é de se surpreender, já que quase todas as células imunes contêm receptores de serotonina, incluindo o receptor de serotonina 2A. A psilocibina e o LSD são dois dos psicodélicos que possuem efeitos anti-inflamatórios potentes.

Existem muitos motivos pelos quais o surgimento de compostos psicodélicos para o tratamento da depressão e doenças relacionadas é extremamente oportuno, qualquer que seja seu modo de ação. Em primeiro lugar, esses transtornos representam um fardo massivo e sem respostas para a saúde em um momento em que diversas empresas farmacêuticas importantes se retiraram da pesquisa psiquiátrica. Existem cada vez mais evidências para a segurança e eficiência dos psicodélicos. Eles têm um potencial limitado de abuso e não provocam vício. Sua eficácia no tratamento é rápida e muitas vezes duradoura. Por fim, representam uma ponte ideal entre a psicoterapia e a psicofarmacologia.

Um artigo recente publicado no periódico *Nature* fez relatos de um medicamento que se liga aos receptores de serotonina 2A em camundongos sem causar os traços comportamentais usuais que os animais mostram quando recebem psicodélicos. Esse agente exerceu respostas antidepressivas prolongadas após uma única dose. Agora precisamos ver o mesmo resultado em ensaios humanos, mas essa é uma pista promissora.

Psicodélicos ou substâncias que ativam o receptor de serotonina 2A sem efeitos psicodélicos estão em posição de desempenhar um papel único na próxima geração de agentes antidepressivos.

Há milênios, os psicodélicos fazem parte de diversas tradições culturais e rituais de cura, e finalmente a ciência moderna está começando a entender por quê.

15. Uma compreensão recente de antidepressivos antigos

A hipótese de que desequilíbrios na noradrenalina e na serotonina são as causas biológicas mais importantes da depressão domina a psiquiatria há mais de cinquenta anos. Esse modelo tem fundamentado quase todas as pesquisas que procuraram desenvolver novos tratamentos no passado recente. Agora que estamos começando a aprender mais sobre as causas subjacentes à doença depressiva, identificamos diversos novos alvos para a próxima geração de antidepressivos. Assim, a importância primordial da noradrenalina e da serotonina tem sido questionada.

Sabemos agora que medicamentos como os inibidores seletivos de recaptação de serotonina (ISRS) que atuam no sistema de serotonina permanecem eficazes mesmo quando ele é bloqueado, removido ou não envolvido por algum outro motivo. É interessante notar que, mesmo quando elementos-chave do sistema de serotonina são removidos, os efeitos bioquímicos, comportamentais e eletrofisiológicos produzidos pelos ISRS continuam sendo observados em camundongos que receberam esses medicamentos, indicando que a serotonina não é essencial para o mecanismo de ação dos ISRS. Isso sugere a necessidade de um novo modelo para explicar o mecanismo dos efeitos antidepressivos desses medicamentos.

Existem muitas evidências que mostram que o BDNF desempenha papéis fundamentais em diversos processos do sistema nervoso, entre os quais a capacidade de ativar uma resposta normal ao estresse. Um artigo recente mostrou que antidepressivos tradicionais como a imipramina e os ISRS não funcionam em animais experimentais nos quais os genes para o BDNF ou seu receptor são inativados. Assim, por eliminação, determinamos que o BDNF é essencial para os efeitos terapêuticos dos antidepressivos tradicionais.

A fim de examinar de modo mais direto o papel do BDNF na maneira como os antidepressivos fazem efeito no cérebro, descobriu-se que uma infusão de BDNF diretamente no tronco cerebral produziu uma resposta antidepressiva. Outros estudos mostraram que uma única infusão de BDNF no centro de memória emocional foi suficiente para promover respostas antidepressivas em três dias.

Essa única infusão de BDNF continuou a produzir resposta antidepressiva por até doze dias após a infusão no centro de memória emocional. Isso é muito mais do que o intervalo para a degradação real da proteína, o que indica que o BDNF provavelmente coloca em ação efeitos sustentados relacionados à plasticidade cerebral.

A desativação experimental do gene do BDNF ou seu receptor abole os efeitos antidepressivos não só dos ISRS, mas também dos antidepressivos tricíclicos. Além disso, estudos indicam que outros antidepressivos como a bupropiona (Wellbutrin), a venlafaxina (Effexor) e a duloxetina (Cymbalta) também se ligam ao receptor do BDNF.

Embora antidepressivos tradicionais ativem o sistema do BDNF, eles fazem isso de um modo fraco. Isso explica por que eles devem ser dados por duas ou três semanas ou mais até que suas concentrações atinjam um ponto crítico no qual conseguem ativar o sistema do BDNF; também explica por que ao menos 40% dos pacientes não respondem aos regimes tradicionais de antidepressivos.

O BDNF e seu receptor também são cruciais para os efeitos terapêuticos da cetamina. A desativação experimental dos genes para o BDNF ou seu receptor extinguem a eficácia antidepressiva da cetamina. A cetamina é um ativador muito mais potente do sistema do BDNF que os antidepressivos tradicionais.

Mais que tudo, a sinalização do BDNF no centro de memória emocional parece representar um componente essencial das respostas antidepressivas aos antidepressivos convencionais. Isso, é claro, não significa que outros locais do cérebro não estejam envolvidos; diversos circuitos neuronais são essenciais para a eficácia antidepressiva. No entanto, o impacto do BDNF sobre o centro de memória emocional na mediação de respostas antidepressivas oferece uma pista importante quanto aos circuitos neurais envolvidos no processo depressivo.

Embora o BDNF seja o elo fundamental que promove os efeitos antidepressivos dos agentes tradicionais e também da cetamina, a serotonina e a noradrenalina desempenham também um papel, embora ainda não o tenhamos determinado de todo. A serotonina talvez ative o sistema do BDNF de modo indireto e diminua a atividade da amígdala, ao mesmo tempo que aumenta a atividade do controle central. Em contrapartida, sabemos que a dopamina é crucial para a expectativa e a experiência do prazer, e suas ações são reduzidas em modelos experimentais de depressão. Infelizmente, a bupropiona é um estímulo muito fraco à atividade da dopamina, e não está claro até que ponto esse efeito atua sobre sua eficácia antidepressiva. Os cientistas estão procurando outros compostos que aumentem vigorosamente e com segurança o sistema de dopamina para combater a anedonia da depressão. Até agora, essa não tem se mostrado uma tarefa fácil.

O dr. Ron Duman fez muitas contribuições para nossa compreensão dos mecanismos básicos subjacentes à doença depressiva e os mecanismos de ação dos antidepressivos. Ele e Eric Nestler inauguraram o Laboratório de Psiquiatria Molecular em Yale, que foi um dos primeiros laboratórios de pesquisa do mundo com foco na biologia molecular e celular da depressão e de outros transtornos psiquiátricos.

O laboratório Duman foi o primeiro a demonstrar que o estresse crônico inibia a expressão de BDNF no centro de memória emocional em animais experimentais. Ele também foi o primeiro a demonstrar que os antidepressivos aumentam a função do BDNF no centro de memória emocional a ponto de iniciar e sustentar os efeitos antidepressivos, e fez muitas contribuições para nossa compreensão de como a cetamina funciona.

Ron também foi o primeiro a descobrir que diversas classes de antidepressivos estimulam a neurogênese no hipocampo, e incentivou a busca por estimuladores de neurogênese para o tratamento da doença depressiva.

Ele fez parte de um grupo seleto de neurocientistas que se afastaram do foco nos neurotransmissores e seus receptores como causa da depressão para se concentrarem na diversidade de tipos celulares no cérebro, na rede intricada de moléculas coordenadas interativas e nas bases moleculares e celulares de circuitos cerebrais específicos que contribuem para a depressão. Aplicou as mais sofisticadas metodologias neurocientíficas e moleculares para produzir um conjunto de trabalhos que resistirá ao tempo.

Ron cresceu em um lar animado e amoroso com seis irmãos, perto de uma grande rede de parentes próximos e muito unidos em Edensburg, uma cidadezinha da Pensilvânia. Foi o professor da cadeira Elizabeth Mears e House Jameson de psiquiatria e professor de neurociência na Faculdade de Medicina da Universidade Yale. Recebeu muitas homenagens e foi eleito para a Academia Nacional de Medicina.

Infelizmente, Ron morreu súbita e inesperadamente de um ataque cardíaco em 2020, aos 65 anos, durante uma trilha com a família em Guilford, Connecticut. Muitos tributos atestam sua devoção à família e suas enormes contribuições para a formação de muitos pesquisadores hoje bem estabelecidos, além de sua bondade, generosidade, integridade e senso de humor gentil.

O trabalho para desvendar a depressão continua, mas Ron nos fez avançar muitos quilômetros nesse caminho.

16. A promessa e o risco da cetamina

A descoberta recente de que a cetamina podia exercer efeitos antidepressivos significativos em questão de minutos é um dos eventos mais importantes da pesquisa sobre depressão dos últimos cinquenta anos.

Os cientistas sabem há anos que a cetamina funciona por meio do sistema de glutamato. Desde os anos 1950, a cetamina tem sido usada como um anestésico seguro. Seus extraordinários efeitos antidepressivos fizeram laboratórios do mundo todo que pesquisavam a depressão voltarem a atenção para o glutamato. Ao contrário de compostos como a noradrenalina, a dopamina e a serotonina, que estão presentes em cerca de 3% das células cerebrais nervosas, o glutamato está presente em 50% das células nervosas. É o principal neurotransmissor com efeitos excitatórios sobre as células nervosas. Comparado a neurotransmissores como a noradrenalina, que desempenha um papel modulatório em estruturas como o controle central e o centro de memória emocional, o glutamato desempenha um papel regulatório muito maior. Não é totalmente surpreendente que a cetamina, atuando por meio do glutamato, supere os antidepressivos padrão, agindo muito mais rápido, induzindo taxas maiores de remissão e evitando muito mais recaídas.

Durante períodos prolongados de estresse intenso, grandes quantidades de glutamato são liberadas. Isso pode fazer as células nervosas dispararem tão rapidamente que as reservas de energia da célula se esgotam, e ela morre. Em seguida, ocorre uma redução modesta nas reservas de glutamato remanescentes, resultando em um estado deprimido. É nesse contexto que a administração de cetamina resulta em uma liberação modesta de glutamato que ativa o receptor AMPA (alfa-amino-3-hidroxi-metil-5-4-isoxazolpropiônico) de glutamato. Essa ativação, por sua vez, promove a liberação quase imediata do BDNF no controle central e no centro de memória emocional. Em algumas horas, o efeito cumulativo é perceptível no aumento de conexões entre as células nervosas, aumento da neuroplasticidade em áreas do córtex pré-frontal e do sistema límbico, aumento da neurogênese no centro de memória emocional e melhora acentuada na função sináptica. A cetamina também possui propriedades anti-inflamatórias que provavelmente contribuem para sua eficácia no tratamento da doença depressiva.

Os cientistas e os clínicos descobriram que, quanto maior é a redução no tamanho inicial do controle central e do centro de memória emocional, mais forte é a resposta à cetamina. O sono profundo diminuído é um componente comum da depressão melancólica, e os indivíduos com as maiores reduções no sono profundo têm as melhores respostas à cetamina. Ela também melhora rapidamente a função cognitiva.

Anomalias nos genes circadianos CLOCK também são preditores de uma resposta à cetamina. Distúrbios circadianos na depressão afetam neurotransmissores e hormônios, resultando em alterações acentuadas do ciclo repouso-atividade e da ciclagem de curto e longo prazo entre depressão e mania. Um ensaio prospectivo dosando a cetamina em pontos diferentes do ciclo circadiano está sendo realizado atualmente para elucidar o modo como a cetamina afeta o relógio diário do nosso corpo tanto biológica como clinicamente.

A cetamina pode servir de protótipo para classes novas de antidepressivos, capazes de visar seletivamente elementos afetados por ela e produzindo poucos efeitos colaterais. Os dados indicam que a combinação de psicoterapia com a administração de cetamina resulta em uma taxa maior de recuperação e menos recaídas que uma ou outra sozinhas.

A descoberta da cetamina é importante não só por indicar que existem antidepressivos de ação rápida, mas porque ela pode ser usada como uma importante ferramenta terapêutica por si mesma. Contudo, uma minoria de pacientes tem reações dissociativas, o que significa que não sabem quem são ou onde estão. Esses sintomas desaparecem em poucas horas, mas são inquietantes e exigem atendimento médico durante as primeiras horas após a administração da substância. Estão sendo desenvolvidos outros compostos que têm a eficácia da cetamina sem essas reações preocupantes.

Surge, então, a questão sobre até que ponto a cetamina poderia mudar o que significa ter depressão. Um composto com efeito quase imediato, que produz efeitos positivos de longo prazo e tem efeitos evidentes sobre a neurobiologia de um paciente, poderia reduzir significativamente a estigmatização da doença. Por fim, talvez as pessoas possam vir a entender que a depressão é uma doença baseada na fisiologia, assim como a doença coronariana. Isso poderia ter grandes efeitos na eliminação de parte do estigma associado à doença mental, e também levaria a uma paridade na cobertura dos planos de saúde.

A história de Robert

Quando Robert Wilson chegou aos NIH pela primeira vez, tinha estado deprimido pela maior parte da vida. O pai saiu de casa quando ele tinha 4 anos, o que desencadeou sua primeira depressão. Um tio o molestara em diversas ocasiões antes de ele completar 10 anos.

Na metade de seu primeiro ano na faculdade, Robert tentou suicídio. O gatilho foi o rompimento com uma namorada e dificuldades acadêmicas por não conseguir estudar.

Quando nos procurou, Robert estava com 34 anos. Sua depressão na ocasião era caracterizada por sentimentos de falta de valor, ansiedade, perda de apetite, despertar nas primeiras horas da manhã e incapacidade de sentir qualquer forma de prazer. Era uma depressão severa e melancólica clássica. No entanto, ele não conseguia identificar um precipitante claro para aquela crise de depressão. Ele me disse: "Dr. Gold, você sabe por quantas adversidades passei. Tive uma depressão atrás da outra, mas, a cada vez, eu suportava e fazia o que precisava ser feito. Durante a maior parte do tempo, disfarcei, para ninguém suspeitar de que eu estava deprimido. Não consigo mais fazer isso. Mas não vou deixar minha família na mão como meu pai nos deixou. Prometo isso para mim mesmo e para você".

Quando Robert chegou aos NIH, já havia tentado imipramina, fluoxetina (Prozac), bupropiona (Wellbutrin), venlafaxina (Effexor), duloxetina (Cymbalta) e escitalopram (Lexapro), um inibidor seletivo de recaptação de serotonina (ISRS) que na época era novidade. Nenhum deles mostrou eficácia. Contudo, havia um novo medicamento para o qual estávamos realizando ensaios: a cetamina.

A participação de Robert nos ensaios da cetamina incluíram diversas tomografias com várias capacidades. Nós as usamos para ajudar a avaliar mudanças anatômicas nas áreas do sistema de estresse e no resto do cérebro, mudanças na atividade metabólica desses centros, a conectividade entre essas estruturas, a magnitude da inflamação do cérebro e a atividade de vários neurotransmissores e hormônios. A neuroimagem revolucionou nossa compreensão dos fatores biológicos envolvidos na depressão e o mecanismo de ação de antidepressivos eficazes.

Além das tomografias, sequências inteiras do DNA de Robert foram obtidas e analisadas. Ele fez estudos noturnos do sono por eletroencefalograma padrão, além de um estudo do sono especial chamado magnetoencefalografia, que detecta uma frequência de onda específica da depressão que é corrigida pela cetamina. Coletas periódicas de sangue nos ajudaram a acompanhar a inflamação e os hormônios do estresse, parâmetros metabólicos e de coagulação e a examinar os padrões circadianos de sua secreção hormonal.

Robert mostrava evidências de redução significativa nos tamanhos do controle central e do centro de memória emocional. Sua amígdala estava aumentada. Ele tinha evidências de inflamação cerebral, especialmente no sistema de estresse. Sua magnetoencefalografia estava bastante anormal. Os hormônios do estresse, especialmente o cortisol e a noradrenalina, estavam muito elevados.

Completar essa bateria de exames era o principal objetivo das primeiras duas semanas de Robert no hospital. Em seu décimo quinto dia no hospital, os ensaios realmente começaram. Robert recebeu uma pequena infusão intravenosa de uma microdose de cetamina.

Seis horas depois, ele se sentia mais calmo e moderadamente menos sobrecarregado por sua depressão severa. Duas horas depois disso, se sentia completamente bem. Quando Robert percebeu a mudança drástica, começou a chorar. “Nunca acreditei que poderia voltar a me sentir assim”, disse ele.

Ficamos espantados. Em vez da latência de duas ou três semanas dos antidepressivos padrão, a cetamina agia em uma questão de horas.

Ainda assim, não sabíamos quais poderiam ser os efeitos de longo prazo. Em outras palavras, naquele momento, não sabíamos quanto tempo duraria sua remissão.

A depressão de Robert voltou dez dias depois daquela única infusão. Embora ele se sentisse, evidentemente, desencorajado, sua resposta inicial à infusão foi fundamental para ajudá-lo a entender que ele poderia se sentir bem de novo. Ela lhe deu esperanças. No passado, quando Robert tentou um ISRS, ele não surtiu efeito. Agora, quando tentamos o escitalopram (Lexapro), ele respondeu. Existem alguns dados de que a remissão induzida por cetamina reduz o limiar para as respostas a ensaios subsequentes com antidepressivos.

Outros ensaios iniciais com a cetamina, entretanto, demonstraram riscos claros. Em outro centro, por exemplo, um paciente que respondeu agudamente a uma única dose de cetamina ficou desanimado após perder a resposta. Morreu por suicídio. Como é o caso com qualquer outro medicamento, precisávamos ser cuidadosos na sua administração.

A meia-vida da cetamina é de apenas duas horas e meia. Isso significa que, após 150 minutos, apenas metade da dose do medicamento administrado ainda está presente no plasma sanguíneo. Apesar disso, embora a substância saia do corpo rapidamente, uma única dose produz uma resposta antidepressiva que muitas vezes dura por quase duas semanas. É evidente que a cetamina desencadeia mudanças posteriores que duram por muito mais tempo que sua meia-vida. Estudos de longo prazo com o medicamento revelam que ele é eficaz quando administrado a cada duas semanas, por períodos que agora chegam a um ano. Alguns mantiveram respostas antidepressivas de longo prazo, até muito depois de a cetamina ter sido descontinuada.

De importância significativa é o fato de que a cetamina nos deu uma pista importante sobre os possíveis efeitos críticos que o neurotransmissor glutamato desempenha na depressão, assim como os papéis do BDNF, do receptor de BDNF e do receptor AMPA. Muitos novos medicamentos têm surgido dessa promissora área de pesquisa.

A cetamina é uma ferramenta poderosa em nosso arsenal para o tratamento da depressão, mas não deixa de ter riscos significativos. Ela também é perigosa quando usada como droga recreativa, conhecida nas ruas pelos nomes Special K, Key, Keyla. Como é um anestésico, ela pode produzir um sentimento agradável de desprendimento, mas também pode fazer o usuário ignorar ferimentos, mesmo os graves. Overdoses podem levar a batimentos cardíacos acelerados, pressão arterial elevada, convulsões e morte.

17. Quebrando as barreiras da depressão

Este é um momento sensacional para quem trabalha no campo da neuropsiquiatria. Entramos em uma nova era de tratamentos promissores para a depressão, após meio século de poucos progressos. Recentemente, surgiram mais de trinta novos compostos e procedimentos baseados em pesquisas recentes sobre a neurobiologia da depressão, os quais serão apresentados neste capítulo. Eles representam um total afastamento da última geração de procedimentos e antidepressivos. A maioria tem ação rápida (em horas) e duradoura, e induz taxas mais altas de remissão que seus antecessores. É difícil para mim expressar o quanto estou empolgado e feliz com esses avanços após tantos anos sem conseguir chegar aos traços fisiopatológicos centrais da doença depressiva.

A cetamina, um antagonista do receptor NMDA (N-metil D-aspartato) de glutamato, é o primeiro desses agentes de nova geração. Receptores NMDA são um dos principais receptores de glutamato encontrados por todo o sistema nervoso central. Eles influenciam muitos processos cruciais, que vão do aprendizado e da memória ao humor, cognição e respiração.

Microdoses de cetamina podem ser usadas como antidepressivo. Essas baixas doses não danificam os neurônios. Como apontei anteriormente, a ligação dessas baixas doses de cetamina com o receptor NMDA ativa uma leve liberação de glutamato tanto no controle central como no centro de memória emocional. Isso, por sua vez, leva à ativação dos receptores AMPA (alfa-amino-3-hidroxi-metil-5-4-isoxazolpropiônico) de glutamato, que então ativam o sistema de BDNF e, talvez, outros efeitos que contribuem para a eficácia da cetamina como antidepressivo, os quais ainda não entendemos completamente.

O primeiro medicamento semelhante à cetamina aprovado para a depressão foi a escetamina, uma substância que age do mesmo modo que a cetamina e tem uma fórmula química praticamente idêntica. Se a cetamina é administrada por via oral, ela é degradada no trato gastrointestinal e, assim, não exerce efeitos terapêuticos. Para que ela entre no cérebro, precisa ser administrada por via intravenosa ou como spray nasal, uma rota que dá a ela acesso ao sistema nervoso central. Os primeiros estudos clínicos com a cetamina foram muito bem-sucedidos, com uma taxa de resposta de 72% em horas, e que podia durar por duas semanas após uma única administração. A resposta com placebo foi de menos de 5%. Estudos mostram que sua administração intermitente pode produzir respostas antidepressivas sustentadas por ao menos um ano. Atualmente, esses ensaios estão em execução. A escetamina imita os efeitos da cetamina no receptor AMPA de glutamato, com a ativação subsequente do sistema de BDNF. Ela foi aprovada para uso no tratamento da depressão em 2019.

Os cientistas desenvolveram mais diversos antagonistas do NMDA que passaram por ensaios clínicos promissores. O primeiro deles, o AXS-05, é uma combinação de dextrometorfano, há muito tempo conhecido como antagonista do NMDA, e bupropiona (Wellbutrin). O AXS-05 recebeu da FDA a designação de terapia inovadora para uso no transtorno depressivo clássico e na doença de Alzheimer. Além disso, é eficaz para ajudar no fim do tabagismo. A substância também depende de efeitos pós-bloqueio do NMDA envolvendo o receptor AMPA e o BDNF.

O óxido nitroso também é um antagonista do receptor NMDA. Uma hora de inalação de 50% de óxido nitroso (idêntico ao administrado pelos dentistas nos Estados Unidos) provocou uma resposta significativa no alívio dos sintomas da depressão em duas horas; essa dose manteve a eficácia após duas semanas. Uma única inalação de óxido nitroso não causou efeitos adversos graves, mas pode provocar dor de cabeça e náusea em algumas pessoas. Dados recentes revelam que uma dose de apenas 25% de óxido nitroso é igualmente eficaz para a depressão resistente ao tratamento. Estudos para determinar a segurança do uso prolongado da substância estão sendo realizados. Se os dados continuarem mostrando que os efeitos de uma única inalação perduram por ao menos duas semanas, a administração de longo prazo não deve ser problemática. É interessante notar que parte da eficácia do ácido nitroso vem do fato de que ele também libera dopamina.

A esmetadona (REL-1017) é uma variante da metadona. A esmetadona tem propriedades leves a moderadas no bloqueio de NMDA. Melhoras na depressão foram vistas após quatro dias de uso e duraram por todo o período do ensaio, de catorze dias. As taxas de remissão plena são de mais de 50%, enquanto a resposta com placebo foi de somente 5%. Efeitos colaterais leves incluíram dor de cabeça e náusea. Pacientes que tomaram esmetadona em um ensaio não experimentaram eventos dissociativos nem psicóticos, e também não tiveram nenhum efeito opioide ou sintomas de abstinência.

Novos antidepressivos que não precisam bloquear os receptores NMDA

Antidepressivos de ação rápida não necessariamente exigem o bloqueio dos receptores NMDA. Existem outros meios pelos quais esses antidepressivos podem ser eficazes. A norcetamina é um produto da quebra da cetamina, formado quando a cetamina é metabolizada por enzimas. Sozinha, a norcetamina tem efeitos antidepressivos potentes análogos aos da cetamina. No entanto, ela não age como antagonista do NMDA; em vez disso, cria efeito antidepressivo rápido causando uma liberação aguda de glutamato para ativar receptores de AMPA e o sistema de BDNF.

O canabidiol é um componente não psicologicamente ativo da *cannabis*. Em estudos em animais experimentais, o canabidiol administrado em dose única induziu efeitos antidepressivos rápidos e prolongados, associados ao aumento dos níveis de BDNF no córtex pré-frontal e no centro de memória emocional. Essa ativação da liberação de BDNF não envolve o receptor de NMDA e é acompanhada por um aumento rápido e significativo na neuroplasticidade e na neurogênese. Estão sendo realizados estudos para determinar a segurança e as dosagens ideais de canabidiol para que haja eficácia, assim como da própria *cannabis*.

Compostos que atuam diretamente sobre o sistema de glutamato

Além dos receptores NMDA e AMPA, existe uma outra classe de receptores de glutamato chamada receptores mGlu, que consiste em nove diferentes subtipos. Quando o tipo 2 de receptores mGlu de glutamato é bloqueado, o cérebro libera glutamato rapidamente no córtex pré-frontal e no centro de memória emocional. Essa ação resulta quase imediatamente em maior neuroplasticidade no córtex pré-frontal e em um aumento da neurogênese no centro de memória emocional.

Dados preliminares mostram que, além dos antagonistas ao tipo 2 de receptores mGlu, os antagonistas ao tipo 3, tipo 5 e tipo 9 talvez tenham efeitos terapêuticos. Essa é uma área promissora para novas pesquisas, e esses novos agentes talvez superem em eficácia muitas das novas classes de medicamentos contra a depressão.

A busca por agentes que estimulam diretamente o receptor AMPA de glutamato

Pesquisadores de todo o mundo estão buscando compostos que possam ativar diretamente, de modo efetivo e seguro, o receptor AMPA de glutamato, o que leva à ativação do sistema BDNF. Até agora, esse tem sido um objetivo vago, porque os agentes receptores de AMPA disponíveis se mostraram tóxicos.

Agonistas de GABA no tratamento da depressão

Depois do glutamato, o GABA é o segundo neurotransmissor mais abundante no cérebro, presente em 20% de todos os neurônios. Ao contrário do glutamato, o GABA é um neurotransmissor inibitório, que desliga os neurônios em vez de excitá-los. Muitos agonistas GABA são empregados como agentes ansiolíticos ou sedativos.

Diversas evidências indicam que a neurotransmissão de GABA é diminuída na doença depressiva. As concentrações de GABA são reduzidas no cérebro de pacientes com depressão, e seus níveis são reduzidos no sangue e no líquido cefalorraquidiano.

Um importante avanço recente foi a descoberta de que a alopregnanolona (nome comercial Brexanolone) é o primeiro tratamento verdadeiramente eficaz para a depressão pós-parto, uma doença de difícil tratamento e, por vezes, devastadora. A alopregnanolona, da família dos neuroesteroides, é um estimulador da atividade GABA. Os neuroesteroides têm estruturas idênticas a alguns dos esteroides adrenais, ovarianos e androgênicos, mas são produzidos inteiramente no cérebro. A alopregnanolona também tem efeitos semelhantes aos da progesterona, o que faz sentido à luz da ideia de que a abstinência de progesterona após o parto contribui significativamente para a gravidade desse subtipo depressivo.

A zuranolona é muitíssimo similar à alopregnanolona e também é um agonista de GABA eficaz no tratamento da depressão pós-parto e da depressão clássica, e pode ser administrada por via oral. Ela também representa um avanço.

Psicodélicos no tratamento rápido da depressão

Outro importante avanço recente é a compreensão crescente de como os compostos psicodélicos se comportam como antidepressivos eficazes e de ação rápida. Como observado anteriormente, seus efeitos inovadores podem fazer deles uma classe proeminente de agentes antidepressivos.

De longe, o padrão para os antidepressivos psicodélicos, a psilocibina, também conhecida como "cogumelo mágico", recebeu da FDA status para revisão acelerada, o que significa que sua aprovação para uso deve ocorrer em breve. Um artigo de destaque no *New England Journal of Medicine* relatou que sua eficácia foi igual ou superior à dos inibidores seletivos de recaptação de serotonina (ISRS), e dados sugerem que os psicodélicos podem revolucionar o tratamento da depressão. A psilocibina é um antidepressivo de ação muito rápida.

A ayahuasca é derivada de duas plantas encontradas na bacia amazônica e contém o psicodélico DMT, que, a exemplo de outros psicodélicos, ativa receptores de serotonina 2A. Uma única dose de 21 miligramas demonstrou melhora significativa em indivíduos deprimidos no sétimo dia.

Há muito se sabe que o LSD alivia sintomas depressivos, mas também tem sido percebido como perigoso (o que em altas doses ele certamente é, pois pode induzir a agressão, pensamentos suicidas, causar convulsões, batimentos cardíacos irregulares e hemorragia cerebral). Um estudo recente em voluntários saudáveis envolveu a administração de LSD em microdoses, semelhantes àquelas usadas para a administração da psilocibina. Não ocorreu nenhum dos efeitos adversos vistos com as dosagens padrão de LSD. Estudos em animais com essas microdoses mostram efeitos antidepressivos altamente eficazes. No momento, o LSD está envolvido em estudos para examinar seus efeitos antidepressivos em pacientes resistentes ao tratamento. Os resultados estão pendentes. (Ver mais sobre psicodélicos no Capítulo 14.)

Agentes anti-inflamatórios como antidepressivos eficazes

Considerando o papel substancial da inflamação em pacientes com doença depressiva, estão sendo realizados ensaios com compostos anti-inflamatórios no tratamento da depressão. O celecoxibe, um potente anti-inflamatório não esteroide (AINE), melhora significativamente as respostas aos antidepressivos padrão. Outros AINE potentes também funcionaram.

Os antagonistas das citocinas, que são os compostos produzidos pelos leucócitos para estimular a resposta imune, e outros supressores imunitários também demonstram efeitos antidepressivos. Antagonistas dos TNFα (fatores de necrose tumoral alfa), da interleucina 6, da interleucina 12 e da interleucina 23 demonstraram eficácia antidepressiva preliminarmente por si sós e também ao amplificar os efeitos de outras classes de antidepressivos.

Ácidos graxos ômega 3 têm múltiplos efeitos metabólicos e anti-inflamatórios, além de efeitos antidepressivos demonstrados em diversos ensaios, isoladamente e combinados com outros antidepressivos.

Existe uma ampla gama de compostos anti-inflamatórios disponíveis, e muitos deles entrarão em ensaios clínicos para determinar quais são os mais eficazes para amenizar os sintomas da depressão. Pesquisadores estão trabalhando continuamente para desenvolver novos agentes anti-inflamatórios mais eficazes, que tenham ação rápida e efeitos colaterais mínimos.

Novos tratamentos para a depressão bipolar

A lumateperona (Caplyta) é um medicamento que atua como antagonista dos receptores de serotonina 2A e dopamina D2. Comparado a outros membros da sua classe, ele não causa fenômenos psicodélicos, efeitos metabólicos adversos nem ganho de peso, e poderia ser um substituto para a quetiapina (Seroquel), um tratamento altamente eficaz para o transtorno bipolar com pronunciadas propriedades estimulantes do metabolismo e do apetite.

Um tratamento novo e melhorado para a agitação da mania

A dexmedetomidina (Precedex) é um agente sedativo que não interfere no estado de alerta e resolve a agitação bipolar em mais de 90% dos pacientes em vinte minutos.

Botox

Um breve artigo publicado no periódico *Science* relatou que pedir aos pacientes deprimidos para manter um sorriso interrompia sua depressão por todo o tempo em que conseguiam sustentar o sorriso. Dando sequência a esse achado, pesquisadores injetaram Botox para fixar um sorriso mais permanente, e descobriram que 55% dos pacientes responderam, em comparação aos 5% de resposta ao placebo. O efeito terapêutico da administração de Botox dependeu inteiramente da sua capacidade de promover um sorriso sustentado.

Novos medicamentos que afetam a noradrenalina e a serotonina

O levomilnaciprano (Fetzima) é um inibidor da recaptação de serotonina-noradrenalina. Ao contrário de outros inibidores da recaptação de serotonina-noradrenalina, como a venlafaxina (Effexor) e a duloxetina (Cymbalta), que são predominantemente inibidores da recaptação de serotonina (90%/10%), o levomilnaciprano é 50/50, à semelhança da imipramina. Assim, ele talvez seja um bom tratamento para a melancolia, sem os perigosos efeitos colaterais cardíacos. Os tricíclicos estão entre os tratamentos mais eficazes para a depressão melancólica.

Medicamentos que afetam o sistema opioide

O corpo produz uma gama de neurotransmissores e hormônios que se ligam a receptores em todo o cérebro e que também podem se ligar à morfina e outros compostos opioides relacionados. Esses compostos são chamados de opioides endógenos e incluem a betaendorfina. Outro é um opioide kappa que se liga a um receptor opioide kappa específico. Existe um extenso conjunto de estudos pré-clínicos que sugerem que antagonistas opioides kappa provavelmente têm efeitos terapêuticos em indivíduos com transtornos do espectro do humor e da ansiedade.

Alguns estudos indicam que o sistema opioide kappa é essencial para a mediação dos efeitos adversos do estresse. Um aspecto importante da farmacologia relacionada ao estresse são as dinorfinas, um grupo de peptídeos opioides que exercem seus efeitos primordialmente por meio da ligação com receptores opioides kappa.

Comportamentos semelhantes à depressão causados pelo estresse crônico, estresse incontrolável e estresse por derrota social são mediados, em parte, por receptores opioides kappa. Camundongos tratados com antagonistas opioides kappa mostram uma redução do comportamento semelhante à depressão induzido por estresse.

Em estudo recente, constatou-se que seis pacientes que não responderam a medicamentos antidepressivos e à eletroconvulsoterapia melhoraram com buprenorfina, um antagonista do receptor *kappa*. As descobertas de um estudo piloto duplo-cego, controlado por placebo, em 32 pacientes com depressão resistente a tratamento tratados com buprenorfina indicam que esse antagonista kappa teve efeito terapêutico positivo. Ensaios clínicos de antagonistas kappa para tratar a depressão estão sendo realizados em diversos locais.

O gênio por trás de muitos dos avanços recentes na neurobiologia da depressão

Muitos dos avanços recentes em nossa compreensão dos tratamentos neurobiológicos para a depressão tiveram origem nos estudos de Solomon Snyder, um dos mais influentes neurocientistas do mundo e um dos autores mais citados da área. Ele fez contribuições extraordinárias para o campo, que incluem a descoberta de que o corpo tem os próprios receptores opiáceos localizados em todo o cérebro. O mais conhecido receptor da endorfina (opiáceo endógeno) se liga à morfina. Existem muitos mais compostos opioides que se ligam a diversos outros receptores opiáceos. Muitos cientistas acreditam que são os próprios opiáceos do corpo que produzem o humor elevado que os atletas sentem após exercícios vigorosos. Os opioides também estão envolvidos na elevação do humor associada à ingestão de álcool, e estudos recentes revelam que o antagonista do receptor opioide da morfina, a naloxona, ajuda indivíduos viciados em álcool a parar de beber. Ensaios ainda estão sendo realizados para determinar até que ponto os opioides do próprio corpo podem ser recrutados para tratar de modo efetivo subgrupos de indivíduos com doença depressiva. A ativação do receptor opioide kappa frequentemente leva à depressão.

Sol também estabeleceu que o gás óxido nítrico tem papel-chave na neurotransmissão, na inflamação e na mediação da ereção peniana. Esta última função levou ao desenvolvimento de medicamentos como o sildenafil (Viagra). A exposição repetida ao óxido nítrico exerce efeitos antidepressivos quando este é dirigido ao córtex pré-frontal. Além de bloquear os receptores NMDA, o óxido nitroso ativa o sistema de óxido nítrico, que pode contribuir para sua eficácia como antidepressivo.

Sol clonou múltiplos neurotransmissores e receptores de fator de crescimento nervoso e desvendou os mecanismos de muitos compostos psicoativos. Seu trabalho exerceu enorme influência na pesquisa da esquizofrenia e também da depressão. O Departamento de Neurociência da Universidade Johns Hopkins hoje se chama Departamento de Neurociência Solomon H. Snyder. Ele é ganhador do Prêmio Lasker de ciência básica.

Inicialmente, Snyder foi para a faculdade para se formar em psiquiatria, mas tinha pouco interesse pela ciência. Gostava de pensar em como o cérebro funciona, e se importava com os sentimentos das pessoas. Suas ideias sobre a ciência mudaram depois de ele passar alguns verões nos NIH. Ele logo descobriu que a pesquisa laboratorial era muito diferente da ciência nos livros e nas disciplinas da faculdade. Ela era criativa, muito artística e bastante divertida. Trabalhar nos NIH também inculcou nele um fascínio pelo poder das ferramentas bioquímicas para lidar com todos os tipos de problemas.

A experiência seminal em toda sua formação foi trabalhar no laboratório de Julius Axelrod. Ele conheceu Julie durante seus verões nos NIH e foi ao laboratório dele perguntar se poderia treinar lá durante o período de uma bolsa nos NIH. Julie observou: "Sol, a maioria dos candidatos aos cargos de pesquisador associado em meu laboratório são os melhores alunos de suas turmas em Harvard e Yale. Você estuda na Georgetown, normalmente eu não teria um lugar para você. No entanto, o bolsista que combinou comigo decidiu não vir, então tenho uma vaga. Eu gostei do que você estava fazendo no laboratório na faculdade de medicina, então acho que não haveria problema em você trabalhar comigo".

Sol não se importou com a recepção pouco entusiasmada. Só precisava do emprego. Seus anos com Julie foram os mais importantes de sua vida profissional. Ele era um mentor por excelência e uma inspiração digna de nota para Snyder e para todos os outros que trabalhavam com ele. Julie era tão produtivo que as pessoas achavam que ele tinha cinquenta pós-doutorandos sob seu comando, quando, na verdade, quando ele estava lá, só havia cinco. Todos os bolsistas do laboratório naquela época se tornaram cientistas de renome mundial. Julie era extraordinariamente aberto a novas ideias, embora as mais criativas fossem dele próprio. Por exemplo, algo que Julie disse um dia de passagem fez Sol pensar em procurar os receptores opiáceos do próprio corpo e os compostos que se ligam a eles. Outras sugestões irrefletidas o levaram a identificar múltiplos receptores de serotonina, acetilcolina e histamina. Sol também isolou diversos fatores de crescimento nervosos que têm papéis significativos na perda de tecido em locais-chave do sistema de estresse que contribui para as manifestações clínicas e bioquímicas da depressão.

Sol, como Axelrod, formou muitos alunos que mais tarde tiveram carreiras brilhantes na neurociência. Ele sentia que havia baseado sua mentoria naquilo que aprendeu com Julie. Ser um mentor de alunos é como ser pai ou mãe de seus filhos. Também é parecido com certas formas de psicoterapia, como o olhar positivo incondicional enfatizado por Carl Rogers. Sol tenta incentivar as pessoas por meio de reforço positivo. Quando alguma coisa dá errado, ele nunca diz "Seu idiota". Ele só fica calado ou tenta aprender com o fracasso. Quando as coisas dão certo, ele faz elogios incondicionais. Sol sempre pergunta a seus alunos o que eles acham que deve ser feito e sempre incentiva suas ideias.

Quando inicia com um aluno no laboratório, devido à inexperiência relativa da pessoa, Sol sugere qual deve ser o primeiro projeto. O primeiro projeto é bem desenhado, com alta probabilidade de sucesso, uma estratégia que constrói autoconfiança. Aos poucos, o aluno deixa de depender do mentor. Esse processo varia bastante com alunos diferentes. O objetivo, que Sol espera alcançar após cerca de um ano, é que o aluno tenha 90% das ideias. Quanto à gestão da pesquisa no laboratório, ele acredita na gestão pela caminhada. Ele simplesmente passa um tempo com os alunos e se envolve com eles em discussões científicas. Eu adotei esse modelo para a minha mentoria, e tive imenso prazer com meus pós-doutorandos.

Combatendo a ação do CRH

O hormônio liberador de corticotrofina (CRH) desencadeia muitas das manifestações comportamentais e fisiológicas da depressão melancólica, como a ansiedade e comportamentos relacionados ao medo, ativação do repertório de hormônios do estresse, inflamação e inibição do apetite, do sono e do comportamento sexual. Percebemos que um antagonista do CRH é um bom candidato para tratar a melancolia. Para realizar essa tarefa, tivemos que utilizar uma pequena molécula que não fosse degradada pelo trato gastrointestinal, e então cruzasse a barreira hematoencefálica e antagonizasse o receptor de CRH ligando-se a um ponto crítico do local do receptor. Outros já haviam testado antagonistas do CRH, mas cometeram o erro de incluir pacientes com depressão atípica, nos quais, como demonstramos, o sistema de estresse e a atividade do CRH estão diminuídos. Assim, um antagonista do CRH provavelmente pioraria a depressão atípica e diluiria quaisquer achados. Além disso, eles não usaram doses adequadas. Descobrimos a dosagem exata que possui efeitos comportamentais e fisiológicos máximos. Esse projeto deve começar em breve.

Desenvolvimento de um comprimido oral para estimular diretamente o sistema de BDNF

Deixei para o final o que talvez seja a intervenção farmacológica com o melhor potencial. Ao longo de todo este livro, reforcei o papel-chave do BDNF na fisiopatologia da depressão e nos mecanismos de ação de quase todos os medicamentos antidepressivos. O BDNF não pode ser administrado por via oral, pois é quebrado no trato gastrointestinal. Não pode ser administrado por via intravenosa, porque não consegue ultrapassar a barreira hematoencefálica para acessar o cérebro.

Nosso projeto com a antalarmina é um exemplo bem-sucedido de como contornar o problema dos impedimentos à absorção oral e da passagem de um composto pela barreira hematoencefálica. As mesmas estratégias para o desenvolvimento de uma molécula tão pequena capaz de ativar o receptor de BDNF são um meio de ativar diretamente esse sistema crítico. Um dos santos graais da pesquisa psiquiátrica na doença depressiva é o desenvolvimento de um composto para o tratamento da depressão que possa ser tomado por via oral. Esse composto deve ser absorvido oralmente intacto, cruzar a barreira hematoencefálica e se ligar de modo muito íntimo ao receptor do BDNF. Esse é um projeto exequível.

Devo admitir que é mais fácil desenhar o composto como antagonista porque ele não precisa se encaixar perfeitamente para bloquear o receptor. Os químicos medicinais sabem que, para ativar um receptor, é preciso um encaixe mais perfeito. Vai ser mais difícil desenvolver uma pequena molécula que ative o receptor de BDNF por causa disso.

Também precisamos continuar elucidando o mecanismo da síntese e da degradação de BDNF. Se soubéssemos o que desligou o sistema de BDNF, poderíamos desenvolver um bloqueador dessa molécula. Da mesma maneira, identificar compostos que ativam a secreção de BDNF seria outro modo de recrutar esse composto como um antidepressivo eficaz. Embora a cetamina e outros antidepressivos pareçam capazes de ativar indiretamente o receptor de BDNF, outros compostos que fazem isso com muito mais eficácia e, quem sabe, por períodos mais longos poderiam ser encontrados.

Como observamos, o gene CLOCK tem mutações em pacientes com transtorno bipolar. Os farmacologistas desenharam um conjunto de pequenas moléculas que são absorvidas por via oral, atravessam a barreira hematoencefálica e modificam a atividade funcional do gene CLOCK. Estudos estão começando a ser feitos para verificar sua eficácia no transtorno bipolar.

Muitos dos avanços relacionados à nossa compreensão de como o cérebro funciona podem ser atribuídos às descobertas feitas por Eric Nestler, que é, na minha opinião, o mais notável neurocientista na área da psiquiatria hoje em dia. Ele tem feito contribuições excepcionais à pesquisa psiquiátrica molecular. Mais que qualquer outro pesquisador, ele desvendou mecanismos moleculares subjacentes à recompensa, vício, depressão e resiliência. Seu trabalho ajudou a desenvolver diversos medicamentos para tratar o vício e a depressão e para aumentar a resiliência.

Filho de imigrantes, seus pais o incentivaram desde cedo a considerar carreira na medicina. Ele a escolheu por causa de seus próprios interesses, não por influência dos pais, e tem tanto amor pela sua educação médica e científica quanto pelos seus quarenta anos como pesquisador.

Ele fez o ciclo básico, a faculdade de medicina e o doutorado em Yale. Como pós-doutorando bolsista, trabalhou no laboratório do ganhador do Prêmio Nobel Paul Greengard. Viu que o dr. Greengard era um professor e mentor excepcional e se considerava parte da família Greengard. Junto com Ron Duman, fundou o primeiro laboratório molecular de psiquiatria e é o principal pesquisador do mundo a aplicar as técnicas e princípios da ciência molecular ao estudo da psiquiatria. Eric tem mais de 650 publicações, foi presidente da Sociedade para a Neurociência (Society for Neuroscience) e é membro da Academia Nacional de Medicina (National Academy of Medicine) e da Academia de Artes e Ciências dos Estados Unidos (American Academy of Arts and Sciences). Ganhou inúmeros prêmios nacionais e internacionais de pesquisa e é um dos cientistas mais citados do mundo.

Junto com Ron Duman, desenvolveu a hipótese extremamente importante de que a neurodegeneração da doença depressiva era um reflexo da perda de BDNF, que ele demonstrou que se torna deficiente em face do estresse. Seu laboratório está trabalhando arduamente no desenvolvimento de um estimulante do BDNF que possa ser tomado por via oral para tratar a depressão. Ele também está à frente de outro estudo cujo objetivo é desenvolver antidepressivos eficazes e de ação rápida. O primeiro aborda o sistema opioide kappa, discutido em seção anterior. Ele também está trabalhando em estratégias para influenciar a dinâmica do canal de cálcio como uma maneira de tratar a depressão.

Além de seu trabalho extraordinário na pesquisa sobre vício e depressão, ele liderou estudos moleculares subjacentes à resiliência e à vulnerabilidade ao estresse que ajudaram a definir o campo.

Ele é pioneiro no campo da epigenética da depressão e fez as contribuições mais importantes para essa área de pesquisa. Continua a investigar ativamente o fenômeno, liderando o campo em descobertas que têm o potencial de ajudar os milhões de indivíduos que sofrem com a doença.

18. Construindo resiliência

Um dos objetivos da pesquisa atual sobre a depressão é aprender a prever e evitar um episódio depressivo iminente. Fizemos progressos ao identificar as pessoas em risco e usar tratamentos capazes de evitar o início de um episódio depressivo completo. Os rápidos avanços no campo da pesquisa sobre resiliência estão nos ajudando a realizar essa tarefa.

Uma das perguntas fundamentais dos pesquisadores do campo da resiliência é: "Por que algumas pessoas parecem prosperar mesmo depois de traumas extremos, enquanto outras são derrubadas e podem nunca mais se recuperar?". Lembro-me de que uma das pessoas mais encantadoras e positivas que conheci era um homem que, quando adolescente, foi enfiado em um vagão de carga com milhares de outras pessoas, sem comida e água, a caminho de um campo de extermínio alemão. Foi nos estertores da Segunda Guerra Mundial, quando os Aliados finalmente perceberam que o genocídio estava acontecendo. Conforme o trem avançava, era repetidamente bombardeado pelos aviões dos Aliados, piorando a morte e o sofrimento nos vagões. Quem poderia sobreviver psicologicamente a isso? E, ainda assim, esse homem, um septuagenário quando o conheci, não era depressivo nem amargurado. Era generoso e aberto e tinha levado uma vida produtiva após a guerra. O que lhe permitiu fazer isso?

Essa é uma pergunta de importância vital, porque, embora possamos desejar a capacidade de oferecer a cada ser humano uma vida positiva e com pouco estresse, atualmente, não é possível. As pessoas vão passar por perdas, carências e barbaridades. Pense nas crianças abusadas, vivendo na pobreza, em vizinhanças inseguras, por exemplo. Não somos capazes de pôr fim ao abuso, aliviar a pobreza nem de garantir a segurança. Não temos nem as habilidades nem o poder para isso. Então, uma pergunta importante é: como podemos determinar experiência, identificar genes ou desenvolver medicamentos que possam ajudar os indivíduos a prosperar apesar das suas experiências negativas?

Os estudos biológicos sobre resiliência se multiplicaram em anos recentes, com contribuições da psiquiatria, psicologia, medicina, neurobiologia e biologia molecular. Aqui estão algumas das coisas que estamos aprendendo: um conjunto de estudos de neuroimagens nos deu muitos exemplos do impacto das alterações que produzem vulnerabilidade ao estresse em áreas específicas do cérebro que influenciam a flexibilidade cognitiva e o controle cognitivo, além de fatores e regiões cerebrais que influenciam a regulação emocional. Também vou discutir diferenças na neuroanatomia e na atividade funcional de locais do cérebro que regulam a responsividade à recompensa, o que promove diretamente a resiliência, e áreas do cérebro que regulam nossa capacidade de extinguir memórias traumáticas, de modo que os indivíduos não sejam assombrados por lembranças aterrorizantes em transtornos como a depressão. Novos e empolgantes estudos identificaram genes que conferem vulnerabilidade a estímulos estressantes que provavelmente resultariam em um episódio depressivo. A terapia gênica levaria à correção dessas anomalias e conferiria resistência ao desenvolvimento da doença depressiva. Concluirei detalhando os diversos estudos farmacológicos que identificaram agentes com a capacidade de ajudar um indivíduo altamente vulnerável a fazer uma transição para se tornar resiliente diante de graves estressores físicos e emocionais. O desenvolvimento de medicamentos promotores da resiliência vai se tornar uma das mais importantes áreas da neurociência clínica, que só será superada pela terapia gênica, quando esta se tornar disponível.

Fatores ambientais e interpessoais que promovem ou a resiliência ou a vulnerabilidade

Resiliência é a capacidade de se adaptar bem perante traumas, tragédias, ameaças ou fontes significativas de estresse sem desenvolver uma depressão clínica.

Ao contrário das perspectivas tradicionais da resiliência como uma característica estável, semelhante a um traço de personalidade, a resiliência é, hoje, reconhecida como uma capacidade multidimensional e dinâmica, influenciada ao longo de toda a vida do indivíduo por interações entre fatores internos e ambientais. É um processo ativo, não passivo. Por exemplo, em resposta ao estresse severo, indivíduos resilientes mostram um aumento na expressão de mais de trezentos genes-chave, ao contrário dos indivíduos vulneráveis, que mostram um aumento em bem menos que cem. Assim, a resiliência é uma construção complexa que pode ser definida como um processo dinâmico relacionado a fatores desenvolvimentais e ambientais.

Durante o desenvolvimento, uma gama de fatores ajuda a evitar a vulnerabilidade à depressão. Eles incluem o relacionamento próximo com um adulto afetuoso que pode servir como inspiração positiva e que aceita a criança por quem ela é, em vez de fazer exigências irrealistas ou perfeccionistas. Essa figura afetuosa também promove competência social, oferece uma orientação efetiva para a autorregulação e protege o senso de segurança da criança quando ela enfrenta adversidades. Esses são componentes importantes para o estabelecimento de um vínculo bem-sucedido e saudável. As pesquisas sugerem que a percepção emocional aumentada e a autoeficácia para enfrentar adversidades talvez sejam os dois mecanismos por meio dos quais um vínculo seguro reduz a reatividade ao estresse.

Indivíduos com ampla capacidade de oferecer e aceitar ajuda, que desenvolveram meios efetivos de autocuidado, que têm senso de propósito ou significado e que são capazes de formar vínculos substanciais e duradouros com outras pessoas têm considerável resiliência diante de um estresse intenso ou trauma. A capacidade de expressar gratidão, bondade e compaixão também promove resiliência ao longo da vida. A resiliência pode ser aumentada de diversas maneiras em indivíduos vulneráveis, inclusive por meio da psicoterapia, com vias a promover um senso de autoestima e de significado, e da farmacoterapia que faça face a vulnerabilidades biologicamente mediadas.

Existe um "sistema de neurônios espelho" em humanos e animais que promove a capacidade de entender as emoções e as intenções dos outros. Uma capacidade robusta do sistema de neurônios espelho para a empatia e a percepção efetiva das intenções dos outros promove resiliência, e uma capacidade reduzida dessas funções promove vulnerabilidade.

Emoções positivas, otimismo, cuidadores amorosos, modelos altamente confiáveis e competentes, flexibilidade, a capacidade de encarar as adversidades com outros olhos e um forte suporte social aumentam a resiliência. Altruísmo, comprometimento com uma causa válida, capacidade de extrair significado de situações adversas e tolerância à dor emocional e à tristeza também promovem resiliência.

Estratégias individuais para enfrentar adversidades são particularmente relevantes para a resiliência e podem ser classificadas em duas categorias. A primeira são as respostas ativas de enfrentamento associadas a um controle real ou percebido sobre a situação estressante. Considera-se que esse enfrentamento leva a mudanças que promovem uma resposta resiliente. A segunda categoria, o enfrentamento passivo, inclui mecanismos como evitação ou impotência e está associado a um aumento na vulnerabilidade.

O perfeccionismo reduz a propensão à resiliência. Isso é especialmente verdadeiro para aqueles que sentem que, para manter um senso de autoestima, devem estar tão livres quanto possível de perdas e decepções. Essas duas coisas são vistas como imperfeições que poderiam ser evitadas por indivíduos competentes de verdade. A incapacidade de experienciar perdas ou decepções sem vergonha reduz de modo acentuado a capacidade de lamentar e, por consequência, a capacidade de aceitar os componentes inevitáveis da vida cotidiana. Pessoas que se sentem inibidas de se expressar com assertividade por medo de machucar os outros, ou porque temem retaliação ou abandono, são altamente vulneráveis e suscetíveis a sentimentos de impotência, ineficácia e, em última instância, depressão.

Traumas recorrentes durante a infância e exposição a estressores incontroláveis diminuem consideravelmente a resiliência. Crianças institucionalizadas que demoram a ser adotadas têm amígdalas maiores. Em animais experimentais, a secreção adrenal de esteroides induzida pelo estresse converte uma amígdala imatura em uma amígdala madura, capaz de consolidar e armazenar memórias emocionais negativamente carregadas. Nos humanos, pacientes resilientes livres de depressão tinham amígdalas menores, enquanto indivíduos vulneráveis que desenvolveram depressão tinham amígdalas maiores. Em um estudo com crianças submetidas aos cuidados de instituições antes da adoção, descobriu-se que as que mostravam respostas amigdalares reduzidas a imagens de seus pais, em comparação com estranhos, tinham reduções significativamente maiores na ansiedade e depressão autorrelatadas três anos depois. Entre adultos, uma reatividade amigdalar mais baixa a expressões faciais assustadoras, medida logo após um trauma significativo, estava associada a menos sintomas depressivos e de síndrome de estresse pós-traumático (TEPT) autorrelatados um ano depois.

Em contrapartida, estresse leve a moderado no início da vida pode ter um efeito preventivo. Essas experiências levam a um aumento na neuroplasticidade e na neurogênese e aumentam o tamanho do controle central. Um ambiente enriquecido e afetuoso cedo na vida somado à exposição a novidades manejáveis aumenta a resiliência. Exercícios regulares e meditação aumentam a plasticidade no sistema nervoso central e também promovem efetivamente a resiliência.

A neurobiologia da resiliência

Estudos em animais experimentais validam o conceito de que podemos dividir os indivíduos em dois grupos, o dos altamente vulneráveis e o dos resilientes. Por exemplo, quando um grupo de camundongos são expostos ao estresse criado por derrota social crônica, todos eles mostram ativação do sistema de estresse e ingestão compulsiva de água induzida pelo estresse. No entanto, aproximadamente 35% dos camundongos estressados, considerados "resilientes", não exibem comportamentos que os outros camundongos "vulneráveis" exibem, como evitação social, aumento da temperatura corporal em resposta a interações sociais, sintomas semelhantes à anedonia (interesse reduzido em sucrose, alimentos ricos em gordura ou sexo) ou uma síndrome metabólica caracterizada por excesso alimentar, obesidade e distúrbios hormonais centrais. Animais resilientes não são totalmente livres de sintomas, mas exibem resistência óbvia a muitos dos outros traços exibidos pelos animais vulneráveis quando ambos os tipos são expostos ao estresse social crônico.

Os animais classificados como extremamente vulneráveis exibem comportamentos semelhantes à ansiedade e um aumento nas respostas de sobressalto a barulhos altos, assim como grandes reduções nos níveis do neuropeptídeo Y (NPY), um hormônio cerebral promotor de resiliência.

A maioria dos estudos sobre resiliência estava concentrada na ausência de anomalias comportamentais ou moleculares em um subconjunto de animais estressados. Apenas recentemente tentamos estudar os mecanismos mais ativos da resiliência - mudanças protetivas que ocorrem em indivíduos resilientes.

Neuroanatomia e resiliência

Os indivíduos com grandes controles centrais e uma capacidade correspondente de restringir a amígdala ou preparar o sistema de recompensa têm resiliência aumentada e incidência reduzida de depressão. Ao contrário, uma redução no tamanho do controle central e na sua capacidade de restringir a amígdala ou promover a atividade do sistema de recompensa pode levar a maior vulnerabilidade e ao aumento da incidência de depressão. Descobrimos que filhos de mães deprimidas estudados entre as idades de 6 e 10 anos tinham controles centrais menores mesmo antes de mostrar quaisquer sinais da doença. Esse achado mostra que anomalias neuroanatômicas associadas à depressão podem anteceder o início real da doença e predispor o indivíduo para seu desenvolvimento.

Um centro de memória emocional aumentado promove resiliência e reduz a predisposição à depressão, enquanto um centro de memória emocional reduzido aumenta a vulnerabilidade ao estresse e a probabilidade de depressão. Volumes menores do centro de memória emocional foram encontrados em mulheres com depressão que experienciaram maus-tratos crônicos durante a infância. Além disso, descobriu-se que uma redução no volume do centro de memória emocional na depressão está associada à duração dos episódios depressivos. Felizmente, o tratamento psicofarmacológico eficaz dos sintomas está associado a aumentos no volume do centro de memória emocional.

Indivíduos que eram resilientes e livres de depressão tinham sistemas de recompensa mais responsivos a estímulos prazerosos, tinham sistemas de recompensa normais, conseguiam sentir prazer consigo mesmos e, consequentemente, tinham maior autoestima. Eram mais otimistas e mais confiantes nas suas respostas ao estresse. Indivíduos vulneráveis que desenvolveram depressão tinham respostas reduzidas do sistema de recompensa a estímulos prazerosos e uma autoestima significativamente reduzida. Além disso, eram mais facilmente intimidados por estímulos estressantes.

Circuitos cerebrais que nos ajudam a repensar

Uma das maneiras pelas quais a resiliência se manifesta é na nossa capacidade de nos afastarmos de uma situação que nos deixa desconfortáveis ou incita uma resposta ao estresse a fim de reavaliá-la. Isso se chama reavaliação cognitiva, uma estratégia eficaz de regulação emocional. Em um estudo de imagens por ressonância magnética funcional feitas em mulheres saudáveis, uma taxa mais elevada de reavaliação correspondeu a uma reatividade mais baixa da amígdala a imagens de expressões faciais assustadoras ou bravas, assim como a níveis mais altos de ativação da área do córtex pré-frontal que faz a mediação do controle cognitivo sobre a emoção.

Da mesma maneira, em um estudo envolvendo neuroimagens de 1.800 adolescentes, os jovens resilientes tinham uma área maior do córtex pré-frontal que exerce controle cognitivo sobre a emoção, assim como amígdalas menores.

Déficits na função cognitiva, incluindo memória de trabalho, atenção e flexibilidade cognitiva, foram observados em adultos com histórico de maus-tratos na infância e em indivíduos suscetíveis à depressão e ao TEPT.

A associação entre trauma infantil e dificuldades na função executiva é clara, e agora temos uma ideia melhor de como lidar com a questão.

Apagando memórias de medo

A capacidade de deixar de lado memórias de medo é essencial para o funcionamento adaptativo quando saímos de um ambiente perigoso e entramos em um ambiente seguro. O controle central tem sido identificado como uma estrutura cerebral central para a extinção adaptativa de memórias emocionais carregadas que não têm mais utilidade tanto em estudos humanos quanto no de animais. Vemos maior atividade no controle central e no centro de memória emocional de indivíduos resilientes.

Fatores genéticos

Múltiplas pequenas mutações genéticas podem nos tornar mais vulneráveis ao estresse ou à depressão. As mutações podem levar a mais medo e a respostas comportamentais e fisiológicas aumentadas ao estresse, pouco otimismo, baixa percepção de apoio social e volatilidade emocional, assim como a uma suscetibilidade maior à depressão. Mutações em genes que levam a uma redução na neurogênese e prejudicam a atividade do gene BDNF e uma mutação que prejudica o reparo e a recuperação dos danos decorrentes da resposta ao estresse também têm um papel. Mutações podem aumentar o risco de comportamentos impulsivos e suicidas, reduzir a atividade em genes que diminuem a ansiedade e provocar uma atividade mais forte da amígdala após a exposição a expressões faciais ameaçadoras. Todos esses fatores apontam para o potencial de respostas excessivas ao estresse e vulnerabilidade à depressão.

Sistema de glutamato

O sistema de glutamato está significativamente envolvido na reação exagerada do córtex ao estresse e exerce um papel importante na patogênese da depressão. Estudos *post-mortem* recentes em pacientes com transtornos depressivos que morreram por suicídio mostraram aumentos significativos nos níveis de glutamato no córtex frontal e na área do córtex pré-frontal que exerce controle cognitivo sobre a emoção. Uma mutação em um gene que remove glutamato da sinapse resulta na diminuição de sua remoção, aumentando os níveis de glutamato. Tal aumento está associado a uma vulnerabilidade significativa.

O sistema GABA

O GABA é um sistema inibidor de neurotransmissores cuja ativação leva à ansiedade reduzida. Como vimos, agonistas do GABA são muito utilizados como agentes ansiolíticos. Os níveis de GABA estão reduzidos no cérebro de pacientes com depressão clássica. Também estão reduzidos no plasma e no líquido cefalorraquidiano desses indivíduos, e se normalizam após tratamento crônico com antidepressivos. O gene para uma enzima-chave que promove a síntese de GABA está prejudicado em indivíduos vulneráveis.

Dopamina

Em um estudo de 30 mil casos de TEPT e 170 mil controles, o gene da doença de Parkinson envolvido na regulação de dopamina, PARK2, foi significativamente associado à reação exagerada ao estresse em mulheres. Os resultados do estudo foram avaliados em uma amostra com 81 famílias com fortes históricos de depressão. Essa mutação no receptor de dopamina entre mulheres com depressão foi aproximadamente três vezes mais prevalente em mulheres com um histórico de depressão e elevava em 450% o risco de desenvolvimento de outro transtorno de depressão clássica.

O gene do receptor 1 do CRH

Uma mutação no gene receptor do hormônio liberador de corticotrofina (CRH) prejudica a sensibilidade a pistas sociais e a capacidade de perceber o que os outros podem estar sentindo. Outra mutação no receptor do CRH promove respostas hormonais e autônomas aumentadas ao estresse. Tanto uma quanto a outra levam a uma vulnerabilidade aumentada ao estresse.

Gene da subunidade alfa 1 do canal de cálcio dependente de voltagem (CACNA1C)

Receptores do canal de cálcio desempenham papéis importantes na neurotransmissão, e acredita-se que sejam anormais na doença depressiva. Uma mutação nesse gene em homens está associada a maior reatividade ao estresse, percepção mais baixa de apoio social e otimismo reduzido. Nas mulheres, essa mutação resulta em respostas emocionais mais baixas ao estresse, uma percepção mais alta de apoio social e otimismo aumentado. Não sabemos por que homens e mulheres reagem de maneiras tão diferentes à mesma mutação.

Dois genes envolvidos na neurogênese

O gene TCF4 e o gene do BDNF estão envolvidos na neurogênese bem-sucedida. Mutações nesses genes prejudicam a capacidade de apresentar uma resposta normal ao estresse, que é crucial para a promoção da resiliência em face de um estresse significativo.

O gene APOE4

O gene APOE4 é mais conhecido por pelo menos dobrar o risco de doença de Alzheimer em seus portadores. Existe uma associação significativa entre respostas exageradas ao estresse e vulnerabilidade e a variante do gene APOE4 encontrada em 30% da população. Essa variante está associada a um aumento de mais de 25% na incidência de depressão. Esse gene pode dificultar o reparo e a recuperação necessários após danos relacionados à exposição extensiva ao estresse. Dado que pacientes com TEPT e depressão têm um risco aumentado para demência, o gene APOE4 pode ser uma via compartilhada para o desenvolvimento de ambas as condições. Pessoas com o gene APOE4 também apresentam uma incidência significativamente mais alta de depressão e disfunção cognitiva tardias.

O gene transportador de serotonina

O transportador de serotonina remove serotonina da sinapse e reduz de modo geral a sua neurotransmissão. Uma mutação no gene transportador de serotonina aumenta a vulnerabilidade ao estresse e à depressão em indivíduos que já apresentam risco.

O gene da monoamina oxidase (MAO)

Uma mutação no gene MAO reduz a resiliência e aumenta a incidência de depressão e suicídio. Esse gene está envolvido na metabolização e na redução das quantidades de dopamina, serotonina e noradrenalina, e sua função é aumentada em indivíduos vulneráveis e deprimidos. A baixa função da dopamina está associada à anedonia e à depressão, e a baixa função da serotonina pode estar associada à depressão, à impulsividade e ao suicídio. Em contrapartida, há um aumento na noradrenalina na depressão melancólica e pode haver uma redução na depressão atípica.

O gene COMT

O gene COMT leva à degradação da noradrenalina. Sua atividade é reduzida em indivíduos vulneráveis com alto risco de depressão melancólica quando a neurotransmissão de noradrenalina aumenta. Descobrimos que a secreção excessiva de noradrenalina é um importante sinal biológico de depressão melancólica. Crianças com essa mutação frequentemente apresentam um início precoce da doença depressiva.

Neuropeptídeo Y (NPY)

Estudos realizados principalmente em roedores demonstram o papel do NPY na promoção do enfrentamento positivo do estresse. O NPY possui efeitos ansiolíticos potentes, e sua liberação é induzida pelo estresse. Ele tem expressão abundante nas regiões do sistema límbico implicadas na ativação e na atribuição de valor emocional aos estímulos e memórias. Mutações no gene NPY que reduzem sua produção diminuem a resiliência e predispõem as pessoas à depressão.

O gene FKBP5

O abuso infantil e a depressão tornam as pessoas mais sensíveis a um defeito no gene FKBP5, que aumenta a suscetibilidade à depressão ao reduzir significativamente os efeitos biológicos do cortisol. Indivíduos portadores desse defeito têm grande vulnerabilidade na resposta a estressores severos e com frequência desenvolvem depressões induzidas pelo estresse. O abuso infantil significativo somado a essa mutação mais que quadruplicou a taxa de depressão clássica.

Meios farmacológicos de melhorar a resiliência

Hoje sabemos o suficiente sobre a neurobiologia e a genética da resiliência para desenhar ensaios com múltiplos agentes que talvez promovam a resiliência e diminuam a vulnerabilidade. Vamos examinar seis agentes que apresentaram características promissoras para serem considerados como intervenções terapêuticas na promoção da resiliência.

L-acetil-carnitina

A L-acetil-carnitina possui diversas características que a tornam atraente em ensaios cujo objetivo é melhorar a resiliência. O composto influencia a liberação de glutamato no córtex pré-frontal e na amígdala. Também possui efeitos anti-inflamatórios potentes e reduz os níveis de citocinas no sangue e no cérebro. Além disso, a L-acetil-carnitina tem um papel crucial no apoio à produção de energia neuronal, que está geneticamente comprometida em pacientes bipolares. No seu conjunto, esses achados demonstram o poder da L-acetil-carnitina de aumentar a resiliência ao estresse e de exercer efeitos antidepressivos em modelos animais.

Um padrão para avaliar a resiliência ao estresse em animais experimentais é o paradigma do estresse por derrota social. Esse procedimento envolve a exposição de camundongos ingênuos a camundongos altamente agressivos. O grupo vulnerável é identificado por mostrar sinais de recolhimento social e ansiedade severa. O grupo resiliente é identificado por mostrar muito menos recolhimento e ansiedade. Um grupo geral de camundongos que tomaram L-acetil-carnitina e foram expostos ao paradigma de derrota social mostrou muito menos recolhimento e ansiedade. Assim, o medicamento converteu camundongos vulneráveis em camundongos resilientes.

Dados recentes mostraram que os níveis de L-acetil-carnitina no plasma ficam bastante reduzidos em pacientes deprimidos, independentemente do *status* antidepressivo. As reduções foram mais pronunciadas em indivíduos que enfrentaram negligência ou trauma precoces e doença depressiva de início prematuro. Estudos estão sendo realizados para examinar seu papel na produção de resiliência em paradigmas ansiogênicos experimentalmente aplicados a indivíduos saudáveis e no tratamento de um subtipo de depressão associado a negligência ou trauma precoces e doença depressiva de início prematuro.

Cetamina

A cetamina tem a capacidade de induzir rapidamente a neuroplasticidade e a neurogênese. Novas pesquisas pretendem recrutar essas características para aprimorar o processo psicoterápico, abrindo novos caminhos para que a pessoa enxergue a própria vida e suas relações com os outros. Esse repensar é um componente-chave da resiliência. Evidências de outros estudos em animais experimentais revelaram que, quando administrada preventivamente, a cetamina reduziu o medo aprendido após estímulos estressantes e evitou aumentos significativos nos níveis de cortisol, ansiedade severa e isolamento pronunciado após estresse por derrota social.

Neuropeptídeo Y (NPY)

O neuropeptídeo Y (NPY) está envolvido na redução do comportamento relacionado à ansiedade. Seus níveis estão correlacionados a um desempenho comportamental melhor e ao aumento da resiliência em soldados das Forças Especiais. Níveis mais altos de NPY durante estresse foram associados a menos autorrelatos de dissociação e menos angústia de modo geral, sugerindo que o NPY pode estar associado à resiliência durante episódios de estresse incontrolável. Estão sendo realizados estudos que estimulam uma secreção potente de NPY ou sua administração por via intranasal.

Metilenodioximetanfetamina (MDMA)

O uso terapêutico da MDMA foi autorizado pela primeira vez em 2017, para pacientes com TEPT. Pacientes com TEPT com uma duração média de vinte anos responderam positivamente à MDMA, e as respostas foram duradouras - muitos anos após a dose original. Esses efeitos positivos e persistentes foram replicados em diversos outros estudos relacionados à eficácia desse composto. Nos resultados mais conservadores, 54% responderam com uma remissão completa, em comparação com 20% de respostas ao placebo. A MDMA também foi capaz de converter indivíduos vulneráveis em resilientes.

A MDMA também parece otimizar elementos importantes das respostas à psicoterapia, por diversas razões. Em primeiro lugar, ela promove uma aliança terapêutica e a confiança entre o paciente e o terapeuta. Em segundo lugar, promove o desejo de conexão. Em terceiro lugar, promove a autocompaixão. Todos esses fatores podem permitir que o paciente se envolva e processe um passado difícil sem se sentir subjugado.

Já foi comprovado que muitos outros agentes psicodélicos têm qualidades antidepressivas potentes. Entre suas muitas ações, os agentes psicodélicos suprimem a rede de modo padrão, que está altamente ativada em indivíduos deprimidos e vulneráveis.

Bloqueadores dos receptores de noradrenalina

A administração de um bloqueador do receptor beta da noradrenalina demonstrou preliminarmente a capacidade de evitar consequências adversas de um evento traumático quando administrado dentro de doze horas de seu início.

Efeitos dos bloqueadores de inflamação

Quando camundongos foram expostos ao estresse por derrota social, os resilientes tinham níveis sanguíneos mais baixos do estímulo imune IL-6 e de cortisol que camundongos vulneráveis. A administração do bloqueador de IL-6 a camundongos vulneráveis os converteu em animais resilientes. Assim, o fardo da inflamação contribui significativamente para traços que especificam vulnerabilidade.

Como podemos ver, agora que entendemos melhor o que predispõe uma pessoa à vulnerabilidade ou à resiliência, provavelmente será menos difícil identificar um indivíduo vulnerável e intervir de modo precoce para evitar o início de uma depressão completa e verdadeira. Além disso, é concebível que a psicoterapia isoladamente possa evitar a transição de um estado vulnerável para a depressão franca. Ao evitar a depressão completa, pode-se evitar o ciclo no qual ela aumenta a suscetibilidade a uma próxima, até que, cerca de nove episódios depois, os pacientes comecem a cair em depressão espontaneamente, sem um gatilho discernível.

Os antidepressivos revertem muitas das mudanças estruturais e neurobiológicas associadas à depressão. Existe uma sobreposição considerável entre mediadores que são regulados na resiliência e aqueles que são regulados pelo tratamento antidepressivo crônico, ampliando a possibilidade de que uma das maneiras de funcionamento dos antidepressivos existentes seja a indução em indivíduos deprimidos de algumas das mesmas adaptações que ocorrem de modo natural em indivíduos inerentemente resilientes. Esses insights sugerem, assim, um novo caminho para que se desenvolva tratamentos para transtornos relacionados ao estresse. Além de buscar maneiras de evitar ou reverter os efeitos deletérios do estresse, ou da depressão, provavelmente será possível induzir mecanismos naturais de resiliência, distintos das ações dos antidepressivos existentes.

Procedimentos novos e em desenvolvimento para o tratamento da depressão

À medida que entendermos melhor a paisagem neuroanatômica, celular, biológica e molecular do sistema de estresse, aprimoraremos nossos conhecimentos para melhor tratar a depressão.

Nos próximos anos, haverá uma avalanche de novos tratamentos para a doença, muito superiores aos antidepressivos tradicionais em velocidade, eficácia e cobertura de todos os subtipos de doença depressiva. Os médicos terão de se familiarizar com um conjunto de novos agentes e investir o tempo necessário para dominar cuidadosamente os mecanismos de ação, interações e suas aplicações ideais. Prescrever uma das novas drogas para um paciente e acompanhá-lo a cada poucas semanas não será uma opção.

Os pacientes precisarão ser vistos com frequência para que se possa avaliar seu progresso e tolerância aos efeitos colaterais. Além disso, será mais importante do que nunca acompanhar os pacientes com psicoterapia e avaliar cuidadosamente seu comportamento e cognição durante a administração desses agentes.

Iniciou-se uma era completamente nova quanto à compreensão que temos da doença depressiva, em que estão sendo identificados os alvos mais importantes para o seu tratamento rápido e eficaz. Estamos apenas começando e temos muitas novas direções para seguir. Agentes neuroprotetores mais eficazes podem atuar como antidepressivos extremamente efetivos, e buscas ativas por esses compostos estão em andamento em todo o mundo. É provável que surjam novos compostos indutores de neuroplasticidade e neurogênese mais rápidas e completas, com base em esforços de pesquisa que estão em andamento.

Conclusão

A depressão é como um câncer do eu. À medida que aprendemos mais sobre o modo como o cérebro codifica múltiplos aspectos de nossa identidade, reconhecemos déficits estruturais e funcionais nesses circuitos capazes de distorcer muitos dos traços que definem nossa humanidade. A depressão anula vestígios positivos do eu e faz com que os indivíduos se sintam desamparados e desprovidos de valor. Eles não conseguem prever nem experienciar prazer. As memórias emocionais ficam limitadas a imagens de fracassos e abandonos passados. A visão de futuro os aterroriza com o prospecto de mais fracassos e solidão. Pacientes bipolares deprimidos são afetados de modo parecido. Pacientes maníacos são dominados pela impulsividade e ficam empenhados na busca obsessiva por prazer, independentemente do que lhes possa custar. Eles tomam parte em experiências que jamais tolerariam em sua vida comum e se sentem humilhados quando se recuperam. Com demasiada frequência, carreiras e famílias são arruinadas. Os indivíduos caem em desespero e, em consequência, muitos acabam tirando a própria vida.

A depressão é uma doença neurodegenerativa que resulta na perda de tecidos e função em muitas áreas do sistema de estresse que ajudam a determinar o valor próprio de uma pessoa, estimar a probabilidade de punição e recompensa e promover a capacidade de prever e experienciar prazer. Identificamos compostos específicos no cérebro que provocam esses defeitos estruturais. Também sabemos que a estrutura e a função do sistema de estresse são significativamente alteradas por estressores, e que a psicoterapia é essencial para ajudar os indivíduos a lidar com eles, a fim de que esses estressores não se sobreponham à eficácia da medicação antidepressiva. De modo geral, a depressão representa um sistema de estresse que não atua do modo como se espera. Uma nova geração de antidepressivos eficazes age rapidamente, corrigindo muitas dessas mudanças estruturais e funcionais.

Na mania, vemos neurodegeneração em muitas áreas do córtex pré-frontal que normalmente regulam a impulsividade, inibem a tomada excessiva de riscos, exercem controle cognitivo sobre a emoção e restringem os locais do sistema límbico que produzem a busca patologicamente acentuada por prazer. Tanto na depressão clássica como na doença bipolar, há um declínio na capacidade dos neurônios de combater a inflamação e compostos tóxicos e se autorreparar. Eles não conseguem se conectar um ao outro como deveriam, a fim de gerar energia celular suficiente para operações celulares cruciais e promover o necessário nascimento de novos neurônios para ajudá-los a lidar com o aumento das demandas durante situações de estresse. Vias neuronais ficam atrofiadas e falhas.

A depressão também afeta os locais do cérebro que influenciam processos fisiológicos em todo o corpo, o que resulta no início prematuro de doença arterial coronariana, AVC, diabetes e osteoporose. Tudo isso rouba de sete a dez anos de vida, independentemente de outros riscos de saúde e suicídio.

A depressão é uma doença recorrente que pode começar na infância e constitui a maior causa de morte entre adolescentes. Adolescentes que desenvolvem depressão sabem que sua vida nunca mais será a mesma. A doença depressiva é para a vida toda. Ela pode ser tratada, mas não curada. Tende a piorar com o tempo se nada for feito e está associada a múltiplas recorrências ao longo da vida, as quais podem acabar se tornando independentes de eventos e estressores precipitantes.

A depressão afeta quase todas as células do cérebro e do corpo e seu tratamento precisa ser integralmente coberto pelos planos de saúde. Dado nosso progresso na compreensão e no tratamento da doença depressiva, é uma tragédia que o tratamento adequado não esteja ao alcance de tantas pessoas que sofrem com esse transtorno, especialmente as mais pobres e desfavorecidas, prisioneiras de um desespero perpétuo e implacável.

Referências bibliográficas

Capítulo 1. A angústia de William

1. JOUANNA, J. *Greek medicine from Hippocrates to Galen*. Leiden, Países Baixos: Brill, 2012.
2. GAROFALO, I. Galen's commentary on Hippocrates' De humoribus. *Studies in Ancient Medicine*, v. 31, 2005.
3. KRAEPELIN, E. *One hundred years of psychiatry*. Nova York: Literal Licensing, 1921.
4. KRAEPELIN, E. *Manic-depressive insanity and paranoia*. Nova York: Wentworth Press, 1903.
5. SEMRAD, E. V. *Semrad*: the heart of a therapist. New York: iUniverse, 2003.
6. GOLD, P. W.; GOODWIN, F. K.; CHROUSOS, G. P. Clinical and biochemical manifestations of depression. *The New England Journal of Medicine*, v. 319, n. 7, p. 413-420, 1988b.
7. GOLD, P. W.; GOODWIN, F. K.; CHROUSOS, G. P. Clinical and biochemical manifestations of depression. *The New England Journal of Medicine*, v. 319, n. 6, p. 348-353, 1988.
8. GOLD, P. W. The organization of the stress system and its dysregulation in depressive illness. *Molecular Psychiatry*, v. 20, n. 1, p. 32-47, 2015.
9. GOLD, P. W. *et al.* Divergent endocrine abnormalities in melancholic and atypical depression: clinical and pathophysiologic implications. *Endocrinology and Metabolism Clinics of North America*, v. 31, n. 1, p. 37-62, 2002.
10. VAN VELZEN, L. S. *et al.* Structural brain alterations associated with suicidal thoughts and behaviors in young people: results

from 21 international studies from the ENIGMA Suicidal Thoughts and Behaviours consortium. *Molecular Psychiatry*, v. 27, n. 11, p. 4550–4560, 2022.

11. AQIL, M.; ROSEMAN, L. More than meets the eye: the role of sensory dimensions in psychedelic brain dynamics, experience, and therapeutics. *Neuropharmacology*, v. 223, n. 109300, p. 109300, 2023.
12. GOLD, P. W.; CHROUSOS, G. P. Melancholic and atypical subtypes of depression represent distinct pathophysiological entities: CRH, neural circuits, and the diathesis for anxiety and depression. *Molecular Psychiatry*, v. 18, n. 6, p. 632–634, 2013.
13. CASAROTTO, P. C. *et al*. Antidepressant drugs act by directly binding to TRKB neurotrophin receptors. *Cell*, v. 184, n. 5, p. 1299–1313, 2021.
14. BJÖRKHOLM, C.; MONTEGGIA, L. M. BDNF: a key transducer of antidepressant effects. *Neuropharmacology*, v. 102, p. 72–79, 2016.
15. GOLD, P. W. *et al*. Cardiac implications of increased arterial entry and reversible 24-h central and peripheral norepinephrine levels in melancholia. *Proceedings of the National Academy of Sciences of the United States of America*, v. 102, n. 23, p. 8303–8308, 2005.

Capítulo 2. Quando a psiquiatria encontrou a biologia

1. KUHN, R. The treatment of depressive states with g 22355 (imipramine hydrochloride). *The American Journal of Psychiatry*, v. 115, n. 5, p. 459–464, 1958.
2. KRAEPELIN, E. *One Hundred Years of Psychiatry*. Nova York: Literal Licensing, 1921.

3. GOLD, P. W.; GOODWIN, F. K.; CHROUSOS, G. P. Clinical and biochemical manifestations of depression. *The New England Journal of Medicine*, v. 319, n. 6, p. 348–353, 1988.
4. GOLD, P. W.; GOODWIN, F. K.; CHROUSOS, G. P. Clinical and biochemical manifestations of depression. *The New England Journal of Medicine*, v. 319, n. 7, p. 413–420, 1988b.
5. GOLD, P. W. The organization of the stress system and its dysregulation in depressive illness. *Molecular Psychiatry*, v. 20, n. 1, p. 32–47, 2015.
6. GOLD, P. W.; CHROUSOS, G. P. Melancholic and atypical subtypes of depression represent distinct pathophysiological entities: CRH, neural circuits, and the diathesis for anxiety and depression. *Molecular Psychiatry*, v. 18, n. 6, p. 632–634, 2013.
7. CASAROTTO, P. C. *et al.* Antidepressant drugs act by directly binding to TRKB neurotrophin receptors. *Cell*, v. 184, n. 5, p. 1299–1313, 2021.
8. BJÖRKHOLM, C.; MONTEGGIA, L. M. BDNF: a key transducer of antidepressant effects. *Neuropharmacology*, v. 102, p. 72–79, 2016.
9. AXELROD, J. Studies on sympathomimetic amines. I. The biotransformation and physiological disposition of l-ephedrine and l-norephedrine. *The Journal of Pharmacology and Experimental Therapeutics*, v. 109, n. 1, 1953.
10. AXELROD, J.; WHITBY, L. G.; HERTTING, G. Effect of psychotropic drugs on the uptake of H3 – norepinephrine by tissues. *Science*, v. 133, n. 3450, p. 383–384, 1961.
11. AXELROD, J. Noradrenaline: Fate and control of its biosynthesis. *Science*, v. 173, n. 3997, p. 598–606, 1971.
12. HERTTING, G.; AXELROD, J. Fate of tritiated noradrenaline at the sympathetic nerve-endings. *Nature*, v. 192, n. 4798, p. 172–173, 1961.

13. GOLD, P. W. *et al.* Responses to corticotropin-releasing hormone in the hypercortisolism of depression and Cushing's disease. *The New England Journal of Medicine*, v. 314, n. 21, p. 1329-1335, 1986.
14. NESTLER, E. J. *et al.* Neurobiology of depression. *Neuron*, v. 34, n. 1, p. 13-25, 2002.
15. GOLD, P. W. *et al.* Cardiac implications of increased arterial entry and reversible 24-h central and peripheral norepinephrine levels in melancholia. *Proceedings of the National Academy of Sciences of the United States of America*, v. 102, n. 23, p. 8303-8308, 2005.
16. GOLD, P. W. *et al.* Responses to corticotropin-releasing hormone in the hypercortisolism of depression and Cushing's disease. *The New England Journal of Medicine*, v. 314, n. 21, p. 1329-1335, 1986.
17. SCHILDKRAUT, J. J. The catecholamine hypothesis of affective disorders: A review of supporting evidence. *The American Journal of Psychiatry*, v. 122, n. 5, p. 509-522, 1965.
18. THASE, M. E. *et al.* Identifying an abnormal electroencephalographic sleep profile to characterize major depressive disorder. *Biological Psychiatry*, v. 41, n. 9, p. 964-973, 1997.

Capítulo 3. Estressado e deprimido

1. LEE, B.H.; KIM, Y.K. The roles of BDNF in the pathophysiology of major depression and in antidepressant treatment. *Psychiatry Investigation*, v. 7, n. 4, p. 231, 2010.
2. ROOZENDAAL, B. *et al.* Glucocorticoids interact with emotion-induced noradrenergic activation in influencing different memory functions. *Neuroscience*, v. 138, n. 3, p. 901-910, 2006.

3. JANKORD, R.; HERMAN, J. P. Limbic regulation of hypothalamo-pituitary-adrenocortical function during acute and chronic stress. *Annals of the New York Academy of Sciences*, v. 1148, n. 1, p. 64–73, 2008.
4. MCCALL, J. G. *et al.* CRH engagement of the locus coeruleus noradrenergic system mediates stress-induced anxiety. *Neuron*, v. 87, n. 3, p. 605–620, 2015.
5. FERRY, B.; ROOZENDAAL, B.; MCGAUGH, J. L. Role of norepinephrine in mediating stress hormone regulation of long-term memory storage: a critical involvement of the amygdala. *Biological Psychiatry*, v. 46, n. 9, p. 1140–1152, 1999.
6. SHELINE, Y. I. *et al.* The default mode network and self-referential processes in depression. *Proceedings of the National Academy of Sciences of the United States of America*, v. 106, n. 6, p. 1942–1947, 2009.
7. BENARROCH, E. E. The locus ceruleus norepinephrine system: Functional organization and potential clinical significance. *Neurology*, v. 73, n. 20, p. 1699–1704, 2009.
8. GOLD, P. W. The organization of the stress system and its dysregulation in depressive illness. *Molecular Psychiatry*, v. 20, n. 1, p. 32–47, 2015.
9. GOLD, P. W.; GOODWIN, F. K.; CHROUSOS, G. P. Clinical and biochemical manifestations of depression. *The New England Journal of Medicine*, v. 319, n. 7, p. 413–420, 1988b.
10. WONG, M. L. *et al.* Pronounced and sustained central hypernoradrenergic function in major depression with melancholic features: Relation to hypercortisolism and corticotropin-releasing hormone. *Proceedings of the National Academy of Sciences of the United States of America*, v. 97, n. 1, p. 325–330, 2000.

11. GOLD, P. W. *et al.* Cardiac implications of increased arterial entry and reversible 24-h central and peripheral norepinephrine levels in melancholia. *Proceedings of the National Academy of Sciences of the United States of America*, v. 102, n. 23, p. 8303–8308, 2005.
12. GOLD, P. W.; CHROUSOS, G. P. The endocrinology of melancholic and atypical depression: Relation to neurocircuitry and somatic consequences. *Proceedings of the Association of American Physicians*, v. 111, n. 1, p. 22–34, 1999.
13. LYRA E SILVA, N. M. *et al.* Insulin resistance as a shared pathogenic mechanism between depression and type 2 diabetes. *Frontiers in Psychiatry*, v. 10, 2019.
14. GOLD, P. W. *et al.* Stress system abnormalities in melancholic and atypical depression: molecular, pathophysiological, and therapeutic implications. *Molecular Psychiatry*, v. 1, n. 4, p. 257–264, 1996.
15. ROOZENDAAL, B. *et al.* Involvement of stress-released corticotropin-releasing hormone in the basolateral amygdala in regulating memory consolidation. *Proceedings of the National Academy of Sciences of the United States of America*, v. 99, n. 21, p. 13908–13913, 2002.
16. DREVETS, W. C. *et al.* Subgenual prefrontal cortex abnormalities in mood disorders. *Nature*, v. 386, n. 6627, p. 824–827, 1997.
17. DREVETS, W. C.; SAVITZ, J.; TRIMBLE, M. The subgenual anterior cingulate cortex in mood disorders. *CNS Spectrums*, v. 13, n. 8, p. 663–681, 2008.
18. ANACKER, C. *et al.* Hippocampal neurogenesis confers stress resilience by inhibiting the ventral dentate gyrus. *Nature*, v. 559, n. 7712, p. 98–102, 2018.
19. DISNER, S. G. *et al.* Neural mechanisms of the cognitive model of depression. *Nature Reviews. Neuroscience*, v. 12, n. 8, p. 467–477, 2011.

20. ARNSTEN, A. F. T. Stress signalling pathways that impair prefrontal cortex structure and function. *Nature Reviews. Neuroscience*, v. 10, n. 6, p. 410–422, 2009.
21. MCEWEN, B. S.; NASCA, C.; GRAY, J. D. Stress effects on neuronal structure: Hippocampus, amygdala, and prefrontal cortex. *Neuropsychopharmacology*, v. 41, n. 1, p. 3–23, 2016.
22. FRODL, T. *et al*. Enlargement of the amygdala in patients with a first episode of major depression. *Biological Psychiatry*, v. 51, n. 9, p. 708–714, 2002.
23. GOLD, P. W. *et al*. Psychiatric implications of basic and clinical studies with corticotropin-releasing factor. *The American Journal of Psychiatry*, v. 141, n. 5, p. 619–627, 1984.
24. GOLD, P. W. *et al*. Responses to corticotropin-releasing hormone in the hypercortisolism of depression and Cushing's disease. *The New England Journal of Medicine*, v. 314, n. 21, p. 1329–1335, 1986.
25. NESTLER, E. J. *et al*. Neurobiology of depression. *Neuron*, v. 34, n. 1, p. 13–25, 2002.
26. GOLD, P. W. *et al*. Responses to corticotropin-releasing hormone in the hypercortisolism of depression and Cushing's disease. *The New England Journal of Medicine*, v. 314, n. 21, p. 1329–1335, 1986.
27. AKIYAMA, T. *et al*. Hypofunction of left dorsolateral prefrontal cortex in depression during verbal fluency task: a multi-channel near-infrared spectroscopy study. *Journal of Affective Disorders*, v. 231, p. 83-90, 2018.
28. POPOLI, M. *et al*. The stressed synapse: the impact of stress and glucocorticoids on glutamate transmission. *Nature Reviews. Neuroscience*, v. 13, n. 1, p. 22–37, 2012.

Capítulo 4. O admirável mundo novo dos antidepressivos de primeira geração (1960-2010)

1. LOPEZ-MUNOZ, F.; ALAMO, C. Monoaminergic neurotransmission: the history of the discovery of antidepressants from 1950s until today. *Current Pharmaceutical Design*, v. 15, n. 14, p. 1563–1586, 2009.
2. BRUNELLO, N. The role of noradrenaline and selective noradrenaline reuptake inhibition in depression. *European Neuropsychopharmacology: The Journal of the European College of Neuropsychopharmacology*, v. 12, n. 5, p. 461–475, 2002.
3. ASBERG, M.; MÅRTENSSON, B. Serotonin selective antidepressant drugs: past, present, future. *Clinical Neuropharmacology*, v. 16 Suppl 3, 1993.
4. BROWN, W. A.; ROSDOLSKY, M. The clinical discovery of imipramine. *The American Journal of Psychiatry*, v. 172, n. 5, p. 426–429, 2015.
5. KUHN, R. The treatment of depressive states with g 22355 (imipramine hydrochloride). *The American Journal of Psychiatry*, v. 115, n. 5, p. 459–464, 1958.
6. WONG, D. T.; PERRY, K. W.; BYMASTER, F. P. The discovery of fluoxetine hydrochloride (Prozac). *Nature Reviews. Drug Discovery*, v. 4, n. 9, p. 764–774, 2005.
7. PATEL, K. *et al.* Bupropion: a systematic review and meta-analysis of effectiveness as an antidepressant. *Therapeutic Advances in Psychopharmacology*, v. 6, n. 2, p. 99–144, 2016.
8. ALAM, A.; VORONOVICH, Z.; CARLEY, J. A. A review of therapeutic uses of mirtazapine in psychiatric and medical conditions. *The Primary Care Companion to CNS Disorders*, v. 15, n. 5, 2013.

9. RODRIGUES-AMORIM, D. *et al.* A systematic review of efficacy, safety, and tolerability of duloxetine. *Frontiers in Psychiatry*, v. 11, 2020.
10. QUITKIN, F. Monoamine oxidase inhibitors: A review of antidepressant effectiveness. *Archives of General Psychiatry*, v. 36, n. 7, p. 749, 1979.
11. SUCHTING, R. *et al.* Revisiting monoamine oxidase inhibitors for the treatment of depressive disorders: a systematic review and network meta-analysis. *Journal of Affective Disorders*, v. 282, p. 1153–1160, 2021.
12. CRUZ, M. P. Vilazodone HCl (viibryd): a serotonin partial agonist and reuptake inhibitor for the treatment of major depressive disorder. *P & T: A Peer-Reviewed Journal For Formulary Management*, v. 37, n. 1, 2012.

Capítulo 5. A arte da terapia

1. SEMRAD, E. V. *Semrad*: the heart of a therapist. New York: iUniverse, 2003.

Capítulo 6. Genética, destino e depressão

1. NASCA, C. *et al.* Stress dynamically regulates behavior and glutamatergic gene expression in hippocampus by opening a window of epigenetic plasticity. *Proceedings of the National Academy of Sciences of the United States of America*, v. 112, n. 48, p. 14960–14965, 2015.
2. MOSSAKOWSKA-WÓJCIK, J. *et al.* The importance of TCF4 gene in the etiology of recurrent depressive disorders. *Progress in*

Neuro-Psychopharmacology and Biological Psychiatry, v. 80, n. Pt C, p. 304–308, 2018.

3. JAMES, L. M.; ENGDAHL, B. E.; GEORGOPOULOS, A. P. Apolipoprotein E: the resilience gene. *Experimental Brain Research*, v. 235, n. 6, p. 1853–1859, 2017.
4. LIU, X. *et al*. CACNA1C gene rs11832738 polymorphism influences depression severity by modulating spontaneous activity in the right middle frontal gyrus in patients with major depressive disorder. *Frontiers in Psychiatry*, v. 11, 2020.
5. KANG, J. I. *et al*. Genetic influence of COMT and BDNF gene polymorphisms on resilience in healthy college students. *Neuropsychobiology*, v. 68, n. 3, p. 174–180, 2013.
6. HAEFFEL, G. J. *et al*. Association between polymorphisms in the dopamine transporter gene and depression: evidence for a gene-environment interaction in a sample of juvenile detainees. *Psychological Science*, v. 19, n. 1, p. 62–69, 2008.
7. COLEMAN, J. R. I. *et al*. The genetics of the mood disorder spectrum: Genome-wide association analyses of more than 185,000 cases and 439,000 controls. *Biological Psychiatry*, v. 88, n. 2, p. 169–184, 2020.
8. CASPI, A. *et al*. Influence of life stress on depression: moderation by a polymorphism in the 5-HTT gene. *Science*, v. 301, n. 5631, p. 386–389, 2003.
9. BIGOS, K. L. *et al*. Genetic variation in CACNA1C affects brain circuitries related to mental illness. *Archives of General Psychiatry*, v. 67, n. 9, p. 939, 2010.
10. ARRÚE, A. *et al*. GAD1 gene polymorphisms are associated with bipolar I disorder and with blood homovanillic acid levels but not with plasma GABA levels. *Neurochemistry International*, v. 124, p. 152–161, 2019.

11. MCGRATH, L. M. *et al.* Genetic predictors of risk and resilience in psychiatric disorders: A cross disorder genome wide association study of functional impairment in major depressive disorder, bipolar disorder, and schizophrenia. *American Journal of Medical Genetics. Part B, Neuropsychiatric Genetics*, v. 162, n. 8, p. 779-788, 2013.
12. LI, Y. *et al.* Association between the CLOCK gene polymorphism and depressive symptom mediated by sleep quality among non-clinical Chinese Han population. *Journal of Affective Disorders*, v. 298, n. Pt A, p. 217-223, 2022.
13. FERRER, A. *et al.* Clock gene polygenic risk score and seasonality in major depressive disorder and bipolar disorder. *Genes, Brain, and Behavior*, v. 19, n. 8, 2020.
14. SHEIKH, H. I. *et al.* Catechol O methyltransferase gene val-158met polymorphism and depressive symptoms during early childhood. *American Journal of Medical Genetics. Part B, Neuropsychiatric Genetics*, v. 162, n. 3, p. 245-252, 2013.
15. FRIES, G. R. *et al.* Molecular pathways of major depressive disorder converge on the synapse. *Molecular Psychiatry*, v. 28, n. 1, p. 284-297, 2023.
16. GANDAL, M. J. *et al.* Shared molecular neuropathology across major psychiatric disorders parallels polygenic overlap. *Science*, v. 359, n. 6376, p. 693-697, 2018.
17. KRISHNAN, V. *et al.* Molecular adaptations underlying susceptibility and resistance to social defeat in brain reward regions. *Cell*, v. 131, n. 2, p. 391-404, 2007.
18. GRIMM, S. *et al.* The interaction of corticotropin-releasing hormone receptor gene and early life stress on emotional empathy. *Behavioural Brain Research*, v. 329, p. 180-185, 2017.

19. PU, M. *et al.* Influence of genetic polymorphisms in the glutamatergic and GABAergic systems and their interactions with environmental stressors on antidepressant response. *Pharmacogenomics*, v. 14, n. 3, p. 277–288, 2013.
20. FEDER, A.; NESTLER, E. J.; CHARNEY, D. S. Psychobiology and molecular genetics of resilience. *Nature Reviews. Neuroscience*, v. 10, n. 6, p. 446–457, 2009.
21. LEVEY, D. F. *et al.* Bi-ancestral depression GWAS in the Million Veteran Program and meta-analysis in >1.2 million individuals highlight new therapeutic directions. *Nature Neuroscience*, v. 24, n. 7, p. 954–963, 2021.
22. HERNÁNDEZ-DÍAZ, Y. *et al.* Association between FKBP5 polymorphisms and depressive disorders or suicidal behavior: A systematic review and meta-analysis study. *Psychiatry Research*, v. 271, p. 658–668, 2019.
23. LAJE, G. *et al.* Brain-derived neurotrophic factor Val66Met polymorphism and antidepressant efficacy of ketamine in depressed patients. *Biological Psychiatry*, v. 72, n. 11, p. e27–e28, 2012.
24. OGILVIE, A. D. *et al.* Polymorphism in serotonin transporter gene associated with susceptibility to major depression. *Lancet*, v. 347, n. 9003, p. 731–733, 1996.
25. THE NETWORK AND PATHWAY ANALYSIS SUBGROUP OF THE PSYCHIATRIC GENOMICS CONSORTIUM. Psychiatric genome-wide association study analyses implicate neuronal, immune and histone pathways. *Nature Neuroscience*, v. 18, n. 2, p. 199–209, 2015.
26. GANDAL, M. J. *et al.* Shared molecular neuropathology across major psychiatric disorders parallels polygenic overlap. *Science*, v. 359, n. 6376, p. 693–697, 2018.

27. NESTLER, E. J.; WAXMAN, S. G. Resilience to stress and resilience to pain: Lessons from molecular neurobiology and genetics. *Trends in Molecular Medicine*, v. 26, n. 10, p. 924–935, 2020.
28. PEYROT, W. J.; PRICE, A. L. Identifying loci with different allele frequencies among cases of eight psychiatric disorders using CC-GWAS. *Nature Genetics*, v. 53, n. 4, p. 445–454, 2021.
29. STAHL, E. A. *et al.* Genome-wide association study identifies 30 loci associated with bipolar disorder. *Nature Genetics*, v. 51, n. 5, p. 793–803, 2019.

Capítulo 7. A escuridão visível

1. WEHR, T. A. *et al.* Phase advance of the circadian sleep-wake cycle as an antidepressant. *Science*, v. 206, n. 4419, p. 710–713, 1979.
2. WEHR, T. A.; HELFRICH-FÖRSTER, C. Longitudinal observations call into question the scientific consensus that humans are unaffected by lunar cycles. *BioEssays*, v. 43, n. 7, 2021.
3. WEHR, T. A. Bipolar mood cycles and lunar tidal cycles. *Molecular Psychiatry*, v. 23, n. 4, p. 923–931, 2018.
4. WEHR, T. A. Bipolar mood cycles associated with lunar entrainment of a circadian rhythm. *Translational Psychiatry*, v. 8, n. 1, p. 1–6, 2018b.
5. JOSEPH-VANDERPOOL, J. R. *et al.* Abnormal pituitary-adrenal responses to corticotropin-releasing hormone in patients with seasonal affective disorder: clinical and pathophysiological implications. *The Journal of Clinical Endocrinology and Metabolism*, v. 72, n. 6, p. 1382–1387, 1991.
6. HELFRICH-FÖRSTER, C. *et al.* Women temporarily synchronize their menstrual cycles with the luminance and

gravimetric cycles of the Moon. *Science Advances*, v. 7, n. 5, 2021.

7. AVERY, D. H.; WEHR, T. A. Synchrony of sleep-wake cycles with lunar tidal cycles in a rapid-cycling bipolar patient. *Bipolar Disorders*, v. 20, n. 4, p. 399–402, 2018.
8. AVERY, D. H.; ALEXANDER, E. M.; WEHR, T. A. Synchrony between bipolar mood cycles and lunar tidal cycles ended after initiation of light treatment and treatment of hypothyroidism. *Journal of Psychiatric Practice*, v. 25, n. 6, p. 475–480, 2019.
9. FERRER, A. *et al*. Clock gene polygenic risk score and seasonality in major depressive disorder and bipolar disorder. *Genes, Brain, and Behavior*, v. 19, n. 8, 2020.
10. KETCHESIN, K. D.; BECKER-KRAIL, D.; MCCLUNG, C. A. Mood-related central and peripheral clocks. *The European Journal of Neuroscience*, v. 51, n. 1, p. 326–345, 2020.
11. LI, Y. *et al*. Association between the CLOCK gene polymorphism and depressive symptom mediated by sleep quality among non-clinical Chinese Han population. *Journal of Affective Disorders*, v. 298, n. Pt A, p. 217–223, 2022.
12. SATO, S. *et al*. Rapid-acting antidepressants and the circadian clock. *Neuropsychopharmacology*, v. 47, n. 4, p. 805–816, 2022.
13. VON SCHANTZ, M. *et al*. Genomic perspectives on the circadian clock hypothesis of psychiatric disorders. *Advances in Genetics*, v. 107p. 153–191, 2021.
14. XING, C. *et al*. Sleep disturbance induces depressive behaviors and neuroinflammation by altering the circadian oscillations of clock genes in rats. *Neuroscience Research*, v. 171, p. 124–132, 2021.
15. EHLERS, C. L. Social zeitgebers and biological rhythms: A unified approach to understanding the etiology of depression. *Archives of General Psychiatry*, v. 45, n. 10, p. 948, 1988.

16. GEOFFROY, P. A.; PALAGINI, L. Biological rhythms and chronotherapeutics in depression. *Progress in Neuro-Psychopharmacology and Biological Psychiatry*, v. 106, n. 110158, p. 110158, 2021.
17. CAMPBELL, P. D.; MILLER, A. M.; WOESNER, M. E. Bright Light Therapy: Seasonal Affective Disorder and beyond. *The Einstein Journal of Biology and Medicine*, v. 32, p. E13, 2017.
18. DAUPHINAIS, D. R. *et al*. Controlled trial of safety and efficacy of bright light therapy vs. negative air ions in patients with bipolar depression. *Psychiatry Research*, v. 196, n. 1, p. 57–61, 2012.
19. VIRK, G. *et al*. Short exposure to light treatment improves depression scores in patients with seasonal affective disorder: A brief report. *International Journal on Disability and Human Development*, v. 8, n. 3, 2009.
20. ROSENTHAL, N. E. Issues for DSM-V: Seasonal affective disorder and seasonality. *The American Journal of Psychiatry*, v. 166, n. 8, p. 852–853, 2009.

Capítulo 8. Hormônios e depressão

1. KNOL, M. J. *et al*. Depression as a risk factor for the onset of type 2 diabetes mellitus. A meta-analysis. *Diabetologia*, v. 49, n. 5, p. 837–845, 2006.
2. GOLD, P. W. The organization of the stress system and its dysregulation in depressive illness. *Molecular Psychiatry*, v. 20, n. 1, p. 32–47, 2015.
3. GOLD, P. W. *et al*. Stress system abnormalities in melancholic and atypical depression: molecular, pathophysiological, and therapeutic implications. *Molecular Psychiatry*, v. 1, n. 4, p. 257–264, 1996.

4. MILLER, A. H.; MALETIC, V.; RAISON, C. L. Inflammation and its discontents: The role of cytokines in the pathophysiology of major depression. *Biological Psychiatry*, v. 65, n. 9, p. 732–741, 2009.
5. CARRILLO-DE SAUVAGE, M. Á. *et al.* Potent and multiple regulatory actions of microglial glucocorticoid receptors during CNS inflammation. *Cell Death and Differentiation*, v. 20, n. 11, p. 1546–1557, 2013.
6. BRADY, L. S. *et al.* Long-term antidepressant administration alters corticotropin-releasing hormone, tyrosine hydroxylase, and mineralocorticoid receptor gene expression in rat brain. Therapeutic implications. *The Journal of Clinical Investigation*, v. 87, n. 3, p. 831–837, 1991.
7. GOLD, P. W.; LICINIO, J.; PAVLATOU, M. G. Pathological parainflammation and endoplasmic reticulum stress in depression: potential translational targets through the CNS insulin, klotho and PPAR- systems. *Molecular Psychiatry*, v. 18, n. 2, p. 154–165, 2013.
8. CHIU, S.L.; CHEN, C.M.; CLINE, H. T. Insulin receptor signaling regulates synapse number, dendritic plasticity, and circuit function in vivo. *Neuron*, v. 58, n. 5, p. 708–719, 2008.
9. LIU, F. *et al.* Activation of estrogen receptor regulates hippocampal synaptic plasticity and improves memory. *Nature Neuroscience*, v. 11, n. 3, p. 334–343, 2008.
10. BRANN, D. W. *et al.* Neurotrophic and neuroprotective actions of estrogen: basic mechanisms and clinical implications. *Steroids*, v. 72, n. 5, p. 381–405, 2007.
11. RUNE, G. M.; FROTSCHER, M. Neurosteroid synthesis in the hippocampus: Role in synaptic plasticity. *Neuroscience*, v. 136, n. 3, p. 833–842, 2005.

12. WALTHER, A.; BREIDENSTEIN, J.; MILLER, R. Association of testosterone treatment with alleviation of depressive symptoms in men: a systematic review and meta-analysis. *JAMA Psychiatry*, v. 76, n. 1, p. 31, 2019.
13. VOTINOV, M. *et al*. Effects of exogenous testosterone application on network connectivity within emotion regulation systems. *Scientific Reports*, v. 10, n. 1, 2020.
14. VOLMAN, I. *et al*. Endogenous testosterone modulates prefrontal-amygdala connectivity during social emotional behavior. *Cerebral Cortex*, v. 21, n. 10, p. 2282–2290, 2011.
15. FRYE, C. A. *et al*. The nucleus accumbens as a site of action for rewarding properties of testosterone and its 5 -reduced metabolites. *Pharmacology, Biochemistry, and Behavior*, v. 74, n. 1, p. 119–127, 2002.
16. BAUER, M.; WHYBROW, P. C. Thyroid hormone, neural tissue and mood modulation. *The World Journal of Biological Psychiatry*, v. 2, n. 2, p. 59–69, 2001.
17. KAPOOR, R. *et al*. Perspectives on thyroid hormone action in adult neurogenesis. *Journal of Neurochemistry*, v. 133, n. 5, p. 599–616, 2015.
18. BAUER, M. *et al*. Thyroid, brain and mood modulation in affective disorder: Insights from molecular research and functional brain imaging. *Pharmacopsychiatry*, v. 36, p. 215–221, 2003.
19. COOKE, G. E. *et al*. Hippocampal volume is decreased in adults with hypothyroidism. *Thyroid*, v. 24, n. 3, p. 433–440, 2014.
20. GOLD, P. W.; CHROUSOS, G. P. Melancholic and atypical subtypes of depression represent distinct pathophysiological entities: CRH, neural circuits, and the diathesis for anxiety and depression. *Molecular Psychiatry*, v. 18, n. 6, p. 632–634, 2013.

21. JOSEPH-VANDERPOOL, J. R. *et al.* Abnormal pituitary-adrenal responses to corticotropin-releasing hormone in patients with seasonal affective disorder: clinical and pathophysiological implications. *The Journal of Clinical Endocrinology and Metabolism*, v. 72, n. 6, p. 1382–1387, 1991.
22. MAGIAKOU, M. A. *et al.* Hypothalamic corticotropin-releasing hormone suppression during the postpartum period: implications for the increase in psychiatric manifestations at this time. *The Journal of Clinical Endocrinology and Metabolism*, v. 81, n. 5, p. 1912–1917, 1996.
23. GOLD, P. W.; CHROUSOS, G. P. The endocrinology of melancholic and atypical depression: Relation to neurocircuitry and somatic consequences. *Proceedings of the Association of American Physicians*, v. 111, n. 1, p. 22–34, 1999.
24. GOLD, P. W. *et al.* Stress system abnormalities in melancholic and atypical depression: molecular, pathophysiological, and therapeutic implications. *Molecular Psychiatry*, v. 1, n. 4, p. 257–264, 1996.
25. ROOZENDAAL, B.; BARSEGYAN, A.; LEE, S. Adrenal stress hormones, amygdala activation, and memory for emotionally arousing experiences. *Progress in Brain Research*, 2007. v. 167p. 79–97.
26. ROOZENDAAL, B. *et al.* Involvement of stress-released corticotropin-releasing hormone in the basolateral amygdala in regulating memory consolidation. *Proceedings of the National Academy of Sciences of the United States of America*, v. 99, n. 21, p. 13908–13913, 2002.
27. NUMAKAWA, T.; ODAKA, H.; ADACHI, N. Impact of glucocorticoid on neurogenesis. *Neural Regeneration Research*, v. 12, n. 7, p. 1028–1035, 2017.

28. GOLD, P. W. *et al.* Psychiatric implications of basic and clinical studies with corticotropin-releasing factor. *The American Journal of Psychiatry*, v. 141, n. 5, p. 619-627, 1984.
29. GOLD, P. W.; GOODWIN, F. K.; CHROUSOS, G. P. Clinical and biochemical manifestations of depression. *The New England Journal of Medicine*, v. 319, n. 7, p. 413-420, 1988b.
30. GOLD, P. W. *et al.* Cardiac implications of increased arterial entry and reversible 24-h central and peripheral norepinephrine levels in melancholia. *Proceedings of the National Academy of Sciences of the United States of America*, v. 102, n. 23, p. 8303-8308, 2005.
31. WONG, M. L. *et al.* Pronounced and sustained central hypernoradrenergic function in major depression with melancholic features: Relation to hypercortisolism and corticotropin-releasing hormone. *Proceedings of the National Academy of Sciences of the United States of America*, v. 97, n. 1, p. 325-330, 2000.

Capítulo 9. O verdadeiro custo da depressão

1. BAREFOOT, J. C.; SCHROLL, M. Symptoms of depression, acute myocardial infarction, and total mortality in a community sample. *Circulation*, v. 93, n. 11, p. 1976-1980, 1996.
2. GOLD, P. W. *et al.* Cardiac implications of increased arterial entry and reversible 24-h central and peripheral norepinephrine levels in melancholia. *Proceedings of the National Academy of Sciences of the United States of America*, v. 102, n. 23, p. 8303-8308, 2005.
3. GOLDFARB, M. *et al.* Severe mental illness and cardiovascular disease. *Journal of the American College of Cardiology*, v. 80, n. 9, p. 918-933, 2022.

4. WARRIACH, Z. I. *et al.* Association of depression with cardiovascular diseases. *Cureus*, v. 14, n. 6, 2022.
5. LOTUFO, P. A. Mental disorders and heart diseases: from William Harvey to today. *Sao Paulo Medical Journal*, v. 135, n. 4, p. 321–322, 2017.
6. KNOL, M. J. *et al.* Depression as a risk factor for the onset of type 2 diabetes mellitus. A meta-analysis. *Diabetologia*, v. 49, n. 5, p. 837–845, 2006.
7. DONG, J. Y. *et al.* Depression and risk of stroke: A meta-analysis of prospective studies. *Stroke*, v. 43, n. 1, p. 32–37, 2012.
8. MICHELSON, D. *et al.* Bone mineral density in women with depression. *The New England Journal of Medicine*, v. 335, n. 16, p. 1176–1181, 1996.
9. WHOOLEY, M. A. Depressive symptoms, health behaviors, and risk of cardiovascular events in patients with coronary heart disease. *JAMA*, v. 300, n. 20, p. 2379, 2008.
10. GOLD, P. W. The organization of the stress system and its dysregulation in depressive illness. *Molecular Psychiatry*, v. 20, n. 1, p. 32–47, 2015.
11. GOLD, P. W.; CHROUSOS, G. P. The endocrinology of melancholic and atypical depression: Relation to neurocircuitry and somatic consequences. *Proceedings of the Association of American Physicians*, v. 111, n. 1, p. 22–34, 1999.
12. LYRA E SILVA, N. DE M. *et al.* Insulin resistance as a shared pathogenic mechanism between depression and type 2 diabetes. *Frontiers in Psychiatry*, v. 10, n. 57, p. 1–8, 2019.
13. ESKANDARI, F. *et al.* Younger, premenopausal women with major depressive disorder have more abdominal fat and increased serum levels of prothrombotic factors: implications for greater cardiovascular risk. *Metabolism*, v. 54, n. 7, p. 918–924, 2005.

14. GOLD, P. W. Endocrine factors in key structural and intracellular changes in depression. *Trends in Endocrinology and Metabolism*, v. 32, n. 4, p. 212–223, 2021.

Capítulo 10. Quando as crianças sofrem

1. RUCH, D. A. *et al.* Characteristics and precipitating circumstances of suicide among children aged 5 to 11 years in the United States, 2013–2017. *JAMA Netw Open*, v. 4, p. 1–12, 2021.
2. CAVELTI, M.; KAESS, M. Adolescent suicide: an individual disaster, but a systemic failure. *European Child & Adolescent Psychiatry*, v. 30, p. 987–990, 2021.
3. DALY, M. Prevalence of depression among adolescents in the U.S. from 2009 to 2019: Analysis of trends by sex, race/ethnicity, and income. *Journal of Adolescent Health*, v. 70, p. 496–499, 2022.
4. BITSKO, R. H. *et al.* Mental health surveillance among children - United States, 2013–2019. *MMWR. Morbidity and Mortality Weekly Report. Surveillance Summaries*, v. 71, p. 1–42, 2022.
5. WICKERSHAM, A. *et al.* Systematic review and meta-analysis: the association between child and adolescent depression and later educational attainment. *Journal of the American Academy of Child and Adolescent Psychiatry*, v. 60, p. 105–118, 2021.
6. COSTELLO, E. J.; ERKANLI, A.; ANGOLD, A. Is there an epidemic of child or adolescent depression? *Journal of Child Psychology and Psychiatry*, v. 47, p. 1263–1271, 2006.
7. BERNARAS, E.; JAUREGUIZAR, J.; GARAIGORDOBIL, M. Child and adolescent depression: a review of theories, evaluation instruments prevention programs, and treatments. *Frontiers in Psychology*, v. 10, p. 543, 2019.

8. DAVEY, C. G.; YÜCEL, M.; ALLEN, N. B. The emergence of depression in adolescence: development of the prefrontal cortex and the representation of reward. *Neuroscience and Biobehavioral Reviews*, v. 32, p. 1–19, 2018.
9. OLIVER, A. *et al.* The cognitive neuropsychology of depression in adolescents. *Current Behavioral Neuroscience Reports*, v. 6, p. 227–235, 2019.
10. SHEN, X. *et al.* Brain structural associations with depression in a large early adolescent sample (the ABCD study®). *EClinicalMedicine*, v. 42, p. 101204, 2021.
11. BOS, M. G. N. *et al.* Emerging depression in adolescence coincides with accelerated frontal cortical thinning. *Journal of Child Psychology and Psychiatry*, v. 59, p. 994–1002, 2018.
12. GAFFREY, M. S. *et al.* Disrupted amygdala reactivity in depressed 4-to 6-year-old children. *Journal of the American Academy of Child and Adolescent Psychiatry*, v. 52, p. 737–746, 2013.
13. REDLICH, R. *et al.* The limbic system in youth depression: brain structural and functional alterations in adolescent in-patients with severe depression. *Neuropsychopharmacology*, v. 43, p. 546–554, 2018.
14. BARCH, D. M. *et al.* Hippocampal volume and depression among young children. *Psychiatry Research Neuroimaging*, v. 288, p. 21–28, 2019.
15. BALOCH, H. A. *et al.* Morphology of the subgenual prefrontal cortex in pediatric bipolar disorder. *Journal of Psychiatric Research*, v. 44, p. 1106–1110, 2010.
16. GAFFREY, M. S. *et al.* Subgenual cingulate connectivity in children with a history of preschool-depression. *Neuroreport*, v. 21, p. 1182–1188, 2010.

17. TOENDERS, Y. J. *et al.* Neuroimaging predictors of onset and course of depression in childhood and adolescence: a systematic review of longitudinal studies. *Developmental Cognitive Neuroscience*, v. 39, p. 100700, 2019.
18. XIE, C. *et al.* Reward versus non-reward sensitivity of the medial versus lateral orbitofrontal cortex relates to the severity of depressive symptoms. *Biological Psychiatry: Cognitive Neuroscience and Neuroimaging*, v. 6, p. 259–269, 2021.
19. VAN VELZEN, L. S. *et al.* Structural brain alterations associated with suicidal thoughts and behaviors in young people: results from 21 international studies from the ENIGMA Suicidal Thoughts and Behaviours consortium. *Molecular Psychiatry*, v. 27, p. 4550–4560, 2022.

Capítulo 11. Transtorno bipolar

1. VAN VELZEN, L. S. *et al.* Structural brain alterations associated with suicidal thoughts and behaviors in young people: results from 21 international studies from the ENIGMA Suicidal Thoughts and Behaviours consortium. *Molecular Psychiatry*, v. 27, p. 4550–4560, 2022.
2. GOLD, P. W.; CHROUSOS, G. P. Melancholic and atypical subtypes of depression represent distinct pathophysiological entities: CRH, neural circuits, and the diathesis for anxiety and depression. *Molecular Psychiatry*, v. 18, n. 6, p. 632–634, 2013.
3. WEHR, T. A. *et al.* Phase advance of the circadian sleep-wake cycle as an antidepressant. *Science*, v. 206, n. 4419, p. 710–713, 1979.
4. WEHR, T. A. Bipolar mood cycles and lunar tidal cycles. *Molecular Psychiatry*, v. 23, n. 4, p. 923–931, 2018.

5. WEHR, T. A. Bipolar mood cycles associated with lunar entrainment of a circadian rhythm. *Translational Psychiatry*, v. 8, n. 1, p. 1–6, 2018b.
6. WEHR, T. A.; HELFRICH-FÖRSTER, C. Longitudinal observations call into question the scientific consensus that humans are unaffected by lunar cycles. *BioEssays*, v. 43, n. 7, p. 1–9, 2021.
7. AVERY, D. H.; ALEXANDER, E. M.; WEHR, T. A. Synchrony between bipolar mood cycles and lunar tidal cycles ended after initiation of light treatment and treatment of hypothyroidism. *Journal of Psychiatric Practice*, v. 25, n. 6, p. 475–480, 2019.
8. AVERY, D. H.; WEHR, T. A. Synchrony of sleep wake cycles with lunar tidal cycles in a rapid cycling bipolar patient. *Bipolar Disorders*, v. 20, n. 4, p. 399–402, 2018.
9. HELFRICH-FÖRSTER, C. *et al*. Women temporarily synchronize their menstrual cycles with the luminance and gravimetric cycles of the Moon. *Science Advances*, v. 7, n. 5, p. 1–13, 2021.
10. FREY, B. N. *et al*. Abnormal cellular energy and phospholipid metabolism in the left dorsolateral prefrontal cortex of medication-free individuals with bipolar disorder: an in vivo 1H MRS study. *Bipolar Disorders*, v. 9, Suppl 1, p. 119–127, 2007.
11. GREEN, E. K. *et al*. Copy number variation in bipolar disorder. *Molecular Psychiatry*, v. 21, p. 89–93, 2016.
12. MARTINO, M. *et al*. Contrasting variability patterns in the default mode and sensorimotor networks balance in bipolar depression and mania. *Proceedings of the National Academy of Sciences of the United States of America*, v. 113, p. 4824–4829, 2016.
13. LOPEZ-LARSON, M. P. *et al*. Abnormal functional connectivity between default and salience networks in pediatric bipolar disorder. *Biological Psychiatry: Cognitive Neuroscience and Neuroimaging*, v. 2, p. 85–93, 2017.

14. PACIFICO, R.; DAVIS, R. L. Transcriptome sequencing implicates dorsal striatum-specific gene network, immune response and energy metabolism pathways in bipolar disorder. *Molecular Psychiatry*, v. 22, p. 441–449, 2017.
15. LEVEY, D. F. *et al*. Bi-ancestral depression GWAS in the Million Veteran Program and meta-analysis in >1.2 million individuals highlight new therapeutic directions. *Nature Neuroscience*, v. 24, n. 7, p. 954–963, 2021.
16. NIELSEN, R. E. *et al*. Why are somatic diseases in bipolar disorder insufficiently treated? *International Journal of Bipolar Disorders*, v. 7, p. 12, 2019.
17. BLACKER, C. J. *et al*. EAAT2 as a research target in bipolar disorder and unipolar depression: a systematic review. *Molecular Neuropsychiatry*, v. 5, Suppl 1, p. 44–59, 2020.
18. LIPPARD, E. T. C. *et al*. Effects of ANK3 variation on gray and white matter in bipolar disorder. *Molecular Psychiatry*, v. 22, p. 1345–1351, 2017.
19. HIBAR, D. P. *et al*. Subcortical volumetric abnormalities in bipolar disorder. *Molecular Psychiatry*, v. 21, p. 1710–1716, 2016.
20. FERRER, A. *et al*. Clock gene polygenic risk score and seasonality in major depressive disorder and bipolar disorder. *Genes, Brain, and Behavior*, v. 19, n. 8, p. 1–10, 2020.
21. ARRÚE, A. *et al*. GAD1 gene polymorphisms are associated with bipolar I disorder and with blood homovanillic acid levels but not with plasma GABA levels. *Neurochemistry International*, v. 124, p. 152–161, 2019.
22. BLUMBERG, H. P. *et al*. A functional magnetic resonance imaging study of bipolar disorder: state-and trait-related dysfunction in ventral prefrontal cortices. *Archives of General Psychiatry*, v. 60, p. 601–609, 2003.

23. PACIFICO, R.; DAVIS, R. L. Transcriptome sequencing implicates dorsal striatum-specific gene network, immune response and energy metabolism pathways in bipolar disorder. *Molecular Psychiatry*, v. 22, p. 441-449, 2017.
24. CHIOU, Y. J.; HUANG, T. L. Brain-derived neurotrophic factor (BDNF) and bipolar disorder. *Psychiatry Research*, v. 274, p. 395-399, 2019.
25. MCGRATH, L. M. *et al.* Genetic predictors of risk and resilience in psychiatric disorders: A cross disorder genome wide association study of functional impairment in major depressive disorder, bipolar disorder, and schizophrenia. *American Journal of Medical Genetics. Part B, Neuropsychiatric Genetics*, v. 162, n. 8, p. 779-788, 2013.
26. DURDURAK, B. *et al.* Understanding the development of bipolar disorder and borderline personality disorder in young people: a meta-review of systematic reviews. *Psychological Medicine*, v. 52, p. 1-14, 2022.
27. WHITTAKER, J. R. *et al.* The functional connectivity between the nucleus accumbens and the ventromedial prefrontal cortex as an endophenotype for bipolar disorder. *Biological Psychiatry*, v. 84, p. 803-809, 2018.
28. CUI, D. *et al.* Correlation between decreased amygdala subnuclei volumes and impaired cognitive functions in pediatric bipolar disorder. *Frontiers in Psychiatry*, v. 11, p. 612, 2020.

Capítulo 12. O poder e a promessa do lítio

1. LAMBERT, P. D. *et al.* Chronic lithium treatment decreases neuronal activity in the nucleus accumbens and cingulate

cortex of the rat. *Neuropsychopharmacology*, v. 21, p. 229-237, 1999.

2. DELL'OSSO, L. *et al*. A new look at an old drug: neuroprotective effects and therapeutic potentials of lithium salts. *Neuropsychiatric Disease and Treatment*, v. 12, p. 1687-1703, 2016.
3. DE-PAULA, V. J.; GATTAZ, W. F.; FORLENZA, O. V. Long-term lithium treatment increases intracellular and extracellular brain-derived neurotrophic factor (BDNF) in cortical and hippocampal neurons at subtherapeutic concentrations. *Bipolar Disorders*, v. 18, p. 692-695, 2016.
4. SONG, J. *et al*. Suicidal behavior during lithium and valproate treatment: a within-individual 8-year prospective study of 50,000 patients with bipolar disorder. *American Journal of Psychiatry*, v. 174, p. 795-802, 2017.
5. PUGLISI-ALLEGRA, S.; RUGGIERI, S.; FORNAI, F. Translational evidence for lithium-induced brain plasticity and neuroprotection in the treatment of neuropsychiatric disorders. *Translational Psychiatry*, v. 11, p. 366, 2021.
6. USHER, J. *et al*. Increased right amygdala volume in lithium treated patients with bipolar I disorder. *Acta Psychiatrica Scandinavica*, v. 121, p. 119-124, 2010.
7. ZHOU, Q. *et al*. Comparative transcriptome analysis and CRISPR/Cas9 gene editing reveal that E4BP4 mediates lithium upregulation of Per2 expression. *Open Biology*, v. 11, p. 210140, 2021.
8. KLINE, N. S. Lithium comes into its own. *American Journal of Psychiatry*, v. 125, p. 558-560, 1968.
9. BLACKWELL, B.; SHEPHERD, M. Prophylactic lithium: another therapeutic myth? An examination of the evidence to date. *Lancet*, v. 1, p. 968-971, 1968.

Capítulo 13. Eletroconvulsoterapia

1. ESPINOZA, R. T.; KELLNER, C. H. Electroconvulsive therapy. *New England Journal of Medicine*, v. 386, p. 667–672, 2022.
2. TRIFU, S. *et al*. Efficacy of electroconvulsive therapy as a potential first-choice treatment in treatment-resistant depression (review). *Experimental and Therapeutic Medicine*, v. 22, p. 1281, 2021.
3. CHAKRABARTI, S.; GROVER, S.; RAJAGOPAL, R. Electroconvulsive therapy: a review of knowledge, experience and attitudes of patients concerning the treatment. *World Journal of Biological Psychiatry*, v. 11, p. 525–537, 2010.
4. OUSDAL, O. T. *et al*. The neurobiological effects of electroconvulsive therapy studied through magnetic resonance: what have we learned, and where do we go? *Biological Psychiatry*, v. 91, p. 540–549, 2022.
5. CERLETTI, U.; BINI, L. L'elettroshock. *Archivio Generale di Neurologia, Psichiatria e Psicoanalisi*, v. 19, p. 266–268, 1938.
6. CERLETTI, U. Old and new information about electroshock. *American Journal of Psychiatry*, v. 107, p. 87–94, 1950.
7. KALINOWSKY, L. B. Convulsive shock treatment. In: ARIETI, S. (Ed.). *American Handbook of Psychiatry, Vol. 2*. Basic Books, New York, 1959, p. 1499–1520.
8. BOYER, B. Fantasies concerning convulsive therapy. *Psychoanalytic Review*, v. 39, p. 252–270, 1952.
9. HERBERT, W. Berkeley voters ban ECT, shock psychiatric profession. *Science News*, v. 122, p. 309, 1982.
10. SHORTER, E. *A History of Psychiatry*. John Wiley and Sons, New York, 1997, p. 218–225.

11. VOIGT, J.; CARPENTER, L.; LEUCHTER, A. A systematic literature review of the clinical efficacy of repetitive transcranial magnetic stimulation (rTMS) in non-treatment resistant patients with major depressive disorder. *BMC Psychiatry*, v. 19, p. 13, 2019.
12. GOGULSKI, J. *et al.* Personalized repetitive transcranial magnetic stimulation for depression. *Biological Psychiatry: Cognitive Neuroscience and Neuroimaging*, v. 8, p. 351–360, 2022.
13. COLE, E. J. *et al.* Stanford accelerated intelligent neuromodulation therapy for treatment-resistant depression. *American Journal of Psychiatry*, v. 177, p. 716–726, 2020.
14. GEORGE, M. S.; CAULFIELD, K. A.; WILEY, M. Shaping plasticity with non-invasive brain stimulation in the treatment of psychiatric disorders: present and future. In: Handbook of Clinical Neurology, v. 184, p. 497–507, 2022.
15. WASSERMANN, E. M.; LISANBY, S. H. Therapeutic application of repetitive transcranial magnetic stimulation: a review. *Clinical Neurophysiology*, v. 112, p. 1367–1377, 2001.
16. CAULFIELD, K. A. *et al.* Neuronavigation maximizes accuracy and precision in TMS positioning: evidence from 11,230 distance, angle, and electric field modeling measurements. *Brain Stimulation*, v. 15, p. 1192–1205, 2022.
17. HAMBLIN, M. R. Shining light on the head: photobiomodulation for brain disorders. *BBA Clinical*, v. 6, p. 113–124, 2016.
18. MAYBERG, H. S. *et al.* Deep brain stimulation for treatment-resistant depression. *Neuron*, v. 45, p. 651–660, 2005.
19. SACKEIM, H. A. Modern electroconvulsive therapy: vastly improved yet greatly underused. *JAMA Psychiatry*, v. 74, p. 779–780, 2017.

Capítulo 14. Psicodélicos e conexão

1. DAVIS, A. K. *et al.* Effects of psilocybin-assisted therapy on major depressive disorder: a randomized clinical trial. *JAMA Psychiatry*, v. 78, p. 481–489, 2021.
2. DAWS, R. E. *et al.* Increased global integration in the brain after psilocybin therapy for depression. *Nature Medicine*, v. 28, p. 844–851, 2022.
3. GUKASYAN, N. *et al.* Efficacy and safety of psilocybin-assisted treatment for major depressive disorder: prospective 12-month follow-up. *Journal of Psychopharmacology*, v. 36, p. 151–158, 2022.
4. CARHART-HARRIS, R. *et al.* Trial of psilocybin versus escitalopram for depression. *New England Journal of Medicine*, v. 384, p. 1402–1411, 2021.
5. GOODWIN, G. M. *et al.* Single-dose psilocybin for a treatment-resistant episode of major depression. *New England Journal of Medicine*, v. 387, p. 1637–1648, 2022.
6. AQIL, M.; ROSEMAN, L. More than meets the eye: the role of sensory dimensions in psychedelic brain dynamics, experience, and therapeutics. *Neuropharmacology*, v. 223, p. 109300, 2022.
7. VANDERZWAAG, J. *et al.* The missing piece? A case for microglia's prominent role in the therapeutic action of anesthetics, ketamine, and psychedelics. *Neurochemical Research*, v. 48, p. 1129–1166, 2023.
8. WONG, A.; RAZ, A. Microdosing with classical psychedelics: research trajectories and practical considerations. *Transcultural Psychiatry*, v. 59, p. 675–690, 2022.
9. SOTTILE, R. J.; VIDA, T. A proposed mechanism for the MDMA-mediated extinction of traumatic memories in PTSD

patients treated with MDMA-assisted therapy. *Frontiers in Psychiatry*, v. 13, p. 991753, 2022.

10. OBSTACLES and opportunities: how psychedelic medicine can rise to its challenges. *Nature*, 29 out. 2022. Disponível em: https://www.nature.com/articles/d41586-022-03440-x. Acesso em: 26 jun. 2024.
11. BEAUSSANT, Y.; NIGAM, K. Expanding perspectives on the potential for psychedelic-assisted therapies to improve the experience of aging. *American Journal of Geriatric Psychiatry*, v. 31, p. 54–57, 2023.
12. GLAZER, J. *et al.* Low doses of lysergic acid diethylamide (LSD) increase reward-related brain activity. *Neuropsychopharmacology*, v. 48, p. 418–426, 2023.
13. STOLIKER, D. *et al.* Effective connectivity of functionally anticorrelated networks under lysergic acid diethylamide. *Biological Psychiatry*, v. 93, p. 224–232, 2023.
14. KWAN, A. C. *et al.* The neural basis of psychedelic action. *Nature Neuroscience*, v. 25, p. 1407–19, 2022.

Capítulo 15. Uma compreensão recente de antigos antidepressivos

1. CASAROTTO, P. C. *et al.* Antidepressant drugs act by directly binding to TRKB neurotrophin receptors. *Cell*, v. 184, n. 5, p. 1299–1313, 2021.
2. BJÖRKHOLM, C.; MONTEGGIA, L. M. BDNF: a key transducer of antidepressant effects. *Neuropharmacology*, v. 102, p. 72–79, 2016.
3. COOKE, J. D.; GROVER, L. M.; SPANGLER, P. R. Venlafaxine treatment stimulates expression of brain-derived neurotrophic

factor protein in frontal cortex and inhibits long-term potentiation in hippocampus. *Neuroscience*, v. 162, p. 1411–1419, 2009.

4. CHEN, C. H. *et al.* Variant GADL1 and response to lithium therapy in bipolar I disorder. *New England Journal of Medicine*, v. 370, p. 119–128, 2014.
5. PALMOS, A. B.; DUARTE, R. R. R.; SMEETH, D. M. *et al.* Lithium treatment and human hippocampal neurogenesis. *Translational Psychiatry*, v. 11, p. 555, 2021.
6. GUPTA, R. *et al.* Effect of mirtazapine [Remeron] treatment on serum levels of brain-derived neurotrophic factor and tumor necrosis factor in patients of major depressive disorder with severe depression. *Pharmacology*, v. 97, p. 184–188, 2016.
7. HARTIG, J.; NEMES, B. BDNF-related mutations in major depressive disorder: a systematic review. *Acta Neuropsychiatra*, v. 35, p. 5–26, 2023.
8. LEE, B.-H.; KIM, Y.-K. The roles of BDNF in the pathophysiology of major depression and in antidepressant treatment. *Psychiatry Investigation*, v. 7, n. 4, p. 231, 2010.
9. WOELFER, M. *et al.* Ketamine-induced changes in plasma brain-derived neurotrophic factor (BDNF) levels are associated with the resting-state functional connectivity of the prefrontal cortex. *World Journal of Biological Psychiatry*, v. 21, p. 696–710, 2020..
10. KANG, J. I. *et al.* Genetic influence of COMT and BDNF gene polymorphisms on resilience in healthy college students. *Neuropsychobiology*, v. 68, n. 3, p. 174–180, 2013.
11. DE LA TREMBLAYE, P. B.; BENOIT, S. M.; SCHOCK, S.; PLAMONDON, H. CRHR1 exacerbates the glial inflammatory response and alters BDNF/TrkB/pCREB signaling in a rat model of global cerebral ischemia: implications

for neuroprotection and cognitive recovery. *Progress in Neuropsychopharmacology & Biological Psychiatry*, v. 79, pt. B, p. 234-248, 2017.

12. ABDALLAH, C. G. *et al.* Ketamine and rapid-acting antidepressants: a window into a new neurobiology for mood disorder therapeutics. *Annual Review of Medicine*, v. 66, p. 509-523, 2015.
13. AUTRY, A. E.; MONTEGGIA, L. M. Brain-derived neurotrophic factor and neuropsychiatric disorders. *Pharmacological Reviews*, v. 64, p. 238-258, 2012.
14. DUMAN, R. S.; MONTEGGIA, L. M. A neurotrophic model for stress-related mood disorders. *Biological Psychiatry*, v. 59, p. 1116-1127, 2006

Capítulo 16. A promessa e o risco da cetamina

1. ZARATE, C. A. Jr. *et al.* A randomized trial of an N-methyl-D-aspartate antagonist in treatment-resistant major depression. *Archives of General Psychiatry*, v. 63, p. 856-864, 2006.
2. DUMAN, R. S. Ketamine and rapid-acting antidepressants: a new era in the battle against depression and suicide. *F1000Research*, v. 7, p. 659, 2018.
3. KRYSTAL, J. H. *et al.* Ketamine: a paradigm shift for depression research and treatment. *Neuron*, v. 101, p. 774-78, 2019.
4. BRACHMAN, R. A. *et al.* Ketamine as a prophylactic against stress-induced depressive-like behavior. *Biological Psychiatry*, v. 79, p. 776-786, 2016.
5. CARRILLO, P. *et al.* The next psychoactive drugs: from imipramine to ketamine. *Bulletin de l'Académie Nationale de Médecine*, v. 204, p. 1034-1042, 2020.

6. LAJE, G. *et al.* Brain-derived neurotrophic factor Val66Met polymorphism and antidepressant efficacy of ketamine in depressed patients. *Biological Psychiatry*, v. 72, n. 11, p. 27–28, 2012.
7. PRICE, R. B. From mice to men: can ketamine enhance resilience to stress? *Biological Psychiatry*, v. 79, p. 57–59, 2016.
8. WOELFER, M. *et al.* Ketamine-induced changes in plasma brain-derived neurotrophic factor (BDNF) levels are associated with the resting-state functional connectivity of the prefrontal cortex. *World Journal of Biological Psychiatry*, v. 21, p. 696–710, 2020.
9. GERHARD, D. M. *et al.* GABA interneurons are the cellular trigger for ketamine's rapid antidepressant actions. *Journal of Clinical Investigation*, v. 130, p. 1336–1349, 2020.
10. DUMAN, R. S. *et al.* Signaling pathways underlying the rapid antidepressant actions of ketamine. *Neuropharmacology*, v. 62, p. 35–41, 2012.
11. KRYSTAL, J. H. *et al.* Ketamine: a paradigm shift for depression research and treatment. *Neuron*, v. 101, p. 774–778, 2019.
12. SWAINSON, J. *et al.* Esketamine for treatment resistant depression. *Expert Review of Neurotherapeutics*, v. 19, p. 899–911, 2019.
13. YOKOYAMA, R. *et al.* (S)-norketamine and (2S,6S)-hydroxynorketamine exert potent antidepressant-like effects in a chronic corticosterone-induced mouse model of depression. *Pharmacology, Biochemistry, and Behavior*, v. 191, n. 172876, 2020.

Capítulo 17. Quebrando as barreiras da depressão

1. DAVIS, A. K. *et al.* Effects of psilocybin-assisted therapy on major depressive disorder: a randomized clinical trial. *JAMA Psychiatry*, v. 78, p. 481–489, 2021.

2. DAWS, R. E. *et al.* Increased global integration in the brain after psilocybin therapy for depression. *Nature Medicine*, v. 28, p. 844–851, 2022.
3. GUKASYAN, N. *et al.* Efficacy and safety of psilocybin-assisted treatment for major depressive disorder: prospective 12-month follow-up. *Journal of Psychopharmacology*, v. 36, p. 151–158, 2022.
4. CARHART-HARRIS, R. *et al.* Trial of psilocybin versus escitalopram for depression. *New England Journal of Medicine*, v. 384, p. 1402–1411, 2021.
5. GOODWIN, G. M. *et al.* Single-dose psilocybin for a treatment-resistant episode of major depression. *New England Journal of Medicine*, v. 387, p. 1637–1648, 2022.
6. AQIL, M.; ROSEMAN, L. More than meets the eye: the role of sensory dimensions in psychedelic brain dynamics, experience, and therapeutics. *Neuropharmacology*, v. 223, n. 109300, p. 1–10, 2023.
7. VANDERZWAAG, J. *et al.* The missing piece? A case for microglia's prominent role in the therapeutic action of anesthetics, ketamine, and psychedelics. *Neurochemical Research*, v. 48, p. 1129–1166, 2023.
8. WONG, A.; RAZ, A. Microdosing with classical psychedelics: research trajectories and practical considerations. *Transcultural Psychiatry*, v. 59, p. 675–690, 2022.
9. INSERRA, A. *et al.* Effects of repeated lysergic acid diethylamide (LSD) on the mouse brain endocannabinoidome and gut microbiome. *British Journal of Pharmacology*, v. 180, p. 721–739, 2023.
10. JONES, G. M. Race and ethnicity moderate the associations between lifetime psychedelic use (MDMA/ecstasy and psilocybin) and major depressive episodes. *Journal of Psychopharmacology*, v. 37, p. 61–69, 2023.

11. SOTTILE, R. J.; VIDA, T. A proposed mechanism for the MDMA-mediated extinction of traumatic memories in PTSD patients treated with MDMA-assisted therapy. *Frontiers in Psychiatry*, v. 13, n. 991753, p. 1–12, 2022.
12. OBSTACLES and opportunities: how psychedelic medicine can rise to its challenges. *Nature*, 29 out. 2022. Disponível em: https://www.nature.com/articles/d41586-022-03440-x. Acesso em: 27 jun. 2024.
13. BEAUSSANT, Y.; NIGAM, K. Expanding perspectives on the potential for psychedelic-assisted therapies to improve the experience of aging. *American Journal of Geriatric Psychiatry*, v. 31, p. 54–57, 2023.
14. GLAZER, J. *et al.* Low doses of lysergic acid diethylamide (LSD) increase reward-related brain activity. *Neuropsychopharmacology*, v. 48, p. 418–426, 2023.
15. KWAN, A. C. *et al.* The neural basis of psychedelic action. *Nature Neuroscience*, v. 25, p. 1407–1419, 2022.
16. GATTUSO, J. J. *et al.* Default mode network modulation by psychedelics: a systematic review. *International Journal of Neuropsychopharmacology*, v. 26, p. 155–188, 2022.
17. STOLIKER, D. *et al.* Effective connectivity of functionally anticorrelated networks under lysergic acid diethylamide. *Biological Psychiatry*, v. 93, p. 224–232, 2023.

Capítulo 18. Construindo resiliência

1. NESTLER, E. J.; WAXMAN, S. G. Resilience to stress and resilience to pain: Lessons from molecular neurobiology and genetics. *Trends in Molecular Medicine*, v. 26, n. 10, p. 924–935, 2020.

2. KRISHNAN, V. *et al*. Molecular adaptations underlying susceptibility and resistance to social defeat in brain reward regions. *Cell*, v. 131, n. 2, p. 391–404, 2007.
3. HAN, M. H.; NESTLER, E. J. Neural substrates of depression and resilience. *Neurotherapeutics*, v. 14, p. 677–686, 2017.
4. FEDER, A. *et al*. The biology of human resilience: opportunities for enhancing resilience across the life span. *Biological Psychiatry*, v. 86, p. 443-453, 2019.
5. FEDER, A.; NESTLER, E. J.; CHARNEY, D. S. Psychobiology and molecular genetics of resilience. *Nature Reviews. Neuroscience*, v. 10, n. 6, p. 446–457, 2009.
6. RUSSO, S. J.; MURROUGH, J. W.; HAN, M. H., *et al*. Neurobiology of resilience. *Nature Neuroscience*, v. 15, p. 1475–1484, 2012.
7. SOUTHWICK, S. M.; CHARNEY, D. S. The science of resilience: implications for the prevention and treatment of depression. *Science*, v. 338, p. 79–82, 2012.
8. RUTTER, M. Resilience as a dynamic concept. *Development and Psychopathology*, v. 24, p. 335–344, 2012.
9. RUTTER, M. Resilience in the face of adversity. Protective factors and resistance to psychiatric disorder. *British Journal of Psychiatry*, v. 147, p. 598–611, 1985.
10. KILNER, J. M.; LEMON, R. N. What we know currently about mirror neurons. *Current Biology*, v. 23, p. R1057–R1062, 2013.
11. CAMPBELL-SILLS, L.; COHAN, S. L.; STEIN, M. B. Relation of resilience to personality, coping, and psychiatric symptoms in young adults. *Behaviour Research and Therapy*, v. 44, p. 585–599, 2006.
12. KAUTZ, M.; CHARNEY, D. S.; MURROUGH, J. W. Neuropeptide Y, resilience, and PTSD therapeutics. *Neuroscience Letters*, v. 649, p. 164–169, 2017.

13. BOLSINGER, J. *et al.* Neuroimaging correlates of resilience to traumatic events - a comprehensive review. *Frontiers in Psychiatry*, v. 9, p. 693, 2018.
14. PINO, O. *et al.* Post-traumatic outcomes among survivors of the earthquake in central Italy of August 24, 2016. A study of PTSD risk and vulnerability factors. *Psychiatric Quarterly*, v. 92, p. 1489–1511, 2021.
15. BUSH, G.; LUU, P.; POSNER, M. I. Cognitive and emotional influences in anterior cingulate cortex. *Trends in Cognitive Sciences*, v. 4, p. 215–222, 2000.
16. BOLDRINI, M. *et al.* Resilience is associated with larger dentate gyrus, while suicide decedents with major depressive disorder have fewer granule neurons. *Biological Psychiatry*, v. 85, p. 850–862, 2019.
17. CATHOMAS, F. *et al.* Neurobiology of resilience: interface between mind and body. *Biological Psychiatry*, v. 86, p. 410–420, 2019.
18. CHEN, M. C.; HAMILTON, J. P.; GOTLIB, I. H. Decreased hippocampal volume in healthy girls at risk of depression. *Archives of General Psychiatry*, v. 67, p. 270–276, 2010.
19. TASHJIAN, S. M.; GALVÁN, A. The role of mesolimbic circuitry in buffering election-related distress. *Journal of Neuroscience*, v. 38, p. 2887–2898, 2018.
20. VAN DER WERFF, S. J. A. *et al.* Neuroimaging resilience to stress: a review. *Frontiers in Behavioral Neuroscience*, v. 7, p. 39, 2013.
21. CUTULI, D. Cognitive reappraisal and expressive suppression strategies role in the emotion regulation: an overview on their modulatory effects and neural correlates. *Frontiers in Systems Neuroscience*, v. 8, p. 175, 2014.
22. SU, Y. *et al.* How does childhood maltreatment influence ensuing cognitive functioning among people with the exposure of childhood

maltreatment? A systematic review of prospective cohort studies. *Journal of Affective Disorders*, v. 252, p. 278–293, 2019.

23. SILVEIRA, S. *et al.* Impact of childhood trauma on executive function in adolescence-mediating functional brain networks and prediction of high-risk drinking. *Biological Psychiatry: Cognitive Neuroscience and Neuroimaging*, v. 5, p. 499–509, 2020.
24. VYTHILINGAM, M. *et al.* Reward circuitry in resilience to severe trauma: an fMRI investigation of resilient special forces soldiers. *Psychiatry Research*, v. 172, p. 75–77, 2009.
25. SHALLCROSS, J. *et al.* Increased mGlu5 mRNA expression in BLA glutamate neurons facilitates resilience to the long-term effects of a single predator scent stress exposure. *Brain Structure and Function*, v. 226, p. 2279–2293, 2021.
26. STEIN, M. B. *et al.* Genome-wide analyses of psychological resilience in U.S. Army soldiers. *American Journal of Medical Genetics Part B: Neuropsychiatric Genetics*, v. 180, p. 310–319, 2019.
27. MAUL, S. *et al.* Genetics of resilience: implications from genome-wide association studies and candidate genes of the stress response system in posttraumatic stress disorder and depression. *American Journal of Medical Genetics Part B: Neuropsychiatric Genetics*, v. 183, p. 77–94, 2019.
28. GRIMM, S. *et al.* The interaction of corticotropin-releasing hormone receptor gene and early life stress on emotional empathy. *Behavioural Brain Research*, v. 329, p. 180–185, 2017.
29. JAMES, L. M.; ENGDAHL, B. E.; GEORGOPOULOS, A. P. Apolipoprotein E: the resilience gene. *Experimental Brain Research*, v. 235, n. 6, p. 1853–1859, 2017.
30. CASPI, A. *et al.* Influence of life stress on depression: moderation by a polymorphism in the 5-HTT gene. *Science*, v. 301, n. 5631, p. 386–389, 2003.

31. KANG, J. I. *et al.* Genetic influence of COMT and BDNF gene polymorphisms on resilience in healthy college students. *Neuropsychobiology*, v. 68, n. 3, p. 174–180, 2013.
32. POST, R. M. Myriad of implications of acetyl-l-carnitine deficits in depression. *Proceedings of the National Academy of Sciences of the United States of America*, v. 115, p. 8475-8477, 2018.
33. HERNÁNDEZ-DÍAZ, Y. *et al.* Association between FKBP5 polymorphisms and depressive disorders or suicidal behavior: A systematic review and meta-analysis study. *Psychiatry Research*, v. 271, p. 658–668, 2019.
34. FREY, B. N. *et al.* Abnormal cellular energy and phospholipid metabolism in the left dorsolateral prefrontal cortex of medication-free individuals with bipolar disorder: an in vivo 1H MRS study. *Bipolar Disord.*, v. 9, Suppl 1, p. 119–127, 2007.
35. NASCA, C. *et al.* L-acetylcarnitine causes rapid antidepressant effects through the epigenetic induction of mGlu2 receptors. *Proc Natl Acad Sci USA*, v. 110, p. 4804–4809, 2013.
36. NASCA, C. *et al.* Acetyl-L-carnitine deficiency in patients with major depressive disorder. *Proc Natl Acad Sci USA*, v. 115, p. 8627–8632, 2018.
37. BRACHMAN, R. A. *et al.* Ketamine as a prophylactic against stress-induced depressive-like behavior. *Biol Psychiatry*, v. 79, p. 776–786, 2016.
38. PRICE, R. B. From mice to men: can ketamine enhance resilience to stress? *Biol Psychiatry*, v. 79, p. 57–59, 2016.
39. ENMAN, N. M. *et al.* Targeting the neuropeptide Y system in stress-related psychiatric disorders. *Neurobiol Stress*, v. 1, p. 33–43, 2015.

Agradecimentos

A depressão invade as principais características que ajudam a definir nossa humanidade; afeta diversos locais do cérebro, incluindo aqueles que codificam os juízos que fazemos de nós mesmos e da nossa identidade; e está claramente ligada a alterações nas atividades genéticas, neuroanatômicas e metabólicas cerebrais. Sou grato por ter tido a oportunidade de reunir minha formação em psiquiatria psicanalítica e neurobiologia em um único volume que abrange boa parte do trabalho de minha vida. Tenho a esperança de que *A geração deprimida* ilustre tanto a gravidade da doença depressiva quanto os diversos motivos para termos esperanças nos achados recentes e no desenvolvimento de várias novas famílias de antidepressivos. Estou muito feliz por ter conseguido construir uma base biológica para o valor da psicoterapia no tratamento da depressão.

Em primeiro lugar, gostaria de agradecer à minha esposa, Carol Gold, pela confiança, o apoio e as ideias que permearam este livro. Ela é uma excelente escritora e editora, e me ajudou a dar forma a *A geração deprimida*. Também gostaria de agradecer aos meus filhos, Jonathan, Leah e Sarah, que inspiram e dão sentido à minha vida, e que fizeram muitas sugestões úteis para esta obra. Além disso, agradeço aos membros do meu laboratório e a pessoas fundamentais, como Fred Goodwin, Lynn Loriaux e George Chrousos, que interagem comigo em quase todos os aspectos do meu trabalho. Nossos pacientes têm sido nossos guias e professores, e tiveram a coragem de participar de diversos procedimentos de pesquisa clínica. Também sou grato por ter tido a oportunidade de conduzir minha pesquisa nos NIH, que me ofereceram extraordinário apoio material e intelectual ao longo de toda a minha carreira.

Jennifer Herrera é uma agente excepcionalmente compreensiva e influenciou muitos dos tópicos finais apresentados por *A geração deprimida*. Sean Desmond, do Hachette Book Group, por ter aceitado publicar este livro, por sua compreensão e por ter sido tão prestativo, assim como a sua colega Zoe Karimy. Também agradeço as opiniões e o apoio de Josephine Greywoode, da Random House Press. Muitos amigos e colegas fizeram um grande número de sugestões excelentes que são evidenciadas ao longo de todo o livro. Entre eles estão George Chrousos, Tom Wehr, Peter Whybrow, Julio Licinio, Ma-Li Wong, Declan Murphy, John Carleton, Donald Schwartz, Susan Vinocur, Christopher Lura, Barbara Nath, David Rubin, Sally Arterseros e Cri e Jack Kars-Marshall. Gostaria de agradecer a Solomon Snyder e William Bunney por terem me autorizado a citar partes de suas entrevistas para o American College of Neuropsychopharmacology.

Acreditamos
nos livros

Este livro foi composto em Clarendon Text Pro e Parabolica e impresso pela Geográfica para a Editora Planeta do Brasil em junho de 2025.